선배들이 물려준
MBA비밀노트

선배들이 물려준

MBA SECRET NOTE

비밀노트

MARP
연세대학교 경영대학 마케팅연구회

: 추천의 글

MBA 준비생들에게 실질적 도움이 될 진솔함

나는 지금까지 내가 내린 가장 잘한 결정 중의 하나로 MBA를 취득한 것을 꼽곤 한다. 내가 MBA를 마친 게 1988년이니 벌써 22년이 흘렀다. 당시 직장을 다니며 유학 준비를 하던 1980년대 중반에만 해도 외국 MBA에 대한 자료도 별로 없었고 주변에 MBA 출신들을 찾아 보기도 쉽지 않았다. 충분한 정보도 없이 학교를 선정하고 서류를 준비하면서 제대로 된 안내서라도 하나 있었으면 하는 바램을 가졌던 기억이 난다.

최근에는 주변에 해외 유학파들이 넘치고 유학경험담을 다룬 책들도 워낙 많이 출간되어 도리어 정보의 홍수에 시달릴 수도 있겠다는 생각이 든다. 하지만 내가 이 책을 보고 무릎을 친 것은 MBA를 선택한 이유부터 준비 과정, 성공적으로 MBA 마치기는 물론 졸업 후 진로선택에 이르기까지 해외는 물론 국내의 명문 MBA 출신 저자들의 다양하고도 생생한 경험담을 담고 있어서이다. MARP (Marketing All Round Player)라는 연세대학교 경영대학 동아리 출신으로 현재 한국을 대표하는 전문가들로 활동하고 있는 12명의 저자들이 각자가 겪은 다양한 경험들을 아주 상세한 내용까지 진솔하게 기술하고 있어 MBA를 준비하는 사람들에게는 실질적으로 큰 도움이 될 것이다.

최근에 금융위기를 겪으며 세계경제가 위축되어 있는 상황이라 MBA 졸업생에 대한 수요도 예전만은 못한 상황이다. 따라서 MBA 과정을 통해 본인이 그리고 사회가 필요로 하는 것을 제대로 얻어 내는 것이 성공의 관건이 될 것이다. 학부에서 또는 일반대학원에서 배우지 못하는 것을 얻어내야 한다. 내 경우를 돌이켜보면 MBA 과정을 통해 얻은 가장 값진 것은 '다양하고 복잡한 상황 속에서도 합리적인 의사결정을 하는 방법'을 터득한 것이다. 이는 내가 지금까지 성장해 오는 데 있어 직장생활은 물론 모든 사회생활에 있어서 큰 힘이 되었다.

현재 금융회사의 CEO로서 많은 부하 직원들을 데리고 일을 하는 입장에서 보면 MBA 출신들의 경우 균형 잡힌 사고 위에 글로벌 시각까지 갖추고 있으니 아무래도 돋보이는 게 사실이다. 하지만 이를 얻기 위해 소요되는 시간과 비용, 미래에 대한 불확실성 등 기회비용이 보통 큰 게 아니다. 따라서 비용 대비 투자수익을 극대화하기 위해서는 정말 본인에게 맞는 학교를 선택하여 입학허가를 받고, 과정을 훌륭히 마침은 물론 그 다음 경력으로 순조롭게 이어가야 하는 만큼 이 책이 좋은 길잡이가 되어 줄 것이다.

이번에 대학을 졸업하고 직장에 들어가는 내 딸아이가 몇 년 후 MBA를 하겠다면 이 책을 선물하고 싶다.

한국투자증권 대표이사 사장 유 상 호

목 차

저자 소개

대표저자 김 현 정

MARP 1기
Kellogg School of Management, Class of 2003
연세대학교 경영학과 90학번
CSFB 기업금융담당, JP Morgan 금융기관 담당
현 도이치 증권 상무 (기관영업 담당)

강 승 완

MARP 2기
Yonsei School of Business, Corporate MBA Class of 2009
연세대학교 경영학과 88학번
SK Telecom(구. 신세기통신), 한국 썬마이크로시스템즈 부장
현 연세대학교 경영연구소 연구원

김 영 한

MARP 3기
MBA University of Minnesota, Carlson School of Management, Class of 2003
연세대학교 경영학과 92학번
Bank of America Seoul Branch (1999~2001) (Corporate & Investment Banking)
2009 PhD. University of Minnesota, Carlson School of Management
Assistant Professor of Finance at Nanyang Business School, NTU(Singapore)

김 용 아

MARP 3기
HBS Class of 2001
연세대학교 경영학과 92학번
Merrill Lynch, Seoul, Morgan Stanley, Hong Kong (인턴)
현 McKinsey & Company, Partner(금융부분 리더)

김 재 현

MARP 12기
The Wharton School, University of Pennsylvania, Class of 2011
연세대학교 경영학과 99학번
Bain & Company (senior associate consultant)

배 병 찬

MARP 5기
Haas School of Business, UC Berkeley, Class of 2010
연세대학교 경영학과 92학번
SK Telecom Convergence & Internet 전략실 근무
현 SK Telecom C&I CIC 전략기획팀

오 영 찬

MARP 2기
Yonsei School of Business, Finance MBA Class of 2010
연세대학교 경영학과 91학번
삼성전자 재경팀, 미국계 자산운용사 SEI Asset Korea, 싱가폴계 KimEng Research Korea, KTB자산운용, 수협은행 고유계정 운용 팀장
현 오크우드 투자자문 이사 / 펀드매니저

정 민 영

MARP 10기
Columbia Business School Class of 2010
연세대학교 경영학과 00학번
SK Telecom 무선인터넷 사업부 Mobile Game 사업팀
현 대우증권 Global Sales and Trading Team 대리

정 지 현

MARP 9기
Kellogg School of Management (JD–MBA), Class of 2012
연세대학교 상경계열 99학번 (경영/응용통계 전공)
KT 가치경영실 재무회계팀 대리

조 형 준

MARP 11기
INSEAD MBA, Class of December 2010
연세대학교 상경계열 97학번.
Google, Sales Technical Specialist

최 세 영

MARP 13기
HBS Class of 2012
연세대학교 상경계열 99학번 (경영/응용통계 전공)
SBS 회장 비서실 및 SBS Media Holdings 전략기획팀 과장

지도교수 장 대 련

MARP 지도교수
Columbia MBA Class of 1981
Harvard Business School 경영학 박사, 1986
연세대학교 경영대학 교수

MBA 결심하기

김 재 현

The Wharton School,
University of Pennsylvania, Class of 2011

: 나는 왜 MBA를 선택했는가

MBA에 대해서는 대학교 때부터 관심이 있었지만 내가 MBA를 가기로 결정을 내린 것은 2008년 봄이었다. 결정을 위한 고민의 시간은 꽤 걸렸지만 결국 결정을 내린 이유는 간단했다. MBA가 나의 미래를 위해서 필요한 것을 채워 줄 수 있는 가장 나은 선택이라고 판단했기 때문이다. 당시 나는 Bain에 입사하고 3년 차에 접어들고 있었는데 갓 승진을 한 후라 다음 단계에 대해 고민이 필요하다고 생각했었다. 만 2년의 직장 생활은 짧은 기간이었지만 장기적인 시각에서 나의 커리어를 위해 필요한 것들과 그 중에 내가 현 직장에서 채울 수 있는 부분과 채우기 어려운 부분을 판단할 수 있게 해 주었다.

내가 필요하다고 생각하는 것은 크게 세 가지였다. 첫 번째는 재무와 회계 등에 대한 지식이었는데 컨설팅에서 전략이나 운영 관련 프로젝트를 하다 보니 재무, 회계 관련 지식이 필요한 경우도 많았고 그러다 보니 좀 더 배우고 싶은 욕심이 생기게 되었다. 두 번째는 글로벌 경험과 시각이었는데 30여 년 간 한국에서 태어나 자라 외국 경험은 한 한기 다녀왔던 교환학생이 전부인 터라 좀 더 긴 시간 동안 외국에서 경험과 글로벌한 시각으로 한국이나 아시아를 바라보고 싶다는 생각이 있었다. 마지막은 브랜드였는데 회사에 MBA나 박사 분들도 많고 프로젝트 이전에 클라이언트로부터 레주메로 평가를 받는 경우도 있었던데다 사회에서 브랜드가 갖는 중요성을 알고 있었기 때문에 MBA든, MA든 고등 교육과정에 대한 필요성을 느끼고 있었다. 그리고 내가 가졌던 다른 옵션은 물론 회사에 계속 남아 있으면서 외국 오피스로 트랜스퍼를 가는 것, 그리고 다른 회사로 옮기는 것이었는데 내가 채우고자 하는 세 가지 기준을 채워 주는 데 있어 이 세 가지 옵션 중에 MBA가 가장 낫다고 판단했었다.

당시 결정을 내리는 데 회사에 계셨던 한 이사님의 말씀이 나에게 큰 영향을 미쳤다. 그분은 MBA가 인생에서 2년이라는 상대적인 짧은 기간의 투자로 가장 오랜 기간 브랜드에 대한 혜택을 누릴 수 있는 투자라고 말씀하셨다. 나 역시 그 말씀이 맞다고 생

입학식 (Convocation) 날 식장 앞에서 부인과 함께.

각했고 지원을 결정하는 데 중요한 원동력이 되었다.

Wharton을 선택한 이유 역시 위에 이야기한 세 가지 기준에 가장 부합한다고 판단했기 때문이었다. 재무나 회계에 대해 배우고 싶은 욕심을 채워 줄 수 있는 가장 적합한 학교라고 생각했고 MBA 가운데 가장 글로벌한 커뮤니티를 가지고 있고 유럽은 물론 중국이나 인도의 MBA들과 발빠른 교류를 통해 글로벌 이슈들에 대한 가장 깊은 이해를 가진 MBA라 글로벌한 시각을 키우는 데도 좋은 학교라고 판단했다. 마지막으로 무엇보다 세계 최고의 MBA라는 브랜드를 가졌고 가장 큰 한국 및 세계 동문 네트워크를 가진 학교였기 때문이었다.

내가 MBA를 선택한 결정이 올바른 것이었는지는 훨씬 오랜 시간이 걸려야 판단할 수 있겠지만 1학년을 마친 지금 시점에서 바라본 지난 1년은 정말 인생에 남을 경험이었던 것 같다. 유명한 교수님들의 수업 이외에도 금융 위기를 직접 경험했던 모건스탠리와 메릴린치의 전 CEO들로부터 직접 당시의 경험과 결정들에 대한 이야기를 들었던 것이나 평소 존경했었던 카를로스 곤르노 니산 회장의 강연을 비롯하여 PE, finance, Asia business conference 등 다양한 컨퍼런스에서 여러 업계의 리더들을 만나고 견해를 들을 수 있었던 것은 무엇과도 바꿀 수 없는 소중한 경험이었다. 그리고 개인적으로도 MBA 직전에 결혼을 하고 와서 미국에서 행복한 신혼을 보낼 수 있었다는 것 역시 MBA를 오기로 결정했기 때문에 가능한 일이었다고 생각한다.

최 세 영

HBS Class of 2012

4월 7일 새벽 1시, 예정대로 나의 Status가 update 되었다는 이메일이 왔다. 사실 몇 시간 전부터 너무나 긴장한 나머지, 발표를 기다리며 먹었던 치킨이 얹힐 정도였고, 결과 확인 window에 떠 있던 letter가 한동안 눈에 읽히지 않아서 크게 한숨을 쉬고서야 첫 문장을 읽을 수 있었다.

"On behalf of Harvard Business School, it is a pleasure and a privilege to offer you a place in the MBA Class of 2012."

아 드디어 합격이구나! 하는 생각이 들며, 그토록 꿈꾸던 세계 최고의 MBA 과정인 Harvard Business School에 입학하게 되었다는 사실에 목이 메어 말이 제대로 안 나올 정도로 감격했다. 1년 정도의 준비 기간 동안 고대하던 바가 이루어진 순간이었다.

사실 준비하기 전까지만 해도 MBA 입학을 만만하게 보았다. 워낙 주변에서 좋은 학교에 쉽게 입학하는 것을 봐 온지라, 그저 어느 정도의 준비만 하면 아무나 들어갈 수 있는 그런 과정인 줄만 알았기 때문이다. 그러나 직장 생활을 그대로 하며 시간의 제약 속에서 GMAT, Essay 등을 준비하는 절차는 학생 때 공부하는 것보다 훨씬 어렵고 힘들다. 게다가 합격에 대한 계량화된 기준도 딱히 없는 상황에, 입학 원서를 제출해 놓고 확신 없이 무작정 기다려야만 하는 절차는 정신적으로도 큰 고통을 주며, 그 고통이 회사 생활에도 영향을 끼쳐 능률이 오르지 않기 때문에, 회사에서 미움(?)을 받게 되어 애매한 상황에 빠지기 십상이다. 아마 나뿐만이 아니라, 직장 생활하며 준비하는 모든 MBAer들이 그러했을 것이라 추정된다. 그래서 정말, 목표한 MBA 과정에 입학한 모든 분들에게 수고하셨다고 이 공간을 빌어 진심으로 축하드리고 싶다.

합격 레터를 받은 지 1개월, 그리고 입학이 불과 2개월 남짓 남은 상황에서, 내가 MBA가 무엇이고, 이를 통해서 무엇을 얻을지

HBS 캠퍼스

를 적을 수는 없을 것이다. 따라서, 그간 1여 년 준비하면서 내가 경험하고, 또 느낀 것을 상세하게 기록함으로써, MBA를 준비하는 후배들에게 도움이 되고자 한다.

: 그럼 왜 MBA인가?

과거 MBA라는 학위는 분명히 성공을 보장하는 열쇠처럼 여겨져 왔다. 졸업을 하면 이른바 높은 연봉이 보장되는 직업을 가질 수 있었고, 해외 취업을 꿈꾸는 사람들 또한 대부분 그 꿈을 이룰 수 있었다. 또한 한 기업의 리더로서 활약할 수 있는 기회도 단지 MBA를 졸업했다는 이유로 보다 많이 주어졌다. 다시 말해 MBA는 수많은 기회를 열어 주는 가능성의 고리 역할을 하였다. 하지만 시간이 흘러 한국에도 MBA 졸업생이 많아지고, 리만 브라더스 사태 이후로 취업 시장이 좋지 않아지면서 MBA의 merit에 대해 회의를 가지는 사람들이 많아진 것도 사실이다.

이는 MBA라는 학위가 가지는 특징 때문이기도 하다. 의사 또는 변호사가 되기 위해서는 MD 또는 JD 학위가 필요하지만, 경영자가 되기 위해서 MBA라는 학위가 필수적인 조건은 아니기 때문이다. 또한 MBA 학위를 취득하기 위해서 드는 막대한 투자 비용 대비 return도 문제가 되고 있다. 보통 미국의 MBA 과정의 경우 학비와 생활비를 포함하여 2억 원 정도의 예산이 들어가고, 2년 동안 월급을 받지 못하는 기회 비용까지 생각하면 20대 후반에서 30대 초반의 직장인이 혼자 부담하기에는 버거운 액수를 투자해야 한다. 그러나 리만 브라더스 사태 이후로 미국 현지 취업이 힘들어지고, 비교적 고액 연봉을 받을 수 있는 금융계 취업 시장이 얼어 붙으면서, 졸업 후 단기간에 투자한 비용을 회수하기가 점점 어려워졌다. 실제로 몇몇 게시판에서 읽은 바에 따르면, 최고 명문 MBA 과정인 Wharton School의 30여 한국인 졸업생 중 올해 현지 취업에 성공한 학생은 다섯 손가락에 꼽힌다고 한다. 즉, 막대한 투자를 했음에도 불구하고 기대했던 return이 돌아오지 않을 수도 있다는 risk가 과거에 비해 높아졌고, MBA가 성공의 필수 조건이 아니라는 것을 고려하면, MBA에 대한 막연한 환상은 지양되어야 할 것이고, 또 MBA가 과연 나에게 정말로 필요한지에 대한 깊은 고민이 준비 과정을 시작하기 이전에 무엇보다 우선되어야 할 것이다.

그렇다면 나는 왜 MBA 진학을 결정했는가? 이에는 크게 3가지 이유가 있다.

우선 나는 젊은 나이에 공부를 더 하고 싶었던 이유가 가장 컸다. 나는 대한민국 유일의 민영 지상파 방송사인 SBS의 공채 12기로 입사한 후 회사의 창립자이시자 회장님이신 윤세영 회장님의 수행 비서로 4년을 근무하였다. 4년 동안 대한민국을 움직이는 최고경영자를 보좌할 수 있었던 경험은 동년배들이 흔히 겪지 못하는 정말 말 그대로 한 단계 성장할 수 있었던 놀라운 경험이었다. 그러나 아무래도 비서실 생활이 끝난 후, 막상 실무를 시작하게 되면서 그간 다른 실무 경험을 쌓으며 성장한 친구들과 비교해서 스스로 부족한 점들을 많이 느꼈고, 비록 business가 상아탑에서 배울 수 있는 것이 아니라는 생각은 여전히 하고 있지만, 소모적인 회사 생활을 잠깐 접어 두고, 머리에 지식을 채울 수 있는 시간이 필요하다고 느꼈고, 이러기에는 MBA가 적절하다는 판단을 하였기 때문이다.

두 번째 이유는 아무래도 방송 관련 해외 사업과 관련된 일을 하고 싶은 데 비해 네트워크의 부족을 실감했기 때문이다. 개인적으로 경험한 인더스트리가 방송밖에 없어서 다른 인더스트리는 어떠한지 모르겠으나, 방송 인더스트리에서 네트워크가 차지하는 비중은 막강하다. 특히 요즘 화두가 되고 있는 스포츠 콘텐츠 시장은 많은 의사결정이 비즈니스 측면보다 네트워크 위주로 결정되는 측면이 있고, 채널 및 프로그램 제휴 등도 결국엔 네트워크가 매우 중시되는 인더스트리이다. 하지만 지금까지 SBS에서의 나의 경험은 이러한 필요를 충족시키기에는 부족하고, 아무래도 MBA를 통해 전세계에서 오는 학생들과 어울려서 공부할 수 있는 MBA의 환경은 그런 측면에서도 나에게 도움이 될 것이라 생각을 했기 때문이다.

그리고 마지막으로 무시할 수 없는 큰 이유는 개인적인 동경이었다. 아무래도 international한 환경에서 세계의 잠재적인 리더가 될 사람들과 공부하고 또 토론할 수 있는 MBA의 매력은 경영학을 전공한 사람이라면 누구나 한번쯤은 꿈꿔 왔을 무대일 것이다. 나의 경우는 왜 그랬는지는 모르겠지만, 연세대학교 1학년에 입학해서 수강했던 어떤 수업에서조차 10년 후에 하고 있을 일을 적어 내는 과제에 'MBA를 간다'고 적어 냈던 기억이 있고, 또 2003년 HBS를 직접 방문하여 기념품 가게에서 각종 기념품을 사며, 몇 년 후에는 꼭 이곳에서 공부해야겠다며 다짐했던 기억이 있다. 그런 측면에서 볼 때, 예전부터 꿈꿔 왔던 HBS에 입학할 수 있게 된 것은 정말 크나큰 행운이라 생각한다.

다시 한번 강조를 하지만 MBA는 경영자가 되기 위한 필수 조건이 아니며, 성공을 보장하는 열쇠도 아니다. 그리고 MBA를 준비하기 위하여 투자해야 하는 시간과 비용 또한 만만치 않는 데다가 MBA를 가지 않을 경우 GMAT 시험은 아무 짝에도 쓸모가 없다. 따라서 후배들은 나에게 MBA가 진정으로 필요한 것인지에 대한 심각한 고민을 우선적으로 한 후에 준비를 시작했으면 한다.

김 용 아
HBS Class of 2001

오랫동안 MBA 과정을 꼭 하고 싶었다. 그리고 MBA를 마치고 돌아온 지 이제 거의 10년이 되어 오는 지금도 MBA를 한 것은 참 잘한 일이라는 생각이 들고 MBA를 고민하는 많은 사람들에게 강력히 MBA를 추천하곤 한다.

MBA를 하고자 하였던 이유에는 여러 가지가 있다.

첫째 이유는 계속 직장 생활을 하여 내가 가진 능력을 소진하기만 하기보다는 잠시 나를 위한 투자를 통해 나의 능력을 향상시키기 위함이었다. 나는 자기 자신을 소중히 여기지 않는 사람들은 타인에게도 소중히 여겨지기 어렵다고 생각한다. 따라서 자신이 자신의 미래에 대해 적극적으로 생각하고 설계하고 자신의 꿈을 위해 자기에게 투자할 줄 알아야 한다고 생각했고 MBA가 그런 좋은 투자라 생각이 들어 MBA를 꼭 하고 싶다는 생각을 하였다. 다시 말해서 내가 이런 돈을 들이고 시간을 써서 나를 위해 투자한다는 것이 내가 나를 소중하고 그럴 가치가 있는 사람이라고 생각한다는 것이고 이런 생각으로 MBA의 가치를 부여하고 더욱 알찬 MBA 생활을 할 수 있었던 것 같다. 이러한 투자를 통해 보다 나를 발전시키고 싶었다. 주위 사람들이 MBA는 배우는 것은 그리 없고 인맥 넓히는 가치밖에 없다는 말들을 많이 한다. 그래서 많은 선배들에게 경험을 물었고 일단은 내가 경험을 해 보자는 생각이 들었다. 그렇게 많은 사람들이 MBA를 하고 그리 훌륭한 교수님들이 많이 계신데 그렇게 흔히 말하는 것처럼 배움이 없으랴는 생각이 들었다. 또한 인맥이 사회생활에서 얼마나 중요한데 그것을 얻는다는 것을 그리 가볍게 치부할 일은 아니라는 생각이 들었다. 앞서도 언급했지만 나의 경우 실제로 MBA를 통해 많은 배움이 있었다. Case들과 그동안 경험했던 McKinsey의 프로젝트들을 돌이켜 보며 어떤 사항들을 볼 때 공통 법칙과 패턴을 인식하는, 즉 insight를 뽑아내는 능력을 배울 수 있었다. 그리고 많은 교수님과 외부 저명인사들의 강의는 특히 경험을 바탕으로 한 실질적인 경영과 리더십에 대한 소중한 지식을 얻을 수 있었다.

둘째 이유는 자기 진로에 대한 진정한 성찰의 기회를 갖기 위해서였다. 실제로 MBA를 통해 직장으로부터의 break를 가지는 것은 숨을 고를 수 있는 좋은 계기가 되었고 과연 내가 가고 있는 길이 나에게 맞는가에 대한 성찰의 기회가 되었다. 자기가 선택했을 때 더 만족하게 되고 그렇게 하기 위해 노력하는 것 같다. 그래서 MBA를 준비하고 그 과정을 하면서 내가 무엇을 하고 싶은지 고민을 하여 내가 내린 결정이라는 생각을 하며 지금의 직장에서 더 즐겁게 일을 할 수 있는 것 같다. 흔히 사람들이 어떻게 13년간 컨설팅을 하느냐고 묻는데 물론 적성에 맞고 재미있는 일이기도 하지만 중간에 MBA를 하면서 잠깐 쉬면서 숨을 고르고 또 내가 다시 선택한 길이기에 이제까지 더 만족하면서 생활한다는 생각이 든다.

이러한 이유 말고도 물론 더욱 현실적인 이유도 있었다. 학벌에서 오는 소위 name value의 가치 또한 솔직히 MBA를 선택한 실질적인 이유이기도 하다. 새로운 client를 만날 때, 밖에서 강의를 할 때 등 사회 생활을 할 때 이력을 소개하는 것은 통상적이고, 그때 HBS MBA라는 것이 나에 대한 위상을 높여 주는 면이 없다고 할 수는 없다고 생각한다. 또 하나의 현실적인 이유는 나중에라도 이직을 하고 싶을 때 더 많은 옵션을 열어 줄 것이라고 생각했기 때문이다. 더 많은 커리어가 있다는 것을 알게 되고 커리어에 변화를 줄 때도 이력서에 도움이 될 것이라는 생각이 들었다.

다른 현실적 이유는 인맥의 형성이다. 학연 또는 지연 등을 이용하여 부당한 기회를 얻는다는 차원이 아니다. 우리 사회는 점점 복잡해지고 정보와 아이디어에 대한 접근성이 중요하며 이렇게 세상의 많은 정보와 아이디어에 깨어 있으려면 Networking을 잘하는 것은 중요한 능력이요, 탄탄하고 넓은 network는 중요한 자산이다. 우리 사회는 점점 지식 사회화되고 많은 혁신과 발전이 빠른 속도로 진행되며 복잡성이 증대되기 되기 때문에 혼자 어떤 일들을 하는 것이 아니라 어떤 사람들을 알고 서로 아이디어를 공유하고 논의하면서 더욱 지속 발전시키느냐가 중요하며 새로운 사업기회를 찾고 전문지식을 수혈 받는 것 또한 중요하다. 그런 의미에서 좋은 network를 갖는 것은 보다 많은 긍정적인 발전을 위한 귀중한 자산이다. 그래서 MBA를 통한 network의 구성이 별 가치가 없는 것으로 치부되거나 속된 의미로 치부되는 것은 바람직하지 않다고 생각한다. 또한 어느 조직이든 사람들과 더불어 일을 하고 팀워크와 리더십이 중요하기 때문에 대인관계 스킬과 조직생활 능력, 그리고 리더십은 매우 중요한 역량이며 MBA는 이러한 soft skill을 배양시킬 수 있는 좋은 기회가 될 수 있다는 것도 MBA를 선택한 이유 중 하나였다.

MBA가 분명 모든 사람들이 해야 할 과정이나 완벽한 프로그램은 아니다. 다만 직장 생활을 3~7년 정도 했고 앞으로도 계속 경영에 몸을 담고 싶은 사람이라면 해 봄직한 좋은 과정이라고 생각한다. 나의 경험을 비추어 보면 분명 잘한 선택이었고 많은 것을 얻었다고 생각한다. MBA를 고민하는 분들, 그리고 MBA를 준비하는 많은 분들에게 지극히 개인적인 나의 경험을 토대로 한 글이지만 많은 도움이 되길 바라며, 행운이 함께 하기를 바란다.

배 병 찬

Haas School of Business, UC Berkeley,
Class of 2010

2010년 5월, 캘리포니아의 눈부신 햇살을 받으며 UC 버클리 하스 스쿨에서의 2년간의 MBA 여정을 마쳤다. 항상 무언가를 마무리하는 것이 그렇듯 절반의 서운함과 절반의 설레임이 교차한다. 마치 지난 2년간 예쁜 꿈을 꾼 듯한 느낌이다. 매일 아침 아름다운 금문교를 바라보며 시작하던 너무나 행복한 꿈이었지만 막상 깨어난 현실도 그닥 싫을 것 같지만은 않아보인다. 지극히 개인적인, 보잘것 없는 경험이지만 MBA를 통해 새로운 인생을 준비하는 누군가에게 작은 도움이 되었으면 한다.

: 나는 어떻게 MBA를 가게 되었나?

학부에서 경영학을 전공한 사람들에게 MBA는 다른 전공을 갖고 있는 사람보다 친숙한 단어로 여겨지는 것 같다. 기존 전공의 상급 대학원이라는 측면에서 어쩌면 당연한 인식일 수도 있을 것이다. 하지만 진짜 이유는 남들보다 좀 더 일찍 MBA라는 영역에 대해 접할 수 있는 데 있다고 생각한다. 경영학 전공자의 직업 선택의 특성 상 MBA를 졸업하고 온 사람들과 한데 섞여서 일하는 경우가 많게 되고 이를 통해 자연스레 MBA에 대한 관심을 갖게 되는 경우가 많다.

사실 경영학과 학부를 다니고 있는 후배들과 이야기하다 보면 MBA에 대해 졸업 후 수년 내 경험할 당연한 절차 정도로 생각하는 경우를 많이 볼 수 있다. 나도 학부를 졸업할 때 아마도 비슷한 생각을 하고 있었던 것 같다. '졸업 후 3년 정도 열심히 일하고 해외 유수의 비즈니스 스쿨에 진학하여 전문 경영인으로서의 자질을 키운다.' 계획보다 꽤 늦어지긴 했지만 결국 MBA 학위를 받고 이 글을 쓰고 있는 것을 보면 아주 허망한 계획은 아니었던 듯 싶다.

MBA를 생각하는 사람들이 실제로 진지하게 비즈니스 스쿨로의 진학을 고민하고 실행에 옮기기 위한 선택을 하는 시점이 몇 차례 있는 것 같다. 대부분 사회에 발을 디딘 지 3년 정도 되는 시점이 그 첫번째인 것 같고 또 그로부터 3년 후 정도가 두번째 시점이 될 듯하다.

공교롭게도 나의 경우는 두 시점 모두에서 선택을 하지 못했다. 첫번째 시점은 개인적인 생활의 변화로 인해 결정을 하지 못했다. 첫 직장을 거쳐 벤처 붐의 격류에 뛰어들었고 밤낮없이 일했지만 그다지 좋은 결과를 얻지 못했다. 그러던 중 아내를 만나 결혼을 했고, 곧이어 아이도 생겼다. 가족이 생기자 MBA에 대한 투자는 더 큰 Risk로 다가왔고 결국 그렇게 첫번째 시점은 지나갔다.

그렇게 몇 년을 더 일했고 어느새 두번째 고민을 해야 하는 시점이 되어 있었다. MBA 진학을 좀더 진지하게 고민했었고, 구체적인 프로세스에 대해서도 알아보았다. 하지만 결국 그때도 가지 않기로 결정했다. 투자에 대한 Risk 등 여러 가지 이유가 있었겠지만 가장 큰 이유는 그 당시 일이 너무 재미있었다. 치열하게 고민하고 열정적으로 일했으며, 이를 통해 회사 내에서 나의 존재가 성장하는 것을 느낄 수 있었다. 이렇게 또 몇 년이 흘렀다.

두 번의 선택의 기회를 보내고 나서 솔직히 MBA 학위는 나의 인생에게서 멀어졌다고 생각했다. 그러던 중 뜻하지 않은 기회가 찾아왔다. 회사의 지원을 통해 MBA를 갈 수 있는 기회가 생긴 것이다. 사회에 첫발을 디딘 지 10년째 접어드는 해였다. 개인적으로 나의 커리어에 대해 여러 가지 생각을 하던 시기였던 것 같다. 그간의 많은 업무상 성과들은 내가 얼마나 열심히 하느냐에 달려 있었다. 하지만 시간이 지나면서 개인적인 업무성과뿐만 아니라 함께 일하는 사람을 잘 리드하여 최상의 성과를 내는 것이 중요한 덕목이 되어 있었다. 또한 리더십의 포지션에 가까이 갈수록 더 다양한 영역에 대한 지식이 요구되었고 MBA는 내가 직면한 새로운 변화에 대해 준비할 수 있는 새로운 기회가 될 것이라 생각했다.

정 민 영

Columbia Business School, Class of 2010

내가 MBA를 선택하게 된 것은 내가 앞으로 하고 싶은 일을 찾고자 하는 이유가 제일 컸다. 학부를 졸업하고, 뭐가 뭔지 잘 모르는 상황에서 회사에 들어가게 됐고, 3년 가까이 일을 했다. SK텔레콤은 정말 좋은 회사고, 여러 가지로 즐겁게 회사 생활을 하고 있었지만, 내가 이 일을 앞으로 20년~30년 동안 할 수 있을지에 대해서 확신이 없었다. 나중에 다시 SK텔레콤 쪽으로 돌아오더라도 내가 하고 싶은 일이 무엇인지 더 찾아볼 수 있고, 지원해 볼 수 있는 시간을 가지고 싶었다. MBA를 결정하기 전에 석 · 박사 과정에 대해서도 고려하고 있었는데, 내가 다시 일을 하고 싶을 경우에 아무래도 MBA가 옵션이 더 많을 것 같아서 지원을 하게 되었다.

할로윈 때 cluster 애들과 코스튬 입고 공연한 뒤 찍은 사진.

두 번째로 나는 한국에서 초 · 중 · 고등학교, 대학교까지 다녔다. 외국에서 생활한 것은 대학교 때 어학연수를 간 게 전부였는데, 외국에서 생활하고, 미국에서 교육을 받아 보고 싶었다. 좀더 다양한 사람들과 만나 보고, **새로운 경험**들을 하고 싶었다.

조 형 준

INSEAD MBA, Class of December 2010

대학을 졸업한 후 사회생활을 하다 보면 주변에 누군가가 하버드에 갔다더라, 이번에 새로 입사한 누군가가 와튼을 졸업했다더라, MBA 졸업하면 억대 연봉으로 더 좋은 회사에 들어갈 수 있다더라… 하는 이야기를 듣게 된다. 이에 귀가 솔깃하여 '그럼 나도 MBA에 가 볼까?' 하며 MBA를 진지하게 고려해 보기 시작한 사람이 많을 것이다. 큰 기대감을 가지고 MBA에 대하여 본격적으로 알아보기 시작하면 예상치 못했던 MBA의 다른 면을 발견하게 된다. 통상 2년 동안 해외에서 MBA 과정을 듣는 동안 학비와 생활비를 포함하면 약 2억 원의 비용이 발생하고, 다니던 직장을 그만두는 것까지 생각하면 기회 비용으로 2년치 연봉이 추가된다. 간혹 졸업 후 미국에 취업하는 경우도 있으나, 이것도 미국 국적을 가지고 있거나, 미국 취업비자를 가지고 있을 경우의 이야기지, 순수 '토종'이라면 거의 불가능하다고들 한다. 결국 한마디로 엄청난 비용과 시간을 투자하지만, 막상 졸업 후에는 불투명한 경제 상황과 이미 넘쳐나는 MBA 졸업생들로 인해 득보다는 실이 많다는 것이다.

실제로 나 역시 MBA를 고려하고 있을때 "MBA는 이제 너무 많잖아?", "차라리 그 돈을 가지고 사업을 하겠다"하며 MBA를 만류하는 친구들이 있었다. 나 역시 'MBA 회의론'에 동의하는 부분도 있다. MBA가 모든 사람에게 필요하다고 생각하지도 않는다.

그럼에도 불구하고 내가 MBA를 선택한 첫번째 이유는 내 공부를 학부에서만 끝내고 싶지 않았기 때문이다. 직장 생활을 하다 보면 여러 가지 현실적인, 실용적인 이유로만 MBA를 바라보게 되는데 나에게 있어서 가장 큰 이유는 MBA가 다른 무언가를 얻기 위한 수단이 아니라, 나를 더 발전시키고 학부에서 배웠던 경영학을 한 단계 발전시키기 위한 목적이었다. 사실 학부 시절에 경영학을 배웠지만 머리속에 남은 건 별로 없었다. 실제 업무를 하다 보니 어렴풋이 떠올릴 때도 있지만, 그때마다 다시 한번 제대로 배워 보고 싶다는 마음이 강했다. 실무 경험과 이론적 지식의 균형을 이루어 체계적으로 업무 능력을 발전시키기 위해서

INSEAD 캠퍼스.

MBA를 고려했다. 그리고 한편으론 '석사' 자체가 개인적 목표이기도 했다. 솔직하게 말하자면, 나라는 사람이 다른 사람들에 비해서 상대적으로 잘하는 것은 운동도 아니고, 악기 연주도 아니고, 그나마 잘하는 것이 바로 공부였다. 비범한 지능을 지니지도 않았고, 진득하게 책상 앞에 앉아서 공부하지도 못하지만, 한국의 반강압적인 교육제도 속에서 자의반 타의반 어떻게든 살아보겠다고 버둥버둥 하다 보니 수능시험에서 상위 1% 내에 들어 좋은 대학에 갈 수 있었다. 기왕 이렇게 된 거 조금 더 욕심내서 석사까지 도전해 보고 싶었다. 아버지께서 공부에도 때가 있다고 자주 말씀하셨는데, 직장 경력와 내 나이를 고려했을 때 2009년도가 가장 적기라 생각하여 공부를 처음 시작하게 되었다.

두번째 이유는 커리어 발전에 있어서 현실적인 필요성 때문이었다. 다국적 기업의 현지 지사에서 근무하다 보면 현지 지사이기 때문에 부딛히는 한계를 자주 경험하게 된다. 한국에서 진행되는 일들은 주도권을 가지고 일을 진행할 수 있지만, 그보다 큰 결정들은 결국 본사에서부터 시작되고, 때로는 그런 결정에서 철저하게 소외되어 있다는 생각에 좌절할 때도 있었다. 그러다 보니 자연스럽게 직접 본사에서 일하고 싶다는 욕심이 생겼고, 이를 위해서는 MBA가 필요한 조건인 동시에 본사로 갈 수 있는 하나의 좋은 지렛대였다. 뿐만 아니라, 현재 회사를 떠나더라도 장기적으로 내 경력에 분명 플러스가 될 것이고, MBA를 통해 얻게 될 네트워크가 먼 미래에 내게 더 많은 기회를 가져다 줄 수 있다고 믿었기에 MBA를 지원하게 되었다.

김 영 한

MBA University of Minnesota,
Carlson School of Management,
Class of 2003

Tenure pressure에 시달리는 assistant professor가 research paper는 안 쓰고 무슨 시간이 나서 이런 글을 썼냐고 할지 모르겠다. 하지만, 경영학 연구 및 교육을 하는 것이 나의 업이고, 지난 10여 년간 내가 지나오면서 하고 싶었던 말들을 쌓아 두었기에 도저히 그냥 지나칠 수 없어서 후다닥 쓰기로 했다. 결정적으로 학부 때 MARP 선배인 박여희 선배님이 MARP의 일원들 중 MBA를 갔다 온 사람들, 현재 유학 중인 사람들에게 원고를 받아 책을 내신다고 강력히 권하셔서 내 생각들을 정리하게 되었다. 내 보잘것없는 경험에 bias된, 짧고 외람된 소견이지만, 경영학 유학을 고민하는 많은 분들과 MBA들을 뽑는 기업체 분들에게 도움이 되었으면 좋겠다.

: 나는 왜 MBA를 했는가?

1998년 군대를 제대하기 전부터 금융위기가 닥치면서 내 생각은 많이 바뀌었다. 그전까지는 국제정치나 국제경영 쪽이 관심분야였지만, 결국 모든 문제는 돈으로 귀결되는 것을 봤다. George Soros라는 놈에게 복수를 해 주고 싶다는 생각과 함께, 이런 꼴을 당하지 않으려면 훌륭한 금융 인력을 키워 내는 재무관리 교수가 되어야겠다는 생각을 했다. 그러려면 가장 앞섰다는 미국의 금융기관에서 일도 해 보고, 미국의 MBA에서 학생들은 무엇을 배우는지도 체험하고 싶었다. 그리고 난 후 finance박사를 가는 것이 너무나 드문 케이스라고 하길래 한번 도전해 보고 싶었고, 그걸 위해 부단히 기도했다.

물론 이 모든 얘기는 입학지원서를 쓰기 위해 만들어 낸 얘기가 아니다. 실제로 98년부터 어렴풋이 가지고 있던 꿈이었다. 다행히도 금융위기 직후에 Bank of America Seoul Branch에서 Corporate Credit Analyst로 일을 하게 되었고, 나름대로 그 안에서 2년 동안 다양한 분야에서 경험을 할 수 있었다. MBA로는 직장생활 중에 후다닥 GMAT 시험을 봐서 들어갔다. MBA에서 finance 박사과정으로 가는 길과 무사히 졸업하는 길은 이루 말할 수 없이 힘들었고, 집사람의 기도가 아니면 불가능했을 일이지만, 여기서는 논의의 대상이 아니므로 생략한다.

: 왜 Minnesota대학의 Carlson MBA를 갔는가?

가족 연고지. 아버지께서 Minnesota대학에서 Human Resource Management로 박사를 71년도에 받으셨다. 아는 사람은 다 알지만, HRM에서 Minnesota는 자타가 공인하는 #1~2이다. 특히나 70년대에는 더 그랬다. 그래서 어려서부터 미네소타는 하버드에 못지 않는 훌륭한 학교라고 굳게 믿고 있었다. 남들이 들으면 상당히 놀라겠지만, 나는 좀 고집이 센 편이라서 끝까지 믿는다. 뿐만 아니라 나의 목표는 결국 재무관리 박사과정으로 가는 것이기 때문에 중간에 MBA에서 랭킹에 연연할 시간이 없었고, 학비나 생활비가 비싼 MBA에 갈 필요도 없었다.

누군가는 '박사를 갈 거라면 MBA랭킹이 더욱 중요하다'고 딴죽을 걸었는데, **"랭킹은 자기가 의식하는 만큼 중요할 뿐이다"** 라고 믿는다. 와서 보니 미네소타는 거시경제학에서 Chicago-Minnesota-Carnegie Mellon이라는 Neoclassical 학파의 근거지 역할을 하고 있어서(Minneapolis Fed가 그 연구의 중심) 재무관리 박사과정에도 상당히 긍정적인 외부효과가 있었다. 또한, 이 학교는 화학공학과 아동심리학, HRD, 지리학에서 부동의 1위를 유지하는 탄탄한 리서치 학교다. 그런 만큼 박사과정에 들어가기 위해 접근전을 펼칠 가치가 충분한 학교였다.(그러나 절대로 MBA 지원서 essay를 쓰면서는 박사과정에 대한 생각을 보이지 않는 것이 좋다. 나도 보이지 않았고… 경영학 박사라는 것은 너무나도 다른 길이기 때문에.)

MBA관점에서 봤을 때 Minnesota대학은 Minneapolis라는 중서부의 business 중심 도시의 downtown에서 걸어서 15분 정도의 거리에 있고, Best Buy, Target, General Mills 등 Fortune 500 회사들의 headquarter가 집중된 곳이라서 취업 기회도 좋다. 결혼하고 나서 보니 미네소타는 더 좋았다. 안전하고 사람들의 교육 수준도 대단히 높고, 북유럽 계통의 사람들이 많이 이민 와서 정착한 곳인지라 북구 쪽의 사회주의적인 성향이 강하고, 민주당 색이 짙으며, 상당히 외국인이나 약자들에게 관대하다. 미국인들끼리는 이곳이 양반들이 사는 도시라고들 한다. 자신들의 선조인 바이킹족들에게서 Jante law라고 하는 문화적 습성을 물려받아서 "절대로 집단에서 튀는 짓하지 말고 잘난 척하지 말라"는 불문율이 지켜지고 있다. 그래서 수업시간에도 동부나 서부에 비해서 조용하다(학부 때 Brown 대학에 교환학생 갔을 때는 무조건 손들고 질문하는 것이 거의 불문율이었는데, 좋은 대조였다). 한국에는 잘 알려져 있지 않아서 Best buy에 전자제품 팔려고 협상하러 온 삼성 분들이나 다른 여러 분들이 "전부 옥수수 밭일 줄 알았는데, 이렇게 크고 깨끗한 도시가 있다니 놀랍다"고 감탄한다.

: 어떤 경우 MBA를 가는 것이 이상적인가?

첫째, 회사에서 보내주는 경우다. 둘째, 회사생활 하다가 업무에서 여러 번 마주친 개념들을 보다 정확히 이해하기 위해서 회사 근처의 Evening MBA를 다니는 경우다. 이 경우 상당수의 경우 학교 랭킹에 상관없이 주변의 학교를 가는 것이 현실이다. 셋째, 한국에서 일하다가 미국 등 현지에 취업하기 위해서 가는 경우다. 악착같이 노력하시는 분들 중에 성공하신 분들도 많이 봤다. 미네소타의 경우도 현지에 굵직한 기업들이 많기 때문에 기회는 꽤 많다. 단, MBA를 하기 전에 한국서 한 일들이 무엇이었느냐가 중요하다. 이런 경우 그 분야로 배치될 것이 거의 확실하기 때문이다.

: MBA는 왜 가는가?

내가 아는 한, MBA는 그 학교를 알아주는 기업체들에 취직하기 위해서 가는 것이고, 회사 경영에 필요한 소양과 지식들을 배우기 위해서 가는 것이다. 소위 top school들은 지역적으로 제한이 없이 알아줘서 좋은 거고, 반면에 top school이 아니라 하더라도, Minnesota같이 Big10 school들은 중서부에서는 취직하기 좋다. 그리고 미네소타는 경제학이 워낙 유명해서 다른 지역에서도 웬만큼 알아준다. 그런 만큼, 본인이 뉴욕에서 top investment banker가 되어야겠다고 야심을 가졌다면 top school의 MBA를 가는 것이 당연히 좋을 것이다. 그렇다고 Minnesota나온 사람들이 Wall Street에 없냐 하면 그것도 아니다. 나는 내가 직접 미네소타출신인 미국인들 5명을 cold call로 contact해서 직접 Wall Street에서 만나고 돌아다녀 봤다. 내가 얻은 결론은 이거다. MBA는 정말로 각자가 하기 나름이다. 아무리 Wall Street에서 멀리 떨어져 있다고 느껴져도 학교에서 제공하는 program들(Wall Street career fair등)을 십분 활용하고 헝그리 정신을 가지고 덤벼들면 얼마든지 진출할 기회는 있다. 다만, 내가 있었던 때는 9/11이 터진 직후라서 work permit이 없는 외국인에게 문을 열어 주는 회사들이 없었다. 지금 다시 금융위기 이후 job market이 힘든 시기라서 유학생들에게는 힘든 시기일 것이다. 미네소타 MBA를 졸업한 한국 유학생들 중에는 GE Capital의 Headquarter에서 risk management 팀에 vice president로 일하는 분도 있고(고대 화공과 졸업한 완전 한국 출신),

Atlanta에서 ING의 Fixed income에서 일하는 분도 있고, 변호사나 미래에셋에서 일하시는 분도 있고, 삼성증권과 전자, 그리고 CJ 등에서 일하는 분들도 많다.

MBA와 관련해서 많은 사람들이 관심을 가지는데, 나의 짧은 소견이 약간이라도 도움이 되었으면 좋겠다. 사실 많은 사람들이 한참 중요한 시기에 직장에 발을 붙이고 회사의 내부정치 라인에서 성공하려고 해야 할지, 유학을 가야 할지, 간다면 어떻게 해야 할지 등을 고민한다. 또한, 유학을 비싼 돈 주고 가는 사람들은 여전히 내가 온 이 학교가 랭킹이 높네 낮네 하면서 아까운 시간을 낭비하고 괜히 좌절하거나 오만해하기 때문에 이 글이 나름 좋은 guide line이 되었으면 좋겠다. 적어도 이 글을 읽은 사람들은 MBA가 옛날의 무슨 고시처럼 뭔가를 절대 보장해주는 것은 아니라는 점을 명확히 알았으면 좋겠다. 결국 MBA는 risk & reward에 대한 개념을 가르쳐 줌으로써 비즈니스에 필요한 사람이 되도록 도와주는 과정이고, 네트워킹하는 것을 알려주는 과정이고, 결국 자기가 해 내기 나름이다.

MBA 준비하기

김 용 아

HBS Class of 2001

MBA는 학부 졸업 때부터 꼭 가고 싶었기 때문에 좋은 MBA에 가는 데 가장 도움이 될 직장이 어디인가도 직장 선택의 중요한 요건이었다. McKinsey를 선택한 이유 중 큰 이유가 MBA 출신들이 많고 MBA에 대한 지원이 잘 되어 있다는 점이었다. 직장을 다니게 되면서 지속적으로 MBA에 대한 관심을 가지고 직장 선배들에게 MBA에 대한 여러 가지 질문을 하였고 이는 MBA를 준비하는 데 많은 도움이 되었다. 나의 경험을 돌이켜 MBA를 준비하는 분들에게 드릴 수 있는 몇 가지의 Tip이 있다.

: 미리미리 준비하기

MBA 지원에 있어 essay, GMAT, 추천서 등 많은 준비를 요하기에 나의 경우는 미리미리 관심을 갖고 준비한 것이 도움이 되었다. 나는 미리 준비된 사람만이 기회가 왔을 때 그 기회를 잡을 수 있다고 생각하고 성격상 미리 계획을 세우는 것을 매우 좋아한다. 심지어 신혼 여행을 갈 때 신랑과 미리 일별 주제 및 시간표를 만들어 프린트해 갈 정도였으니 얼마나 계획 세우기를 좋아하는지 알 것이다! MBA 준비에 있어서도 마찬가지였다. 지원하기 약 2년 전부터 지원하고자 하는 학교의 Essay 문항을 미리 살펴보고 essay 내용이 차별적이고 내용이 충실하려면 어떤 경력과 경험을 쌓아야 할지 생각을 하고 이에 맞는 경험을 할 수 있도록 준비했다. 예를 들어 나는 글로벌 시각을 가지고 다양한 문화를 경험하였다는 면을 부각시키기 위해 아시아의 여러 국가에 대한 프로젝트를 하였고 직장 2년차부터 외국 파견 근무를 준비하여 시카고 사무소에서 약 6개월간 파견근무를 하였다. Essay를 쓸 시간이 왔을 때 좋은 주제가 없다면 매우 난감한 일이고 좋은 주제가 될 수 있는 경험이란 것이 하루 아침에 생길 수 없으니 미리미리 계획을 세워두는 것이 필요하다.

직장 때뿐 아니라 대학 생활을 할 때도 다양한 경험, 그리고 특히 리더십을 키울 수 있는 경험을 해 둘 필요가 있다. 나에게 이런 의미에서 연세대학교의 서클인 MARP에서의 경험이 정말 많은 도움이 되었다. MARP를 통해 많은 경험을 했고 조직생활을 배우게 되었고 회장을 역임하면서 리더십을 경험하고 배양할 수 있었다. 대학 생활을 하면서 MARP를 한 것이 너무나 잘한 일이고 많은 도움이 된 경험이었으며 MBA 준비에 있어서도 MARP의 여러 생활과 경험은 좋은 essay 주제가 될 수 있었다.

또한 Essay 준비가 매우 시간을 소요하기 때문에 GMAT는 시간이 될 때 미리미리 보아 두는 것이 중요한 것 같다. 나의 경우, GMAT 교재를 틈틈이 풀어 준비를 하였다. 학원은 따로 다니지 않았으나 주위의 이야기를 들었을 때 GMAT를 푸는 몇 가지 요령을 익히는 데 학원이 도움이 되었다는 이야기를 들었다.

: Essay 주제에 대한 문항별 bullet point 정리하기

Essay를 써 내려가기 전에 먼저 각 문항에 대해 주요 포인트를 적어 보는 것이 도움이 되었다. 어떤 문서를 만들기 전에 대강의 Story line과 간단한 주요 point를 bullet point 형식으로 정리하는 것이 컨설턴트인 나의 버릇이기도 하지만 이 방법이 나에게 효과적인 essay 쓰기의 요령이 되었다. 이렇게 bullet point만

간단히 먼저 써보면 essay별로 주제가 겹치는지 혹은 자신이 보여주고 싶은 여러 모습을 보여주기에 적절한지 점검을 미리 해 볼 수 있다. 주제를 미리 정리해 보고 다른 사람에게 주제와 주요 point에 대해 이야기를 해 보아 주제들이 자신을 잘 표현해 줄 수 있고 읽는 이의 관심을 끌고 강한 인상을 심어 줄 수 있는가를 논의해 보면 essay를 모두 쓴 다음에 그 내용이 좋지 않아 계속 다시 써야 하는 시행착오를 줄이면서 보다 효과적으로 essay를 쓸 수 있다.

: 일관된 주제가 있되 나의 다양한 모습을 보여주기

여러 개의 Essay에 걸쳐 나의 많은 모습을 보여주는 것이 필요하다. 일을 하는 데 있어 보여지는 Professional한 모습이 있다면 인간적인 모습도 보여 줄 필요가 있다. 직장 경험에 대한 Essay가 있다면 학창 시절에서 주제를 따 오는 것도 좋다. 나의 경우 HBS essay를 처음 썼을 때 내가 성취한 일들, 높은 이상과 목표를 갖고 열심히 정진하는 모습 등은 상당히 많이 표현이 되었으나 인간에 대한 배려와 인간관계 혹은 나의 재미있는 면이 표현되지 않았다는 의견을 받았다. 나의 한 면만이 여러 essay에 걸쳐 부각이 되었던 것이다. 그래서 나의 여러 가지 면은 무엇인가,

그리고 그것을 잘 표현할 수 있는 주제가 무엇인가에 대해 고민을 하여 essay를 수정했던 기억이 난다. 단, 나의 여러 가지 면을 보여준다고 너무 산만해서는 안 되고 나에 대한 어떠한 테마, 즉 차별적 가치 제안이 명확하게 필요하다.

: 첫 문장에서 읽는 이의 관심을 사로잡기

Essay의 첫 문장은 매우 중요하다. 하루에도 수십, 수백 편의 essay를 읽을 입학 사정관을 생각해 보면 나라도 essay가 처음부터 흥미롭지 않거나 담고 싶은 주 내용을 함축하고 있지 않다면 관심을 갖고 주의 깊게 읽기 힘들고, 따라서 좋은 인상을 남기거나 그 내용을 기억하기 힘들 것이라는 생각이 든다. 따라서 첫 문장은 그 essay의 내용을 함축적으로 담고 또한 관심을 끌 수 있는 강렬한 문장일 필요가 있다. Essay 중 첫 문장은 특히 많은 신경을 써서 쓸 필요가 있다.

: 나를 잘 아는 사람, 졸업생 그리고 전혀 모르는 사람에게 Essay review 받기

Essay를 쓴 후 여러 사람들에게 내용을 읽어 보게 하고 의견을 받는 것도 도움이 된다. 의견을 받을 때 세 부류의 사람들에게 받는 것이 도움이 된다. 자신을 아주 잘 아는 사람들이 첫번째 부류다. 이들에게는 essay가 정말 나를 잘 표현하고 있는지에 대한 의견을 받는 것이 도움이 된다. 어떤 때는 나도 모르는 내가 있을 수 있고 나의 장점을 잘 표현 못하는 경우가 있기 때문에 나를 정말 잘 아는 사람들에게 자신이 쓴 essay를 읽어 보게 하고 "네가 아는 나를 잘 표현했어?"라고 물어보고 어떤 면이 빠졌는지 혹은 어떻게 나의 좋은 점을 더 부각시킬 수 있는지에 대한 의견을 받는 것이 좋다. 두번째 부류의 사람들은 지원하고자 하는 학교의 졸업생이다. 졸업생들은 그 학교의 학풍과 원하는 인재상을 비교적 잘 알기 때문에 그들의 시각에서 나의 essay에 표현된 내가 해당 학교가 원하는 인재상인가에 대한 의견을 받는 것이 도움이 된다는 것이다. 마지막 부류는 나를 전혀 모르는 사람에게 essay review를 받는 것이다. 처음 듣기에는 나를 전혀 모르는 사람에게 무슨 의견을 구할 수 있는가라고 생각할 수 있지만 입학원서의 essay를 결국 읽고 평가를 하는 사람은 나를 전혀 모르는 사람이다. 이렇게 나를 전혀 모르는 사람이 essay를 읽고 내가 표현하고자 하는 내용을 정확히 파악할 수 있어야 하기 때문에 나를 모르는 사람들에게 essay를 읽어 보게 하는 것이 필요하다는 것이다. essay를 읽어 보고 떠오르는 essay의 저자의 자질을 몇 개 단어로 표현하면 무엇인가를 물어보고 그것이 내가 표현하고자 한 나의 자질인지를 점검해 보는 것이 도움이 된다.

: 다른 학교 Essay를 Copy&Paste하지 않기

여러 학교에 지원할 때 많은 경우 먼저 한 학교의 Essay를 쓰고 다음 학교들의 essay는 Copy&Paste를 하는 경우가 많으나 이는 매우 위험하다. 물론 리더십과 같은 모든 학교에서 원하는 공통적인 인재상이 있으나 학교마다 문화가 다르고 좀 더 중요하게 생각하는 면들이 상이하기 때문에 그 Essay 질문이 유사하다고 하여 이 문장, 저 문장 copy&paste를 하는 것은 바람직하지 못하다. 나의 경우 제일 먼저 HBS essay를 썼고 그 다음에 Stanford와 Wharton essay를 썼다. 처음에 Stanford Essay를 쓸 때 HBS essay의 많은 부분을 따왔다. 그러나 역시 읽어 보니 짜집기를 한 흔적이 역력했다. 또한 내가 듣기로는 HBS는 내가 무엇을 성취했는가?(What you have achieved?)를 알고 싶어하고 중요시한다면 Stanford는 나는 어떤 사람인가?(Who are you?)를 더욱 알고 싶어하고 중요시한다고 한다. 이렇듯 그 내용이야 어떠하든 각 학교가 중점을 두는 사항은 좀 다를 것이니 그 학교에 맞게 essay를 다시 쓰는 자세로 처음부터 다시 써 내려가는 것이 중요하다. 결국 Stanford essay는 모두 지우고 처음부터 다시 썼고 마찬가지로 Wharton essay 또한 그렇게 했다. 두 번째, 세 번째 쓸 때는 이미 고민을 많이 하였기에 처음보다 수월했지만 시간을 더 단축하기 위해 내용이 같다고 이미 쓴 문장을 Copy하는 것이 아니라 새로 쓰는 것이 필요하다고 생각한다. 이것이 나의 경우 위의 세 학교 모두에서 입학 허가를 받은 성공 요인 중에 하나라는 생각이 든다.

: MBA 준비, 특히 Essay 쓰기를 최대한 즐기기

MBA 준비에 있어 가장 힘든 것이 essay 쓰기이다. 무슨 주제를 잡는 것이 좋을까 고민도 많이 하게 되고 essay를 썼다가 마음에 들지 않아 지우고 또 쓰는 것을 반복하는 괴로움, 겨우 썼다 싶어 주위 사람들에게 review 받았을 때 여러 가지 의견이 있어 다시 여러 가지 수정을 해야 할 때의 고통 등 essay 쓰기가 그리 쉬운 것은 아니다. 나의 경우 계속 회사를 다니고 있었고 컨설팅 회사의 특징상 근무시간이 길어서 essay 준비가 힘든 면이 많았다. 그러다 생각의 전환을 하게 되었고 그 계기로 MBA 준비, 그리고 essay 쓰기를 즐거운 일로 인식하게 되었다. 그 생각의 전환은 essay를 쓰는 것이 내가 원하는 꿈, 목표, 그것이 바뀔지언정 10년, 20년 후의 지향점이 무엇인지, 내가 어떤 사람이고, 무엇을 원하는지를 근본적으로 돌아보고, 이에 대한 생각을 정리할 수 있는 소중한 기회라는 것이고, 따라서 이런 기회가 있다는 것을 즐겁게 생각해야 한다는 것이었다. 직장 생활을 하며 바쁘게 사는 동안 나에 대해 돌이켜 보거나 미래를 구상할 여유가 그리 많지 않았고 또 이렇게 MBA 준비라는 것이 없었다면 그냥 그렇게 하루하루 살았을 수도 있다는 생각이 들었고 이왕 하는 준비라면 즐거운 마음으로 소중한 기회로 여기고 진정한 자아성찰과 고민을 통한 essay를 써야겠다는 다짐을 하게 되었다. 그렇게 긍정적으로 생각을 하니 essay 준비가 나를 괴롭히는 숙제거리가 아닌 나를 발전시키는 좋은 기회라는 생각이 들어 훨씬 좋은 마음으로 준비하게 되었다. 나는 남편과 같이 MBA를 준비하고 MBA 시작 바로 전에 결혼하여 같이 HBS를 가게 되었다. 따라서 MBA 준비 당시에는 사귀고 있을 때인데 essay를 쓰면서 서로 어떤 주제를 쓰는 것이 좋을지 의견을 주고 받으며 서로 몰랐던 학창시절의 재미있었던 경험들에 대해서도 알게 되고 장기적으로는 어떤 일을 하고 싶은지에 대해서도 알게 되는 등 서로에 대해 많은 것을 알게 된 실제로 좋은 계기였고 같이 준비하면서 서로 격려하며 재미있게 준비할 수 있었다. MBA 과정을 하고 싶다면 essay는 꼭 써야 하는 것이니 빨리 써 버리고 싶은 숙제라고 생각하기보다는 자기를 성찰할 수 있는 좋은 기회로 생각하여 충분한 고민을 하여 쓰는 것이 이왕 시간을 들여 쓰는 essay를 통해 무엇을 얻을 수 있게 된다. 또한 긍정적인 마음을 가질 때 힘든 것도 덜 힘들게 느껴지고 또한 좋은 결과가 있다고 나는 굳게 믿는다.

: 직급도 중요하지만 나를 잘 아는 사람, 그리고 지원학교 졸업생에게 추천서 받기

추천서를 받을 때 한 명은 가능한 그 학교 출신에게 받는 것이 좋다. 졸업생이 "내가 이 MBA 졸업생으로서 이 사람이 우리 학교에 잘 맞는 인재이고 우리 MBA의 질을 높일 사람이라고 생각한다"라는 말을 해 줄 수 있을 때 그 추천서의 위력이 더해지기 때문이다. 직급이 높은 사람이 추천서를 써 주는 것도 물론 도움이 된다. 그러나 직급만 높거나 사회적인 유명인사라도 자신에 대해 잘 모른다면 그 추천서의 내용은 충실할 수 없으니 유의할 필요가 있다. 자신을 상대적으로 잘 모르는 지위가 높은 사람들로부터 모든 추천서를 받기보다는 적어도 한 명은 직급은 아주 높지 않더라도 자신에 대해 많은 일화를 바탕으로 한, 내용이 충실한 추천서를 써 줄 직장 상사 혹은 교수님의 추천서를 받는 것이 좋다고 생각한다.

: 학교 사전 방문하기

가능하다면 사전에 학교를 방문해 보는 것이 좋다. 나는 시카고에 파견 근무를 하고 있을 때 내가 지원하고 싶은 MBA들을 방문했고 이를 통해 학교에 대한 정보도 더 얻게 되고 실제 수업은 어떻게 진행되고 각 학교마다 분위기는 어떠한지 살펴볼 수 있었고 이러한 정보가 내가 가고 싶은 학교를 선택하는 데 영향을 미쳤다. 학교를 방문할 때는 그냥 학교를 혼자 둘러 볼 것이 아니라 Admissions office에 미리 연락을 하여 약속을 잡아 Admissions office의 사람과 미팅을 통해 학교에 대해 듣고 또 직접 수업을 청강하는 class visit를 하는 것이 좋다. 그 학교의 MBA 과정을 하고 있는 아는 사람이 있다면 그와 함께 class visit을 할 수 있고 그렇지 않은 경우에도 Admissions office에 미리 class visit을 하고 싶다고 이야기하면 주선을 해 준다. 이를 통해 나는 더욱 더 MBA를 하고 싶다는 생각을 하게 되었고 essay를 쓸 때도 학교 사전 방문을 통해 습득한 해당 MBA에 대한 나의 이해를 바탕으로 내가 왜 이 MBA를 꼭 하고 싶은지를 쓸 수 있었다. 또한 사전 방문을 하였다는 내용을 essay에 씀으로 해서 내가 얼마나 이 MBA에 오고 싶어하는지 피력하는 데 도움이 되었다.

배 병 찬

Haas School of Business, UC Berkeley,
Class of 2010

: MBA는 언제 가는 게 좋은가?

개인적으로 비즈니스 스쿨에 진학하는 최적의 나이는 한국 남자를 기준으로 30대 초반 정도라고 생각한다. 우선 대부분의 탑 비즈니스 스쿨은 일정 기간의 직장 경력을 요구한다. 각 학교의 성향에 따라 차이가 있기는 하지만 평균적으로 최소 3년 정도의 직장 경력이 필요한 경우가 대부분이다. 당연한 이야기이겠지만 이러다 보니 전체적인 커리큘럼 또한 3년~5년 정도의 경험을 갖고 있던 그룹에 초점이 맞추어져 있다. 다시 말해 졸업 후 작은 규모의 팀 하나 정도를 리드할 수 있는 실무적인 역량을 우선적으로 배우게 되며 대부분의 리크루터들도 그런 수준의 포지션을 생각하며 채용을 하게 된다. 학업 이외의 생활에 있어서도 비슷한 또래의 친구들과 좀 더 적극적으로 교류하며 학교생활을 할 수 있는 장점도 존재한다.

개인적으로 30대 중반을 넘어서게 되면 MBA의 효용은 급격하게 낮아진다고 생각한다. 나이 많은 사람들에게 교육과정이 의미없다는 것이 아니라 그만큼 Risk가 커지고 이로 인해 투자 수익률이 낮아질 가능성이 높다는 이야기이다. 첫번째, 대한민국 남자들에게 30대 중반은 절정의 시기를 보내고 있는 스포츠 스타의 전성기를 의미한다. 왕성한 체력과 열정, 농익은 기술력, 그러면서도 경기를 읽는 시야까지, 매해 트레이드 시장에서 높은 몸값을 자랑할 수 있는 나이라는 뜻이다. 감독들로부터 최고의 인기를 구가하는 시점에 2년의 공백을 선택한다는 것은 정말 쉬운 결정이 아닐 것이다. 또한 비용적인 측면에서도 대부분 가족을 동반하는 유학 생활을 해야 하기 때문에 Risk가 훨씬 증가하게 된다. 마지막으로 졸업 후 취업시 포지셔닝이 애매해지는 경우가 있다. 한국뿐만 아니라 미국에서도 졸업 후 취업을 할 때 MBA 출신의 포지션 레벨에 대한 일반적인 가이드라인이 존재한다. 한국 대기업의 경우 과장급, 컨설팅 펌의 경우 어소시에잇이라 불리는 모듈 리더급 등 인더스트리에 따라 차이는 있지만 MBA 졸업생이 커리어를 시작하는 통념적 레벨이 있기 마련이다. 문제는 대부분 이 레벨은 나이나 과거 경력과 상관없이 일괄적으로 적용이 된다는 것이다. 너무 늦은 나이에 MBA를 마치게 되면 본인보다 훨씬 어린 상사와 일을 해야 하는 경우가 생길 수 있고 실제 리크루팅에서 리크루터들이 이런 부분을 부담스러워하는 경우도 종종 목격된다. 물론 필자의 경우처럼 회사의 스폰서를 받아 가는 경우 위 이슈의 많은 부분이 해소되기 때문에 좀 다른 선택을 할 수 있을 것이다. 하지만 그런 경우가 아니라면 좀 더 신중하게 본인의 결정을 검토할 필요가 있다.

세상 모든 일이 그러하듯 비즈니스 스쿨 진학의 시점에 정답은 없다. 다만 MBA가 상당한 Risk를 감내해야 하는 의사결정이고 이로 인해 적절한 때를 놓치면 주저하게 마련이다. 본인의 커리어에 대한 긴 안목을 갖고 전략적인 판단을 하길 바란다.

: 스폰서로 MBA 가기

앞서 수차례 언급한 바와 같이 MBA는 상당한 Risk를 내포하는 선택이다. 학비 및 생활비 등 물리적으로 소요되는 비용만 해도 2억 원 가까이 소요된다. 거기에 커리어 상의 기존의 기득권에 대한 포기, 불확실한 미래 등 여러 가지 기회 비용을 생각하면 실질적인 코스트는 눈에 보이는 것보다 훨씬 크게 마련이다. 이런 측면에서 기업체의 스폰서는 MBA에 대한 많은 리스크를 경감해 준다고 할 수 있을 것이다.

물론 회사 입장에서도 상당한 비용이 들어가는 큰 투자라 할 수 있다. 필자가 근무했던 SK텔레콤의 경우 매해 10여 명 수준의 대상자를 선발해 해외에서 MBA 수학을 지원하고 있다. 이외에도 삼성그룹 등이 매해 상당한 수준의 직원들을 지원하고 있으며 한화 등 대기업 계열사, 산업은행 등 국내 은행, 재경부 등 정부 부처 등에서 직원들의 MBA 교육에 대해 지원을 해 주는 것으로 알려져 있다. 한편 선정 절차 등의 차이는 있지만 대부분 외국계 컨설팅 펌들도 자사 출신의 컨설턴트들에게 학비 등을 지원해 준다. 최근 국내 MBA 과정이 활성화되면서 글로벌 MBA 이외에도 국내의 교육과정에 대한 지원도 급격히 성장하고 있는 추세이다.

대기업의 경우 통상 해당 기업 근무 경력이 5년 이상 되는 직원 중 업무 성과, 리더로서의 성장 가능성 등 다양한 기준을 종합적으로 평가하여 일정 대상자 그룹을 선발하고 몇 차례의 내부적인 심사과정을 거쳐 최종 지원 대상자로 선정되는 것이 일반적이다. 필자의 지원 당시 SK텔레콤의 경우 총 직장 경력 10년차 정도의 지원 대상자가 가장 일반적이었고 삼성 계열사 대상자의 경우 SK텔레콤보다 약간 짧은 경력을 갖고 있는 것 같다.

기업에 따라 다르긴 하지만 일반적으로 2년간의 MBA 학비에 대한 지원을 받을 수 있다. 일부 대기업의 경우 학비 이외의 급여 등 생활비 보조를 받기도 한다. 이에 대한 댓가로 졸업 후 후원 기업에서 일정 기간 일하는 것을 조건으로 하는 경우가 대부분이며 대기업의 경우 교육기간의 3배수의 의무 근무기간을 요구하는 것이 보통이다.

회사의 지원을 통해 MBA를 하는 것의 가장 큰 장점은 물론 비용에 대한 부담을 크게 줄일 수 있다는 데에 있다. 어차피 MBA라는 게 최종적으로 재무적인 투자 수익률을 고려해야 하는데 이런 측면에서 누군가의 금전적인 지원이 있다는 측면은 매우 매력적인 요인이라 할 수 있을 것이다. 또한 MBA 생활의 가장 큰 스트레스 중 하나라고 할 수 있는 잡서치에 대한 부담이 없어 정서적으로 여유 있는 MBA 생활을 할 수 있다는 것도 무시할 수 없는 장점이다.

그러나 동전의 양면과 같이 위의 장점들이 단점으로 작용하기도 한다. MBA 이후 커리어 체인지가 제한되다 보니 상대적으로 몸값의 상승이 제한되는 부작용이 있으며, 치열한 잡서치 과정을 통해 얻게 되는 해외 국가의 채용 문화, 잡 인터뷰의 노하우 등 관련 지식에 대한 체화가 쉽지 않다는 단점이 있다. 또한 자비 유학에 비해 상대적으로 늦은 나이에 공부를 하게 됨으로 인한 한계도 분명 존재한다. 마지막으로 지원 과정에 있어서도 주어진 기간 하에 반드시 어드미션을 받아야 하는 압박감도 상당하다. 대상자 선정 시점에 따라 다르긴 하지만 통상 6개월에서 1년 사이의 기간에 GMAT, TOEFL, 에세이 등 모든 지원 과정에 대해 마무리를 해야한다.

하지만 MBA라는 투자가 매우 장기적인 관점에서 진행되어야 한다는 것을 전제로 할 때 치열한 경쟁 환경 속에서 이미 유리한 조건으로 한 지점을 통과했다는 점은 부인할 수 없을 것이다.

: MBA 지원 과정

MBA 과정을 마친 사람들이 많이 하는 이야기가 있다. MBA를 통해 두 번의 깨달음의 과정이 있는데 하나는 지원 전의 준비 과정이고 그 다음이 재학 중의 경험이라는 것이다.

비즈니스 스쿨을 지원하는 사람들이 마주치는 첫번째 장벽은 GMAT이다. 영어 구사 능력, 수리적인 분석 능력, 논리적인 사고 능력 등을 측정하게 되는데 특히 한국 사람들의 경우 수리영역에서 강점을 보이고 영어 구사 능력에서 어려움을 겪는 경우가 많다. TOEFL이 문법적으로 완벽한 영어의 문장을 찾아내는 시험이라고 한다면 GMAT는 문법적인 완벽성을 전제로 가장 효과적으로 의미를 전달할 수 있는 좋은 문장을 찾는 시험이라 할 수 있다. 실제로 예시로 주어지는 5개 지문 중 대부분은 문법적인 오류가 없는 문항인 경우가 많다. 한국 영어시험에서 주로 이루어지는 문법 오류를 찾아내어 하나씩 추려나가는 식으로는 절대 원하는 점수를 받기 어렵다는 의미이다. 심지어 영어를 모국어로 사용하는 외국인의 경우에도 GMAT의 고득점을 장담할 수 없다고 한다.

특히 바쁜 업무 시간을 쪼개어 보지도 듣지도 못한 스타일의 낯선 시험을 준비하는 과정은 고통스럽기 그지 없다. 실제 비즈니스 스쿨을 지원하는 수많은 지원자가 GMAT의 벽을 통과하기 위해 엄청난 시간을 들이고 있다. 고시 합격을 위해 수년간 사회 진출을 거부하는 고시 폐인과 같이 GMAT 고득점을 위해 몇 년씩 투자하는 소위 '그맛(G Mat)'에 중독된 'MBA 폐인'들 또한 실제로 상당수 존재한다. 개인적으로 GMAT는 짧은 기간에 승부를 봐야 하는 영역이라 생각한다. GMAT Test를 3개월 이내에 끝내겠다는 마음가짐으로 준비를 하는 것이 좋으며 6개월 이상 GMAT에 매달릴 경우 폐인의 길로 접어들 가능성이 높아 보인다. 일정 기간 노력해도 특정 점수대에서 큰 진전이 보이지 않는다면 과감히 다음 단계로 넘어가는 것이 현실적으로 더 좋은 결과를 기대할 수 있을 것이라 믿는다. TOEFL의 경우에도 GMAT와 같은 맥락에서 접근하라고 권하고 싶다.

GMAT Test는 시험 마지막 순간의 엔터키 입력과 함께 바로 본인의 점수를 확인할 수 있다. 엔터 입력 이후 화면에 점수가 뜨는 수 초의 시간이 정말 길게 느껴졌던 것 같다. 원하는 수준의 점수가 화면에 뜰 때의 그 환희란 이루 말할 수 없지만 사실 진정한 MBA 지원의 고생길은 그 이후부터가 시작이다. 바로 에세이를 준비하는 과정이다. 개인적으로 GMAT 등 Test Score보다는 에세이의 질이 당락에 더 큰 영향을 준다고 믿고 있다. 논란의 여지가 있지만 일정 수준의 점수를 받았다면 10점 더 높은 점수를 받기 위해 시간을 더 투자하는 것보다는 과감히 더 좋은 에세이를 쓰기 위해 시간을 투자하라고 권하고 싶다.

좋은 에세이를 위해서는 우선 많은 고민을 통해 가장 매력적인 소재를 선정하는 것이 중요하다. '왜 나는 좀더 다이나믹한 인생을 살지 못했을까?'하는 자책에서부터 '비슷한 유형의 인간을 양성하는 한국의 획일화된 교육 시스템'에 대한 불만까지 에세이를 쓰다 보면 정말 별의별 오만 잡생각이 다 떠오르기도 한다. 학창

시절부터 탑스쿨을 준비하는 일부 사람들의 경우 에세이 소재 확보를 위해 장기간의 오지 탐험을 떠난다든가 하는 등의 소위 '에세이 빌딩'의 과정을 하는 경우도 존재한다. 그만큼 매력적인 컨텐츠를 통해 이야기를 풀어내는 것이 경쟁력있는 에세이를 만들어내기 위해 필수적인 요소인 것이다.

두번째, 미국식 에세이 스타일에 익숙해지는 게 좋다. 이야기를 어떻게 전개해 나가는지, 과장과 거짓말의 절묘한 경계를 유지한다든가 하는 식의 한국식 글짓기와는 또 다른 영미권 에세이만의 특징이 존재한다. 한국어로 쓴 멋진 내용의 에세이가 영어로 바꾸어 놓으면 어딘가 어색하고 엉성해 보이는 이유는 대부분 이런 스타일의 차이에서 오는 경우가 많다. 이러한 스타일에 익숙해지기 위해서는 좋은 에세이를 많이 읽어 보는 것을 추천한다. 필자의 경우에는 65 Successful Harvard Business School Application Essay라는 HBS 합격자의 에세이 모음집을 읽어 본 것이 도움이 많이 되었던 것 같다.

마지막으로 경쟁력 있는 에세이를 쓰기 위해 많은 사람들에게 리뷰를 부탁하라고 권하고 싶다. 특히 해당 학교를 졸업하거나 재학 중인 선배들에게 리뷰를 받는 것이 매우 큰 도움이 된다. 실제로 MBA 재학 중 에세이를 리뷰해 달라는 부탁을 많이 받게 되는데, 읽어 보면 합격하는 에세이와 불합격하는 에세이를 어렵지 않게 구별할 수 있다. 특정 학교의 성향에 따라 선호되는 몇 가지 포인트들을 쉽게 구별할 수 있기 때문이다.

마지막으로 레쥬메 또한 간과할 수 없는 포인트이다. 레쥬메는 본인의 프로페셔널 경력을 한 장으로 요약하는 일종의 주민등록 등본이다. 한국 지원자들의 경우 별 생각없이 본인의 경력을 요약하여 나열하는 경우가 있는데 실제로 미국 사람들의 경우에는 좋은 레쥬메을 만들기 위해 상상 이상의 노력을 기울인다. 실제로 대부분 비즈니스 스쿨에서 효과적인 레쥬메 쓰기를 위한 워크샵을 주기적으로 제공하기도 한다. 레쥬메의 미학은 부풀리기이다. 얼마나 본인의 성과를 아름답게 포장하는가가 중요하다는 것이다. 어떤 사람들은 이 부분을 본인의 경력에 대해 거짓말을 하라는 것으로 이해하는 경우가 있는데 이건 정말 큰일 날 소리이다. 대부분의 학교에서 최종 합격 통보 이후에 레퍼런스 체크를 하게 되는데 레쥬메 등 경력 부분에 있어서의 거짓말도 검증의 대상이 된다. 거짓말을 하지 않는 상태에서 가장 아름답게 부풀리기가 중요하다. 본인이 실제로 한 일이 100이라고 한다면 미국 친구들의 경우 120 수준까지 과장해서 표현한다고 한다. 한국 상황을 잘 알고 있는 교포 미국인 친구에게 들은 바로는 한국 학생의 레쥬메들은 90정도의 수준으로 보인다고 하니 좀 더 과감히 부풀려 적는 것도 한 방법이 될 것 같다.

: 학교 선택하기

MBA를 준비하는 많은 한국 사람이 대부분 랭킹을 기준으로 지원 학교를 정하고는 한다. '어느 학교에 가고 싶으세요?'라는 질문에 누군가 'US News 기준 Top 5 스쿨은 가야죠'라고 대답하는 사람이 있다면 이 사람은 MBA의 본질에 대해 잘못 이해하고 있다고 보면 된다.

MBA 랭킹이 각 학교를 평가하는 보편적인 기준 중에 하나인 것은 분명하지만 랭킹 자체가 졸업 후의 성공을 보장하지 않는다. 매해 한국에서 미국의 소위 탑 스쿨이라는 곳에 가는 사람이 100명을 넘으며 그중 많은 비율이 다시 한국에서 일자리를 찾게 된다. 높은 랭킹의 학교를 졸업했다고 해서 여기저기서 모셔 가던 시대는 지났다는 이야기이다. 본인의 중장기적인 커리어 골을 명확히 하고 이 목표에 가장 도움이 되는 학교를 찾는게 가장 중요하다.

MBA는 조금 과장하면 오직 더 좋은 직장을 구하기 위해 존재

한다. 물론 박사학위 등 더 높은 학문적 소양을 쌓기 위해 MBA를 거치는 경우도 있지만 이 경우 MBA보다는 수학, 통계 등 특화된 영역의 순수 학문 대학원을 거치는 경우가 더 일반적이다. 이런 측면에서 본인이 졸업 후 하고 싶은 일에 있어 내가 가려고 하는 학교가 얼마나 큰 도움이 되는지가 학교 선정에 있어 가장 중요한 기준이 되어야 한다.

예를 들어 내가 다녔던 Berkeley Haas의 경우 실리콘 밸리 등의 테크놀러지 회사를 목표로 하는 사람들에게는 천국과 같은 곳이다. 업계의 최신 동향을 누구보다 빨리 접할 수 있으며 매주 어디선가는 구글이나 애플에 관련된 행사들이 진행된다. 마음만 먹으면 언제든지 전화 한 통화로 해당 기업에서 일하는 선배들을 만나볼 수 있으며 열정 가득한 실리콘 밸리의 창업자들과의 만남도 부지기수로 널려 있다. 반면 세계 금융의 중심지 월스트릿에서 일하기를 꿈꾸는 미래의 뱅커에게 버클리는 그리 호의적인 장소가 아닐지도 모른다. 비행기를 타고 6시간 이동해야 하는 거리만큼이나 동부에 위치한 유수의 파이낸스 스쿨에 비해 월가의 각종 정보로부터 멀어져 있는건 어찌보면 당연한 일일 것이다.

물론 본인의 노력에 따라 이러한 물리적 거리는 큰 문제가 되지 않을 수도 있다. 또 학교가 강점을 보이는 영역이 그 학교의 전부라는 말도 아니다. 하지만 대부분 미국 학생들의 경우 다양한 방식으로 본인의 커리어골에 따라 학교를 선택한다. 역설적인 예로 Berkeley Haas에서 금융권을 지원하는 친구들의 경우 대부분 뉴욕에서 일하다가 서부의 금융 중심인 San Francisco에서 일하고 싶어 이곳을 선택한 경우가 많다. 또는 수많은 창업 회사들과 기존의 금융 시스템을 연결해 주어 새로운 가치를 창출하겠다는 꿈을 갖고 오는 경우도 있다. 이런 꿈을 갖고 있는 친구들에게 동부의 파이낸스 스쿨보다는 서부의 Berkeley나 Stanford가 훨씬 매력적인 스쿨이 될 수 있다는 말이다.

커리어골은 MBA 입학 사정에 있어서도 가장 중요한 평가 항목이다. 단기, 장기의 커리어골을 물어보지 않는 학교는 한 군데도 보지 못했다. 그만큼 커리어골은 비즈니스 스쿨의 선택에 있어 중요한 항목이다. 지원자의 경우 명확한 커리어골을 설계하는 것이 무엇보다 중요하며 본인의 인생에 도움이 될 수 있는 학교가 어디인지 냉정하게 판단해야 한다.

두번째, 본인의 성향과 학교의 컬처가 잘 맞는지도 중요한 항목이다. 어떤 학교는 구성원 간의 팀워크를 중시한다. 이런 학교의 경우 튀는 개인에 의해 결론을 도출하기보다는 다양한 의견의 조합을 통해 최적의 솔루션을 찾는 것을 중시한다. 반면 어떤 학교는 학생 간의 경쟁 시스템을 통해 가장 우수한 결과를 유도하는 것을 중시하는 학교도 있다. 스포츠 경기에서 조직력을 근간으로 하는 팀과 개인기를 근간으로 하는 팀이 있듯이 비즈니스 스쿨도 각각의 전통 및 가치관이 다양하게 존재하며 학생 선발시에도 이러한 학교의 문화적 특성에 지원자가 얼마나 잘 부합하는지는 중요한 평가 항목이 된다. 역시 이러한 정성적인 항목은 랭킹에 반영되어 있지 않다. 가능한 한 많은 학교의 설명회 등에 참석하고 졸업생들과 이야기해 보고, 학교 방문도 해 보면서 본인의 성향과 잘 부합하는 학교를 찾는 것이 중요하다.

마지막으로 생활 여건 등 MBA 생활전반의 환경에 대한 고려도 중요한 항목이 될 것이다. 추운 것을 싫어하는 사람이 무릎까지 눈이 쌓이는 동부의 혹독한 날씨 속에서 얼마나 행복한 2년을 보낼 수 있을지 상상해 보라. 가족이 있다면 주거 환경이나 자녀의 교육 환경도 중요한 고려 요인이 될 수 있다. 혈기 왕성한 싱글이라면 뉴욕, 시카고 등의 대도시는 영화에서 볼 법한 새로운 인연을 찾기 위한 최적의 장소가 될 수 있는 것이다.

지원 전 타겟 스쿨의 선정은 MBA 합격을 위해 소요되는 물리적인 노력을 경감시켜 줌과 동시에 합격의 가능성에 있어서도 긍정적인 영향을 미치게 된다. 지금 당장 미래의 나의 모습을 떠올려 보고 본인의 성향에 대해 생각해 보자. 공부 이외의 2년간 생활에 대해서도 잠시 생각해 보자. 그리고 그 상상을 현실로 이루기에 가장 적합한 곳을 찾아보자. 그곳이 바로 당신이 2년간 젊음과 열정을 바칠 곳이다.

정 지 현

Kellogg School of Management(JD-MBA), Class of 2012

2008년 3월 마지막 주, 혹시나 이메일이 왔을까 하는 생각에 마음 졸이며 아침 일찍 눈을 뜨자마자 이메일 체크를 하며 초조히 기다리는 하루가 계속되었다. 켈로그는 다른 학교와 달리 합격을 decision date에 한꺼번에 알려주지 않고, 어떤 지원자의 합격 여부를 가리는 즉시 통보를 해 준다. 따라서 최종 decision date 전 언제라도 합격 통보를 받을 수 있고, 실제 지원자들도 최종 합격 발표일 약 2주 전부터 합격 통지를 받는다. 그래서 지원자들은 언제 합격 통보 또는 불합격 통보를 받을지 모르기 때문에 정말 매일 떨리는 마음으로 이메일을 확인하며 기다리게 된다. 또한 그 이전에는 언제 올지 모르는 인터뷰 초청 메일을 기다리며 떨리는 나날들을 보낸다. 나는 JD-MBA 프로그램 지원 후

켈로그 스테인드글라스 앞에서.

약 1달이 지난 시점에서 Interview가 waive 되었다는 이메일을 받았을 때까지만 해도 기다리는 것이 그리 초조하지 않았다[1]. 합격에 대해 사실 큰 기대를 하고 지원했다기보다는 지원하지 않는다면 너무나 아쉬움이 클 것 같아 지원한 JD-MBA였기 때문이다.

Interview waiver 약 열흘 이후 애플리케이션 패키지를 보고

---

1) Kellogg는 모든 지원자들을 인터뷰하는 정책을 실시하고 있으며 Kellogg Interview Day를 통해 지원자의 대부분을 인터뷰하지만 현실적으로 모든 지원자들을 인터뷰하기는 불가능하므로 일부 인터뷰를 못하게 되는 경우들이 생기고, 이런 경우 해당 지원자에게 Interview waiver를 준다. 이럴 경우 해당 지원자는 인터뷰를 제외한 요소로 평가가 된다. 애플리케이션 패키지를 검토한 후 필요에 따라 애드컴에서 전화 인터뷰 신청을 하는데, 대개는 전화 인터뷰 신청을 긍정적인 신호로 본다.

마음에 들어야 준다는 Phone interview request를 받았을 때는, 정말 너무나 기뻤으며 '정말 내가 합격을 기대해도 되는 것일까' 하는 생각이 들기 시작했다. 인터뷰는 1주일 뒤로 스케줄링 되었고, 정말 너무나 가고 싶었던 학교와 프로그램이었던 만큼 열심히 준비했다. 인터뷰어 또한 내가 대답하는 중간중간에 여러 번 내 대답이 마음에 든다는 식의 신호를 보내주었다. 정말 합격까지 이어지리라고는 생각하지도 못하고 있었는데, 정말 합격을 하게 된다면 이건 하나님이 내게 주신 선물이라는 생각을 하며 혹시나 어떤 소식이 이메일로 와 있을까봐 그 이후부터 매일 눈뜨자마자 이메일 체크부터 하였다. 폰 인터뷰 후 약 2주, 학교에서 내 GMAT 점수의 스크린샷을 보내달라는 요청이 왔다. 당시 학교의 토플 점수나 GMAT 점수 스크린샷 요청이 합격 신호인지 아닌지에 대해 MBA 준비생들이 모인 게시판에서는 의견들이 나뉘었으나, 많은 사람들이 합격 전에 그러한 요청을 받았다고 한 상황이었다. GMAT 스크린샷을 보내달라는 학교의 이메일을 보고, 너무나 떨렸지만 혹시 합격과는 무관한 것일까봐 주변에는 알리지 않고 떨리는 마음으로 GMAT 리포트를 화면 캡처하여 이메일로 전송하였다. 합격이기를 간절히 바라며 그 다음날 눈 뜨자마자 이메일을 또 체크하였더니, Information Regarding your JD-MBA Admission이라는 제목의 이메일이 하나 보였다. 떨리는 마음에 갑자기 정신이 멍해졌다. 메일을 열어보니 Congratulations again on your acceptance to the JD-MBA program! 이라는 문장이 있었는데 처음에는 정말 믿어지지가 않았다. Dear Jihyun 이라고 온 이메일을 다시 읽으면서야 정말 내가 합격을 했구나 실감했다. 그 이후 출국 준비를 하면서, 또한 미국에 와서 첫 학기를 보내면서도 내 마음에는 기쁨과 감사가 넘쳤다. 그렇게 정말 너무나 숨가쁘게 지난 1년여의 시간이 지나갔다.

: 왜 JD-MBA를 선택했는지

Kellogg에서는 전통적인 2년 프로그램뿐만 아니라 다양한 방식으로 full-time MBA를 운영하고 있다. 2년 과정 외에도 1년 과정의 1Y 프로그램, MBA와 Master in Engineering Management의 두 개 학위를 취득하는 MMM 프로그램, 그리고 MBA와 JD (JD는 Juris Doctor의 약자로 미국 로스쿨 학위의 명칭) 두 개 학위를 취득하는 JD-MBA 프로그램이 있고, 현재 나는 JD-MBA 프로그램에 재학 중이다.

사실 JD-MBA 프로그램 지원 전, 몇 가지 이유로 지원을 많이 망설였었다. 첫째, 로스쿨에 가거나 MBA에 간 사람들은 알아도 JD-MBA를 했다거나 현재 하고 있다는 사람은 들어본 적이 없어서 합격 가능성이나 전망 등에 대해 주변에서 조언을 구하기가 어려웠다. Kellogg JD-MBA Association 홈페이지를 찾아보니, 재학생과 졸업생들의 학부 정보들이 나와 있었다. 대부분 미국의 학교들이었고 한국의 대학교는 명단에 없었다. 선발 규모도 25명 수준으로 매우 작았다. 두번째는 MBA에 비해 1년 더 긴 3년이라는 기간이었다. 20대 후반의 나이에 떠나는 유학길에 1년간 더 공부를 한다는 것은 시간과 기회 비용측면에서 부담이었다. 학비 또한 3년 동안 내야 하는데다가, 2개 학위에 대한 학비였으므로 2년 과정의 MBA와 비교하여 3년간 총 학비는 2배 가까이 되었다.

나는 입사 4년차였던 2007년부터 본격적으로 유학 준비를 생각하기 시작했다. 유학에 대해 본격적으로 생각할 때, 나는 MBA뿐만 아니라 로스쿨에도 관심이 많았다. 하지만 JD-MBA 프로그램의 존재 여부는 모르는 상태였다. 그런데 여러 개 MBA 학교 설명회들을 다니면서 각 학교들의 팜플렛 자료들을 보게 되었는데, 그때 처음으로 어떤 학교에서 JD-MBA를 같이 하고 있는 학생을 팜플렛에서 보았다. 우리 나라에서는 MBA를 그렇게 하는 경우를 본 적이 없었기 때문에 정말 흥미로웠으며 한편으론 놀라웠고, 왠지 모르게 설레였다. 하지만 조사해 보니 JD와 MBA를 같이 하기 위해서는 2개 학교에 따로 apply를 해야 했고, 그러기 위해서는 로스쿨 준비 시험인 LSAT과 MBA를 위한 GMAT 두 가지를 모두 준비해야 했다. 회사를 다니면서 두 가지 다 준비한다는 것은 거의 불가능에 가까워 보였다. 뿐만 아니라 3년 로스쿨 과정과 2년 MBA 과정을 동시에 하는 것이기에, 기간은 4년이나 소요되었다. 아쉬웠지만 JD-MBA에 대한 미련을 그때 접기로 마음 먹고, GMAT 준비 등 MBA 준비에 올인하였다.

하지만 준비를 하면서도, 여전히 JD-MBA에 대한 미련이 강하게 남아 있었던 것 같다. GMAT와 토플 점수를 이미 모두 확보한 상태에서 학교 사이트를 들어가서 학교가 어떤 강점이 있는지, 무엇을 중요시 하는지 조사를 할 때면, 꼭 그 학교의 JD-MBA program을 클릭해 보며 읽기를 계속했다. 그렇게 조사를 하던 중, Kellogg의 JD-MBA 프로그램에 대해 처음으로 알게 되었다. 정말 놀라웠던 것은 4년이었던 다른 과정들과는 달리, 유일하게 3년으로 운영되고 있었다. 또한 LSAT 점수 없이 GMAT 점수만으로도 지원이 가능했다. 당시 합격을 한 것이 아니라, 단지 프로그램의 존재만을 알게 되었음에도 불구하고 가슴이 뛰고 있는 자신을 발견했다. 당시는 회사의 재무실에서 근무를 하고 있었고, 업무 때문에 상법을 공부하고 있어서 법과 회사 경영이 얼마나 밀접한지에 대해 절감하고 있었을 때였다. 또한 소송 위험에 노출되어 있는 임원급 등 경영진의 입장이 될수록 법에 대해 알고 있는 것이 회사의 경영에도 중요할 수 있음을 느끼고 있던 터였다. 내가 다니던 KT의 경우 미국에도 상장되어 있는 회사로 미국 증권거래법인 Securities Exchange Act를 적용 받고 있기도 해서 미국의 로스쿨에 대해 더 흥미를 느끼게 되었다.

당시 내가 지원을 할 때는 3년 과정의 JD-MBA는 Northwestern이 유일했다. 공부 과정이 4년이 아닌 3년이라는 것은 지원하기에 너무나 매력적인 프로그램이었다. MBA 기간인 2년에 비해 단 1년이라는 기간만 공부를 더 하면 로스쿨 학위인 JD도 취득할 수 있으니 나와 같이 양쪽 분야 모두에 관심이 많은 지원자에게는 최고의 프로그램이었다. 하지만 막상 몇 개 학교에 지원하지도 않는 상황에, 뽑는 인원 수가 25명으로 매우 적고, 주변에서 현실적인 조언을 구할 사람도 없는 상황이라 지원했다가 MBA를 할 기회마저 놓치는 것이 아닌가 걱정이 되었다. MBA와 JD-MBA를 동시에 지원할 수는 없고 1개 프로그램만 지원이 가능하고, MBA와 JD를 따로 지원해서 양쪽 학교 모두에서 합격을 해야 JD-MBA를 할 수 있는 다른 학교와 달리 노스웨스턴은 1개의 애플케이션만으로 어드미션 결과가 나오기 때문이었다. 실제로 그런 경우가 있는지 모르겠으나, 2개 학교에 따로 애플리케이션을 제출해야 하는 학교의 경우 1개의 학교만도 합격할 가능성도 있는 것이지만 나의 경우 JD-MBA가 안될 경우 그 해 Kellogg MBA 또한 물 건너 간 것이었다.

하지만 JD-MBA 프로그램에 지원을 하지 않는다면 너무나 후회가 클 것 같았고, 또 이미 내 마음은 그쪽으로 강하게 이끌리고 있었기 때문에 결국 JD-MBA를 지원하기로 마음 먹고 에세이와 애플리케이션 패키지를 그에 맞추어 준비했다.

: GMAT 준비(학원, 교재, 스터디, 시간 배분, 시험)

나는 2007년 여름부터 GMAT 준비를 시작했었는데 본격적으로 준비를 한 것은 9월부터였다. GMAT 준비는 먼저 OG라고 불리는 Official Guide를 사서 시작하였다. 그리고는 JC MBA라는 학원을 다니면서 매쓰 특강과 SC반을 수강하였다. 교재는 그 외 Kaplan GMAT 등 몇 개를 사서 SC의 경우 모든 문제를 다 풀었다. 준비 기간은 약 3개월이었으니 다른 사람들에 비해 GMAT 때문에 고생을 하지는 않은 편이다. 그 해 10월에 1번, 12월에 1번 시험을 보고 12월부터 에세이를 준비하기 시작했다.

: Essay, Resume 쓰기

Essay

2007년 12월, 처음으로 에세이 질문들을 보며 참 난감했던 기억이 난다. 당시에는 기업고객 영업팀에서 영업을 4년째 하고 있을 때였는데, 글을 써본지도 정말 오래되었고, 주변에서 MBA 에세이 준비가 힘들다더라 하는 식의 이야기만 많이 들은 상태였지 알고 있는 것이 너무 부족했다. MBA 재학생이나 졸업생을 개인적으로 알지도 못해 더더욱 모든 것에 대해 무지했다. 그런 상태에서 학원 다니며, MBA 학교들이 한꺼번에 모여서 팜플렛 등을 나눠주는 MBA Fair를 다니며, 또 학교 설명회를 다니면서 나는 나름대로 정보를 많이 수집하고 있는 줄 알았다. 단기간에 에세이를 준비하는 것도 에세이 컨설팅을 통해서 도움을 받으면 가능하다는 이야기를 듣고, 에세이 컨설팅 회사들이 모여서 하는 fair에 참여하였고, 각 회사의 대표들과 직원들을 만나 간단한 상담도 하였다. 그 결과 상당히 자신감 있어 보이는 회사 한 곳이 있어서, 고민 끝에 그 곳과 계약을 하기로 마음먹었다.

Fair 이후 다시 한번 사무실을 찾아가서 상담을 받고, 계약을 거의 결정하였다. 그런데 그때는 우리 회사의 인사 발령철이기도 했다. 경영학을 전공하고 재무분야에 관심이 많았던 터라 입사 후 줄곧 가고 싶었던 부서는 회사의 재무실이었다. 그런데 드디어 재무실로 발령이 날 기회가 생겼다. 고민 끝에 유학을 미루기로 하고 재무실 회계팀에서 근무하기로 결정하였다. 그렇게 에세이 준비를 하다가 말았고 그 컨설팅 회사와 계약을 하지 않았는데 지금 생각해 보면 천만다행의 일이 아닐 수 없다. 완벽한 에세이가 합격을 보장하지는 못해도, 엉망인 에세이는 확실히 불합격이 될 수 있기 때문이다. 아마 그 해에 에세이를 써서 지원했다면

1달도 남지 않은 짧은 기간과 나의 무지함, 무리가 될 정도로 많은 고객을 받은 그 업체로 인해 좋은 에세이가 나오기 어려웠을 것이다.

MBA 에세이 주제의 폭은 매우 다양하면서도, 한편으로는 정형화되어 있다. MBA 에세이 특유의 특징들이 있다는 것이다. 이런 것들을 제대로 모른 채 혼자서 에세이를 쓰거나 잘못된 컨설팅을 받으면, 당연히 딩(MBA 지원자 사이에서 불합격으로 이르는 말)을 받게 되고, 올딩도 매우 쉬운 일이 된다. 2007년 시즌에 지원을 하지 않고 2008년 시즌에 지원을 하면서는 GMAT와 토플이 확보된 상태였기 때문에 MBA에 대해서 좀 더 많은 것을 알게 되었고, 당시에 친구 중에 2명이나 2007년 합격을 해서 재학생이 되었기에 그들의 지원 과정을 들으며 생생한 정보를 접할 수 있었다.

사실 나도 에세이 컨설팅이 워낙 고가인지라 많이 망설였다. 과연 그 많은 비용을 들여서 에세이 컨설팅을 받으면 에세이가 좋아질지 의문이 들었다. 워낙 여러 개의 컨설팅 업체가 존재하는 것도 나의 혼란을 부추겼다. 그 때 결정에 도움을 준 것이 재학생 친구들이었다. 주변에 내가 도움을 받을 만한 지인들이 많지 않음을 안 친구는 나에게 컨설팅의 필요성에 대해 조언을 해주었고, 재학생 친구들을 통해 각 회사에 대한 직접적인 경험담을 들은 것이 결국 나의 결정에 많은 도움이 되었다. 그래서 미국의 1개 회사와 계약을 하였고 내 에세이에 대한 피드백을 이메일과 전화로 받았다.

사실 에세이 컨설팅이 워낙 고가인 것에 비해 서비스 수준에 대한 불만이 참 많다. MBA 지원자들이 모인 게시판에서 에세이 컨설팅은 논란거리가 되기도 하는데, 주변에 철저하고 자세한 피드백을 할 조언자가 없는 경우 컨설팅은 어쩔 수 없이 필요하다고 본다. 운이 좋은 지원자들의 경우 컨설팅을 받지 않더라도 이런 피드백을 해 줄 사람들이 주변에 많지만, 사실 일반 회사에서 지원하는 대부분의 지원자는 나와 마찬가지 상황이라고 본다. 컨설팅이든 아니든 MBA를 경험한 사람에게 여러 번 피드백을 받으며 수정된 에세이와 그러한 과정을 거치지 않고 완성된 에세이는 정말 질적으로 많은 차이가 날 수 밖에 없다. 자기가 쓴 글은 본인이 썼기 때문에 객관적인 검증이 불가능하다. 나의 경우도 정말 심혈을 기울여서 쓴 에세이인데 컨설턴트는 이메일에 빽빽하게 질문들과 코멘트를 해서 다시 보내오기를 반복했다. 같은 에세이를 수정하기를 거듭해 10개 이상의 버전이 나오기도 했다. 그런 과정을 거치면서야 비로소 내가 쓴 글은 점점 clear하게, concise하게 주제들을 표현해 가고 있었다. 어떤 사람들의 경우 에세이 컨설팅을 받으면 컨설팅 회사에서 에세이를 대부분 써 주는 것으로 착각하는 경우들도 있는데 이는 매우 위험한 생각이며, 절대 이런 것을 기대해서는 안 된다. 에세이는 어디까지나 본인이 쓰되, 컨설턴트는 자신의 에세이에 대한 피드백을 해 주는 사람이라고 생각하고 그 피드백을 토대로 자신의 에세이에 대해 다시 생각해 보고 자신이 전부 작성하는 것이다.

그렇기 때문에 나는 주변에 MBA에 재학 중이거나 졸업한 지인들이 많고 이들이 다들 지원자 본인을 굉장히 많이 도와줄 수 있지 않는 한, 에세이 컨설팅을 권하고 싶다. 특히 주변에 나처럼 에세이에 대한 피드백을 해 줄 MBA에 재학 중이거나 졸업한 지인들이 많지 않은 경우는 꼭 하라고 권하고 싶다. 에세이 컨설팅 없이 그룹 스터디만으로 합격한 사례들도 물론 있고, 나 또한 에세이 컨설팅과 함께 스터디도 병행했었고 도움도 많이 받았다. 그러나 꼭 좋은 스터디 그룹을 만난다는 보장이 있는 것도 아니며, 여러 사람의 에세이에 대해 제한된 시간에 이야기해야하므로 자세한 피드백을 기대하기 어려울 때도 있다. 주변에 아는 사람들이 아주 많고 이들이 자세한 피드백을 해줄 수 있는 상황이 아닌 경우에도 컨설팅을 권하고 싶다. 우리 나라에서 MBA에 가는 사람의 수가 많기 때문에 많은 지원자들이 재학생을 최소 1, 2명 정도는 알겠지만 바쁜 재학생에게 여러 학교의 에세이 피드백을 요청하는 것도 현실적으로 어려울 수 있다. 그러므로 재학생 등 지인들은 부수적인 피드백 통로로 활용하는 것이 좋다고 생각한다.

부수적인 피드백 통로일지라도 재학생 피드백과 조언은 정말 중요하다. 에세이에 대한 구체적인 피드백이 아닐지라도, 재학생에게는 생생하고 현실적인 조언을 구하기가 좋다. 따라서 아는 재학생이 없는 경우, 각 학교의 MBA 설명회나 캠퍼스 방문 프로그램 등 재학생을 만날 기회를 꼭 활용하고 이메일 등을 통해 연락을 하는 것을 권한다.

또 하나의 조언으로, 에세이는 정말 빨리 시작하라고 권하고 싶다. 사실 나도 2007년에 점수를 모두 받아 놓았기에 더 빨리 시작을 했어야 하나, 2007년말부터 새로운 부서에서 근무를 하게 되어 에세이를 하반기로 미루었다. 그리고는 추석때부터 에세이를 시작했는데 쓰다가 주제를 여러 번 바꾸고, 어떤 소재에 대해 쓸까 고민하다가 또 훌쩍 11월이 되어버렸다. 에세이 소재들에 대한 브레인 스토밍 등은 일부 해 놓은 상태였지만 막상 쓰면서 수정을 거듭하다 보니 정말 시간이 너무나 모자랐다. 5개 학교 지원이 목표였는데, 3개 학교 에세이를 쓰기에도 벅찬 느낌이었다. 그나마 다행인 것은 에세이도 쓰다 보면 학습 효과가 있기 때문에 1번째 학교 에세이보다는 2번째 학교 에세이가 훨씬 빨리 완성될 수 있고, 3번째 학교 에세이는 이보다 더 빨리 작성할 수 있기도 하다. 특히 학교별 질문들이 비슷한 경우 시간이 더 단축되며, 거의 모든 학교에서 요구하는 Career goal essay의 경우 이전에 써 놓은 내용을 많이 활용할 수 있다. 그러나 그럼에도 불구하고 약 6주 가량 3개 학교를 쓰는데도 시간이 부족한 느낌이 많이 들었고, 어떤 에세이의 경우 너무 급하게 작성을 완료할 수 밖에 없었다. 그래서 최대한 일찍 시작하되, 여러 자원들을 활용하라고 권하고 싶다. 그런데 현실적으로는 대부분 GMAT와 TOEFL, 에세이를 모두 같은 해에 병행하기 때문에 실천은 쉽지 않은 이야기다.

Resume

에세이의 경우는 소재의 범위가 너무 넓어서 작성하기가 어렵다. 그러나 Resume는 본인이 한 일을 최대한 성과중심적으로 또 구체적으로 쓰면 되기에 작성에 큰 어려움은 없었다. 자세하고 구체적으로 성과를 쓰는 것이 매우 중요하다. 포맷팅 또한 중요하다. 인터넷에서 resume라고 검색하면 뜨는 많은 종류의 포맷들은 사실 굉장히 부실한 포맷들이므로 주의해야 한다. 레쥬메 또한 에세이와 마찬가지로 꼭 다른 사람의 피드백을 받아야만 한다.

Interview

JD/MBA의 어드미션 프로세스는 켈로그의 어드미션 프로세스와 유사하다. Kellogg Interview Day때 인터뷰를 보기 위해 12월에 Pt 1을 제출했는데 JD/MBA 지원자라 그런 건지 아니면 Pt 1을 거의 막판에 제출해서 그런 건지 모르겠으나 인터뷰가 waive 되었고, 나중에 phone interview request가 왔다. 켈로그의 경우 폰 인터뷰는 주로 질문들이 surprise question 없이 무난한 질문들이 많은 편이었고, JD/MBA 인터뷰도 미국 현지의 켈로그 동문이 했다. 에세이에서도 드러나야겠지만 인터뷰에서도 마찬가지로 **왜 dual degree가 본인에게 꼭 필요한지, career goal과 어떻게 관련되는지**가 설명이 잘 되는 것이 매우 중요하다. 그리고 Northwestern은 전반적으로 굉장히 collegial하고 collaborative한 분위기를 강조하는데 그런 점을 리더십과 함께 잘 나타내는 게 중요하다.

내가 전화 인터뷰시 받은 질문들로, 인터뷰는 30분 동안 진행되었다.

- Tell me about your undergraduate experiences.
- Based on your experiences in college, when did you decide to join KT and why.
- Tell me about your work at KT.
- What is your most important contribution to your company?
- Have you held any leadership positions at work?
- Have you faced any challenges as a leader at work? How did you deal with them?

- Are there any other leadership experiences at work or in college that you would like to share?
- What are your goals? How would an MBA help you accomplish them
- Why Kellogg?
- What do you expect the 360 degree leadership assessment to tell you about your leadership style?
- Which clubs will you participate in at Kellogg?
- What are your interests outside work?
- Would you like to tell me anything else about yourself?
- Questions.

정 민 영

Columbia Business School Class of 2010

MBA를 가야겠다는 생각은 막연하게 회사를 들어가기 전부터 하고 있었다. 그리고 회사 3년차 여름, MBA 학원 10주 프로그램을 듣는 것으로 GMAT 준비를 시작했다.

연말에 송년회때문에 흐지부지해졌지만, 연초가 지나고 다시 독서실 다니고, 스터디도 하면서 준비했다. 오답 설명이 되어 있는 MBA 정규교제를 여러 번 보는 방식으로 준비했다. GMAT는 오피셜 가이드를 보면서 준비했던게 제일 많은 도움이 되었던 것 같다. 3월에 시험을 봤는데, 놀랍게도 모의고사 때보다 더 점수가 잘 나왔고 필요한 점수를 얻었다.

GMAT 점수가 나오면 그때부터 에세이 준비를 해야 한다. 주위 사람들과 지원하셨던 분들한테 정보를 얻었다. MBA는 학교

컬럼비아 캠퍼스.

마다 지원일정이 다 다르다. 학교별로 스케줄을 확인하고 잘 챙기는 것도 중요하다. Early, 1st, 2nd, 3rd.(4th가 있는지는 모르겠다.) Columbia Business school 같은 경우에는 Early decision에서 거의 정원을 다 뽑고, Early decision 중에서도 먼저 지원하는 사람을 먼저 인터뷰하고 뽑는 방식으로 진행하기 때문에 빨리 지원하는 것이 더 유리하다.

Columbia Business school은 J term이 따로 있다. J term은 Fall term과 모든 게 똑같지만, 썸머 인턴쉽이 필요 없는 Family business를 하는 사람이나, 스폰서쉽을 받는 사람들을 위한 프로그램이다. 1월에 시작해서 1학년 1학기를 하고, Fall term이 썸머 인턴쉽을 하는 여름방학 동안 1학년 2학기를 듣는다. 여름방학이 지난 9월부터는 Fall term과 같이 수업을 듣는다.

GMAT가 나오고 나면, 에세이 이외에도 토플, 추천서를 준비해야 한다.

에세이는 longterm goal, shortterm goal, Why MBA 등 다 겹치는 질문도 있지만, 학교별로 질문이 다 다르고, 분량도 다르고, 학교별로 조사해야 하는 학교의 강점들이 다 달라서, 여러 학교를 지원하는 것이 쉽지 않다. 나는 CBS 얼리 디시젼을 준비해서 먼저 컬럼비아 에세이를 준비했다. Mobile industry에서 일한 경험을 살리고 싶었고, 모바일 사업은 한국이 세계적으로 앞선 기술력과 서비스를 가지고 있었기 때문에 흥미를 끌 수 있게 에세이를 쓸 수 있을 것 같았다.

나는 모바일 네트워크 게임을 세계적으로 서비스할 수 있는 인프라를 만들고 싶다는 내용으로 에세이를 준비했다.

컬럼비아를 다니고 있는 지인들을 통해서 학교의 강점이나 수업 프로그램 등에 대해서 더 자세한 내용을 알 수 있었고, 에세이에 그 내용을 담으려고 노력했다.

컬럼비아는 프로세스가 매우 빨라서, 에세이를 지원한 뒤 2~3주만에 인터뷰어를 정하라는 메일이 왔다.

컬럼비아는 컬럼비아 MBA를 졸업한 동문들 중 한국에 있는 사람들이 한국에서 지원한 지원자들을 인터뷰한다. 동문들 중 인터뷰를 하겠다고 지원한 사람들의 리스트를 학교에서 갖고 있는데, 지원자에게 6~7명 정도의 인터뷰가 가능한 동문 리스트를 보내준다. 지원자는 그 중 몇 명에게 이메일로 컨택을 해서 스케줄이 가능한 사람과 인터뷰 날짜를 정한다. 나는 금융계에서 일하는 분과 인터뷰를 하게 되었다.

에세이에 적은 내용과 레주메를 가지고, 인터뷰를 준비했고, 학교에 대해서 학교 웹사이트에 들어가서 더 자세한 내용을 리서치했다.

인터뷰는 인터뷰어마다 스타일이 굉장히 다르다고 한다. 나는 영어로 인터뷰를 했고, 무난한 질문들이 대부분이였다.

인터뷰를 하고, 1주일이 안 되서 학교에서 어드미션 레터가 왔다. 컬럼비아에서는 어드미션 레터를 받은 뒤 일정 기간 안에 디파짓을 미리 내고, 그 다음부터는 학교에서 안내해 주는 대로 프로세스를 통해 학교 입학준비를 하면 된다.

조 형 준

INSEAD MBA, Class of December 2010

: TOEFL

어떤 사람들은 GMAT를 공부하다 보면 토플은 자연스럽게 잘 나온다는 사람도 있었으나, 나는 그동안 '공부'라는 것에서 손을 뗀 지가 몇 년이 흘렀기에 일단 공부하는 감각, 습관을 되찾는 게 급선무라 생각했다. 그래서 그나마 익숙한 토플을 먼저 '해결'하기로 결정했다. 나는 한국에서 태어나, 한국에서 모든 교육을 받은 '토종'이고, 영어 공부도 꾸준히 해 오진 않았지만 그렇다고 토플학원을 다닐 생각은 없었다. 개인적으로 토플, 토익은 학원보다 실제 시험을 여러 번 치르면서 시험 방식에 익숙해지고, 내가 부족한 부분을 보완해 나가는 방식을 더 선호한다. 그래서 실전문제세트 3개를 사서 주말에 실제 시험시간에 맞춰서 문제를 풀었다. 오랫만에 책상 앞에 앉아 3시간 이상을 집중한다는 것 자체가 어려웠고, 새롭게 바뀐 토플 형식 역시 조금 당황스러웠다. 시험 날짜가 정해진 후 3번의 주말은 그래도 꼬박꼬박 실전문제를 풀었고 다행히도 토플은 이 준비만으로 원하는 점수대를 받을 수 있었다. MBA 지원시 왜 토플이 필요할까? 답은 간단한데, 뽑으려는 학생이 영어 네이티브가 아니라면, 입학 후 수업을 영어로 100% 이해하고 적극적으로 참여할 수 있도록 하기 위해서이다. 즉, 능력의 우월을 가려서 상위 사람에게 어떤 혜택을 주기보단, 어느 수준 이하를 걸러내기 위해서라고 나는 생각한다. 따라서 토플 고득점을 위해 너무 많은 시간을 소비할 필요는 없다고 생각한다. 지원하려는 학교를 조사해 보면 대략 평균적인 점수대를 알 수 있을 것이다. 나중에 GMAT verbal 파트 점수가 다른 외국인 학생들에 비해 낮게 나올 것을 대비하여 토플은 그 평균 점수를 목표로 하면 무난할 것 같다.

: GMAT

GMAT는 전혀 접해 본 적이 없었다. 그렇지만 따로 학원이나 책을 사서 공부를 바로 시작하기보다는 일단 토플 때처럼 시험을

다국적으로 구성된 학생들.

신청했다. 어떤 장소에서 어떤 분위기로, 어떻게 무슨 시험을 보는지 알아야 내가 무엇을 공부해야 하는지 최소한 큰 틀을 잡을 수 있다고 생각했다. 무작정 시험을 보면 다 기록이 남아서 불리하다고 들었지만, 실제로는 기록은 남지만 결국 중요한 것은 최고점이기 때문에 아무런 준비 없이 경험을 위해서 GMAT를 봤다. 한마디로 GMAT의 높은 벽을 실감할 수 있었다. 일단 시간이 너무 부족했고, 문제의 개념 자체를 이해할 수 없었다. 또한 verbal 파트 단어, 문장 수준이 너무 높았다. 학원을 싫어하는 타입이지만, GMAT는 도움이 필요했다. 친구에게 추천 받은 JC

MBA 주말 종합반을 신청했다. 다른 학원도 있다고 하지만, 가장 유명하고(많이 팔린 차가 좋은 차라는 말이 있듯이), 그리고 위치도 집에서 멀지 않아서 별다른 고민 없이 선택했다. 주말반을 선택한 이유는 첫째, 주중의 경우 회사 업무로 인하여 어쩔 수 없이 수업에 빠질 경우가 발생할 것 같았고, 둘째로 주중에는 시간이 유동적인 만큼 스스로 시간 조절을 해서 복습에 집중하기 위해서였다. 그리고 주말에 학원이 없으면 늦잠을 자거나 하면서 낭비되는 시간이 많을 것 같아, 내 스스로를 공부해야 하는 상황으로 만들고 싶었다. 사실 나는 그렇게 의지가 강하지 않다. 하지만 일단 내 돈 내고 해야 하면 아까워서라도 싫지만 하는 타입이라 어금니 꽉 깨물고 선택한 것이었다.

결론적으로 말하자면, GMAT는 학원에 다니기를 절대 추천한다. 첫번째 이유는 다른 사람들 공부하는 모습, 열정을 보면 큰 자극이 되기 때문이다. 첫째날 학원에 갔을 때 상당히 충격적이었다. 마치 고3때처럼 학생들간에 긴장감이 흐르고, 강사분이 GMAT에 대한 개괄적인 설명을 할 때 고득점을 위한 절실함이 묻어 나왔다. 실제로 한 해에 MBA를 가는 한국인의 수는 그리 많지 않을 것이다. 학원이 매달 새로운 반을 개강한다고 생각했을 때 그 강의실에 앉아 있는 모든 사람들 중에 과연 몇 명이나 갈 수 있을까 하고 생각해 보면, 절로 긴장이 될 것이다. 둘째로는 직장을 다니며 자기 시간을 쪼개서 준비해야 하는 만

수업장면.

큼 GMAT 정보 수집, 준비의 효율성 측면에서 개인이 혼자 준비하기보다는 학원이 절대적으로 유리하다. 학원을 다니면서 Economist를 읽거나 하는 extra는 전혀 하지 않았지만, 숙제 또는 복습은 다음 주말이 되기 전에 반드시 끝내려고 노력했다. 최소한 배운 것은 한번이라도 훑어봐야 다음 주말 수업을 따라갈 수 있기 때문이다. 7, 8월 2달간 주말 종합반을 들었고, 나중에 11월에 SC 단과반을 한 번 더 들었다.

나는 조금 특이한 경우인데, GMAT를 총 5번 매달 보았다. 7월달 아무런 준비없이, 태어나서 처음으로 GMAT란 것을 시험장에서 접한 이후, 8, 9, 10, 11월을 연속으로 시험을 보았다. 원래

계획은 GMAT 공부 시작하기 전 내 수준 및 시험유형 파악을 위해 7월달에 보고, 7, 8월 종합반 수업을 들으며 감각을 끌어올려서 8월달에 중간 점검식으로 시험을 보고, 9월달에 배운 것을 마무리해서 GMAT를 끝내려고 했다. 9월까지 계획대로 성적이 올랐지만, 8월 달 두번째 시험을 보고 돌아오던 길에 생긴 오토바이 사고로 9월 시험 공부를 충분히 하지 못해서인지, 막상 9월달 성적이 목표했던 점수가 나오지 못했다. 올해 반드시 지원하기로 마음을 먹었기 때문에 바로 4번째 GMAT를 신청했다. 한달이나 더 공부를 하니 이번에는 700점대를 받을 수 있겠지 하고 막연히 기대를 했지만 결과는 예상 밖이었다. 오히려 9월 대비 100점 이상 내려가면서 2번째 시험때와 비슷한 점수가 나왔다. Math는 안정적으로 점수가 나왔으나, verbal의 점수의 기복이 너무 컸다. 이렇게 되면 한번 자신의 공부 방법, 시험 방법을 점검해 봐야 했다. GMAT는 1년에 시험을 5번으로 제한하기 때문에 남은 기회는 한 번뿐이었다. 다시 학원을 찾아서 상담을 받으며 몇 가지 원인을 찾아낼 수 있었다. 학원을 다닐 때에는 문제에 접근하는 방식이 무의식 중에 몸에 배어 있어서, 그 방식대로 문제를 접근했지만, 9월, 10월 혼자 공부하면서 내 스스로 만들어 낸 방식으로 문제를 접근하다 보니 틀리는 문제 형식은 계속 반복적으로 틀리고 있다는 점을 깨달았다. 그리고 그동안 풀었던 기출문제, 실전연습문제의 오답을 분석해 보니 SC의 정답률이 가장 낮았다. 바로 SC 단과반을 등록하고, 종합반에서 들었던 Verbal을 처음부터 혼자서 다시 복습했다. 동일한 내용을 몇 개월간 공부하다 보니 스스로 '이건 알고 있다'라고 생각하며 대충대충 넘어가는 것을 없애고, 다시 기초부터 학원 교재와 그 당시 풀었던 문제를 다시 복습하는 방식으로 접근했다. SC 단과반을 들으면서 실질적으로 유용한 내용을 배우는 것도 있지만, 약한 부분을 보완하고 있다는 생각에 어느 정도 자신감이 생기기 시작했다. 그러나 한편으론, 계획보다 2달이 늦어지니 자연스럽게 에세이를 시작할 수 있는 시기가 늦어져서 초조했고, 만일 성적이 잘 안 나올 경우 올해는 지원이 어려워진다는 부담을 안고 공부를 했다. 11월말에 5번째 시험에서야 비로소 원하던 점수대를 얻을 수 있었다. 마지막 시험에선 Math는 비슷한 시간에 문제를 끝냈으나, Verbal을 다른 때보다 많이 풀었던 것이 원하던 점수가 나올 수 있었던 이유라고 생각한다.

GMAT를 준비하는 기간 동안에는 GMAT에 미쳐 있어야 한다고 생각했다. 항상 머리속에 GMAT를 생각할 수 있도록 GMAT 공부를 하루도 거르지 않도록 노력했다. CR 문제 하나만을 풀더라도 일단 매일 매일 GMAT 문제를 풀었다. 구체적으로는 주말에 학원에서 수업을 들었고, 주중에는 요일마다 Quantitative, RC, SC, CR를 나누어 공부했다. 하루에 한 과목, 부담되지 않을 만큼씩 목표를 정해서 7일 내내 GMAT 문제 풀기를 몸에 배게

했었다. Quantitative는 학원에서 배운 것만 따라가면 생각보다는 쉽게 점수를 올릴 수 있었다. GMAT란게 단순히 문제를 많이 맞추는 것이 중요한 것이 아니라, 초반부터 정답율을 높게 유지하는게 중요하다. 안과에서 시력 검사를 할 때, 0.5에 쓰여 있는 글자를 못 읽으면 0.6으로 하나씩 내려가듯이, 처음 문제를 못 맞추면 바로 시스템의 난이도가 한 단계 쉬운 것으로 내려간다. 또 못 맞추면 다시 한 단계 더 쉬운 질문이 나온다. 이렇게 계속 내려가다 보면 단순한 계산문제가 나올 수도 있고, 자연스럽게 답은 맞출 수 있으나 결국 자신의 점수는 낮게 나올 뿐이다. 그래서 시험을 망친 것 같다고 느낄 때가 오히려 점수가 높게 나온다는 말들도 한다. 정답을 연속해서 많이 맞출 수록 문제 난이도가 어려워지다 보니, 응시자가 느끼기에는 너무나 어려워 시험을 망친 것 같다는 느낌이 든다는 말이다. Quantitative의 경우 지금까지 우리가 알던 수학 문제가 아니라 숫자를 이용한 논리문제이다 보니 문제와 문제 푸는 법을 초반에 잘 이해해야 한다. 단순히 복잡한 계산을 한다기보다는, 답을 찾기 위해 어떠한 정보가 있어야 하는지를 고민해야 하다 보니, 간혹 문제를 정확히 풀고서도, 막상 답을 선택할 때에 실수를 하는 경우가 있다.

네이티브가 아니라면 GMAT verbal를 풀기 위한 어휘력과 문장력을 단시간에 극복하기 어렵다. 나는 verbal을 공부할 때 어휘에는 큰 시간을 할애하지 않았다. 어차피 모르는 단어는 끝임

없이 나올 것이기 때문에 모든 단어를 알려고 하지 않았고, 유독 자주 나타나는 단어들과 질문에 나오는 단어들만을 집중 공부했다. 어휘보다는 영어 문장을 읽는 속도를 높이는 데 더 집중했다. RC뿐만 아니라 CR도 영어를 빨리 정확히 많이 읽을 수록 결국 내가 생각하고 문제를 풀 시간이 길어질 뿐만 아니라, 문제도 하나라도 더 풀 수 있다고 판단했기 때문이다. 그래서 마지막 시험을 남겨두고는 매일 RC 지문을 2~3개씩은 풀었다. RC 공부를 하는 목적도 있었지만, 장문의 영어를 매일 매일 읽어서, 영어를 읽는 것을 조금이라도 익숙하게 하기 위해서였다. 마지막으로 무책임한 말일 수도 있으나, 네이티브가 아니라면 Quantitative 파트에서 고득점을 받드시 받아야만, Verbal에서의 점수를 만회하여 원하는 고득점을 할 수 있는 것 같다. 그러니 처음 GMAT를 시작할 때부터 꾸준히 Verbal을 준비해야 할 필요도 있지만, 역시 초반에는 일단 Quantitative를 튼튼하게 잡아 놓는 것이 중요한 것 같다. 일단 Quantitative 점수가 안정적으로 나오기 시작하면, 이를 기반으로 Verbal을 끌어올릴 수 있는 만큼 끌어올리는 전략이 '토종'에겐 좀 맞지 않을까 한다.

스터디 그룹은 초반에만 참여했다. 스터디 그룹을 하면 이것저것 사소한 질문도 할 수 있고, 어려운 점을 공감하며 GMAT에 대한 친숙도를 빨리 높일 수 있다. 하지만 실질적으로 장소를 정하고, 4~5명이 모여서 같이 공부를 한다는게 잘 짜인 스케줄이 없으면 생각보다 효율적이지 않았다. 결국 초반 몇 번만 모이고 나중에는 흐지부지되었다. 스터디 그룹까지는 아니지만 주변에 같이 공부할 수 있는 친구가 있으면 2명 정도가 함께 공부하는 것은 도움이 많이 될 듯하다. 두 명이면 스케줄 조정도 수월하고, 하다 못해 같은 달에 한 명이 시험이라도 보면, 어떠한 문제가 나왔었는지 비공식적이라도 문제를 공유할 수 있어서 서로에게 도움이 많이 될 것이다.

GMAT가 어찌 보면 가장 힘든 과정일 수 있다. Essay야 주관적인 것이니 죽이 되든 밥이 되든 일단 써 낼 수가 있으나, GMAT는 객관적인 점수로 다른 경쟁자와 숫자로 바로 비교되기 때문에 어느 정도 점수를 넘지 못하면 목표했던 학교에 아예 지원조차 할 수 없기 때문이다.

토플과 GMAT를 준비하면서 많이 지쳤겠지만, 사실 이 2개는 이제 필요조건을 겨우 갖춘 것일 뿐, 실제 MBA 지원은 Essay부터이다. 간혹 GMAT 고득점 이후 모든 것이 끝난 것처럼 생각하여 긴장을 푸는 경우가 있는데, GMAT 고득점이 반드시 MBA 합격을 보장하지 않는다. 이를 반대로 생각해 보면 GMAT가 고득점이 아니더라도 에세이가 좋으면 원하는 학교에 합격할 수 있다.

⁝ Essay

자신에 맞는 학교 선택은 좋은 에세이를 쓰기 위한 첫번째 과정이다. MBA 랭킹, 학교 위치, 특정 분야 전문성, 학기 과정 등 여러 가지 사항을 고려해서 지원하려는 학교를 5~7개 정도 고르는 것이 적당한 것 같다. 나의 경우 경쟁이 치열하지만 꼭 가고 싶은 학교 2개, 나의 GMAT를 고려했을 때 적당히 경쟁이 될 만한 곳 2개, 마지막으로 일단 합격을 받기 위해서 일종의 하향지원이자 인터뷰 연습을 위한 학교 2개, 이렇게 총 6개 학교를 골랐다. 내가 MBA에서 얻으려는 것을 가장 잘 줄 수 있는 학교는 어디인지, 학교의 강점과 특성이 나와 맞는지 등의 기본적인 내용뿐만 아니라, 지원 마감일이 언제인지, 구체적인 에세이 질문 내용이 지원하려는 다른 학교와 중복되는지, 현재 아는 사람이 그 학교를 다니는지 등을 고려해서 선택했다. 그런데 재미있는 것은 실제 글을 쓰다 보면 어느 학교 에세이들은 글이 수월하게 써지는 반면에, 또 어떤 학교는 죽어도 안 써지는 경우가 있다. 내 경험으로는 에세이가 잘 써진 학교가 역시 결과도 좋았다.

소재 선택은 매우 중요한데, 나의 경우 친구의 조언에 따라 100가지의 에세이 소재거리를 찾아보기 위해서 대학교 때부터 지금까지 있었던 모든 일을 시간순으로 화이트보드에 적었다. 내가 살아온 길을 한번 되살펴보면서 예상하지 못했던 좋은 소재를 발견하기도 하고, 내가 앞으로 어떠한 쪽으로 나가려는지 그 방향성을 잡아낼 수 있었다.

솔직하게 말하면 에세이는 어디까지나 합격을 위한 하나의 시험이다. 만약 오랫동안 하나의 목표를 가지고 살아왔다면 있는 그대로 솔직히 자신의 목표와 그 목표를 이루기 위해서 왜 MBA가 필요한지를 에세이에 담으면 된다. 하지만 나의 경우, 그리고 아마도 대부분의 한국 지원자들은 왜 MBA를, 왜 그 학교를, 지금 반드시 가야하는지를 어필하기 힘들다. 그래서 전형적인 조언은 아니지만, 그 동안 자신이 밟아온 과거에 비춰볼 때 어떠한 short-term/long-term goal을 세우면 가장 말이 맞고, 쉽게 어필할 수 있는가를 발견해서 그것을 에세이용 goal로 세우는 것도 한 가지 방법이라 생각한다. 자신이 하지도 않았던 일을 지어내거나, 부풀려 말하라는 것이 아니라, 자신의 과거와 미래를 연결하는데 MBA가 어떤 역할을 할지를 고민해야 하기 때문에, 만일 자신의 미래에 대해서 명확한 생각을 가지고 있지 않다면, 과거에 비추어 볼 때 논리적, 직관적으로 자연스럽게 흘러갈 수 있는 방향을 자신의 미래로 설정하여 에세이에 어필하라는 것이다.

위에서 언급한 것처럼, Why MBA, Why this school, Why now에 대하여 자신만의 확고한 답을 준비하는 것이 에세이 전체의 뼈대를 잡는 데 중요하다. 통상 Why MBA, Why this school,

Why now 그리고 leadership과 failure 내용은 대부분 모든 학교에서 요구하는 내용이기 때문이다. 위 5개 질문은 서로 별개가 아니라 자신의 goal과 함께 서로 유기적으로 연결되어야 하고, 될 수 밖에 없다. 조금 추상적으로 예를 들어보면, 과거 A 업무를 해결하면서 이러저러한 어려움이 있었으나, 나는 이런 식으로 문제를 해결하고 (리더십) 구체적으로 어떠한 결과를 가져왔다. 이런 과정을 통해 B라는 분야에 관심이 많아졌고, 지속적으로 B분야에서 어떠한 일을 어떻게 해결하겠다는 C라는 목표를 세웠다. C를 위해서 지금까지 이러한 노력을 해 왔는데 D와 E라는 한계가 있었다. 이러한 한계 때문에 나는 X라는 failure가 있었다. 그래서 지금 이 한계를 뛰어넘기 위해서 여러 가지를 고려했는데 그 중 MBA가 가장 이상적인 방법임을 알았다. 특히 당신 학교의 F, G가 바로 D, E 문제를 해결하는 직접적인 도움이 될 것이다. 물론 이런 식으로 하나의 에세이에서 모든 것을 담아내진 않겠지만, 기본적으로 에세이 전체는 통일성이 있어야 한다고 생각한다.

에세이를 쓸 때는 반드시 주변에 글을 읽고 피드백을 줄 수 있는 사람이 2명 정도 필요하다. 개인적으로는 과거 MBA 지원 경험이 있거나 MBA 졸업생이길 추천한다. 또한 이 사람이 충분히 가까운 사이여서, 쓴 내용에 대해서 허심탄회하게 비평해 줄 수 있어야 한다.

처음 혼자서 자신의 이야기를 담아낸 에세이와 마지막 제출하는 에세이를 보면 그 내용이나 표현에 있어서 하늘과 땅만큼의 차이가 있다. 결국 에세이는 제3자가 볼 것이기 때문에 실제로 그때 그때 피드백을 받으면서 어떠한 내용이 불필요한지, 내 의도와는 달리 어떻게 이해될 수 있는지 등을 알 수 있었다. 그런데 한 가지 조심해야 할 것은 무조건 다른 사람의 의견에만 휘둘려서 내용을 무조건 바꾸진 말라는 것이다. 에세이를 쓰다 보면 다른 사람들의 발견과 피드백에 의존하게 될 수 있다. 자신의 에세이임에도 막상 다른 사람에게 확인을 받아야 안심이 되는 느낌이랄까? 하지만 그렇게 되면 글 전체의 통일성과 자신만의 색깔을 잃어버리는 것 같다.

에세이에 관해서 마지막으로 한 가지만 더 언급하자면 우선 에세이는 가급적이면 처음부터 영어로 쓰기를 추천하고 싶다. 우선 아무리 잘 쓴 한글 에세이라도 막상 영어로 바뀌면 뉘앙스가 변한다. 만일 주변 사람의 도움을 받아 번역을 한다면, 아무리 유능한 번역자라 해도 그 과정에서 또다시 뉘앙스가 바뀐다. 처음부터 영어로 작성하고 영어로 된 draft를 리뷰 받는 것이 보다 정확한 피드백을 받는다고 생각한다.

내 경우에는 에세이 전문 컨설팅 업체는 크게 필요성을 느끼지 못했다. 내가 컨설팅 업체를 이용하지 않은 것은 그 컨설팅 업체를 이용한 다른 지원자들과 비슷한 느낌의 에세이가 되는 것이

싫었기 때문이다. 그리고 아무리 많은 시간을 함께 보내더라도, 내가 회사에서 한 일에 대해서 그쪽이 정확히 알기는 힘들 것이다. 그래서 나는 컨설팅을 받기보다는 주변의 믿을 만한 사람의 도움을 받기로 결정했다. 컨설팅을 받으면 보통 200만 원 이상의 비용이 발생하는데 나는 차라리 그 돈을 에세이를 리뷰해 줄 주변 사람들에게 쓰면서 도움을 받았다. 함께 좋은 식사하면서 새로 쓴 에세이에 대해서 이야기 나누고, 생각을 듣고, 다시 방향을 잡으면서 그때 그때 보다 솔직한 피드백을 받는 게 내겐 매우 효과적이었다.

에세이를 쓰다 보면 매너리즘에 빠지기 쉽다. 그동안 준비하느라 많이 지치고, 더 이상 워드를 쳐다보기도 싫고, 몰래 지원하는데 회사일은 많고, 또 지원 마감일도 다가오고 그러다 보면 어느 순간 현실과 타협하여 스스로 만족하지 않지만 적당한 수준에서 에세이를 마무리 지으려는 유혹이 있다. 더욱이 만일 다른 학교에 썼던 에세이가 있으면 editing하기조차 귀찮아서 그냥 이용하기도 한다. 100% 이해하고, 나 역시 “뭐 얼마나 차이 나겠어?” 하는 마음에 적당한 수준에서 지원서를 제출한 적도 있다. INSEAD를 지원할 때도 이런 유혹이 있었다. 지원 마감이 2일 앞으로 다가왔을 때, 솔직히 내 에세이에 100% 만족하진 않았지만. 미국 학교에 지원했을 때 괜찮은 결과를 얻었던 소재들도 잘

섞어 넣었고, 유일하게 학교 설명회에 참석할 만큼 많은 관심과 준비를 했던 학교인지라 아무리 에세이를 더 들여다보아도 별로 나아질 게 없다고 생각했다. 그날 이미 INSEAD에 합격했던 직장 동료에게 내 마지막 에세이를 보여주자, 그 친구의 말이 아주 충격적이었다. “draft 버전치고는 괜찮은데? 잘 다듬으면 될 것 같아” 차마 그 친구에게 이게 내 최종본이라고 말할 수가 없었다. 에세이를 돌려받고 한참을 고민했다. 그냥 이대로 낼까? 아님 아직 48시간 정도 남았으니 바꿀까? 솔직히 너무 피곤했고, 어떻게 바꿔야 할지도 몰랐다. 하지만 한 가지 확실한 것은 나 스스로도 100% 만족하지 않았던 에세이란 점이다. 결국 48시간 잠 한숨 안 자고, 처음부터 글을 다시 썼는데, 이미 머리속에는 이야기 전개와 전체적인 구성이 확실히 잡혀져 있어서였는지 생각보다 글도 잘 써지고, 보다 정리된 에세이를 마무리 할 수 있었다. 마지막 순간 다시 에세이를 읽었을 때 스스로 이 정도면 만족스럽다라는 느낌을 가지고 제출할 수 있었다. 결론적으로 볼 때, 마지막 48시간은 정말 힘들었지만, 덕분에 INSEAD에 합격할 수 있었고, 만일 합격하지 못 했을지라도 후회는 남지 않았을 것 같다. 정말 뻔한 이야기고, 말이야 쉽지 실제 행동하긴 어렵겠지만 그래도 에세이를 쓸때 만큼은 자신이 후회하지 않을 만큼 시간과 노력이 필요한 것 같다.

: 추천서

추천서 작성에도 지원자가 적극적으로 관여할 필요가 있다. 두 가지 이유 때문인데 첫째는 에세이에서 자신이 어필하지 못한 내용이나, 자신의 약점을 추천서를 통해 보완해야 하기 때문이다. 예를 들어 팀워크를 강조하고 싶다면, 자신이 에세이에서 언급할 수도 있지만, 매니저의 시각에서 지원자가 과거 어떤 일을 하면서 팀 전체의 성공을 위해 한 행동을 높게 평가한다면 보다 설득력이 있을 것이다. 두번째 이유는 두 개의 추천서가 비슷해지는 것을 피해야 한다. 2개의 추천서에서 지원자의 강점을 3개씩 말한다면, 동일한 강점 3개를 두 번 반복하기보다는 총 6개의 강점을 말할 수도 있기 때문이다.

일반적으로 추천서에는 언제부터, 어떻게 지원자를 아는지, 추천인이 생각하는 지원자의 장점은 무엇인지, 보완해야 할 점은 무엇인지를 물어본다. 추천서 작성시 가장 중요한 것은 실제 예를 드는 것이다. 구체적으로 어떤 일을 할 때 지원자의 능력을 확인할 수 있었는지 정확한 예가 근거가 되어야만 설득력을 지닌다. 또한, 단점을 언급할 때에도 단순히 단점을 언급하는 것에서 그치는 것이 아니라, 그 단점을 보완하는 데 당신네 학교가 도움이 많이 될 것 같다고 언급할 필요가 있다. 예를 들어, 국내 대기업에서 성공적인 커리어를 쌓아 왔으나, 지원자가 아직 국제 비지니스 경험이 적다고 메니저가 생각한다면 MBA를 통해서 이를 보완할 수 있기 때문에 이 지원자를 추천한다는 식으로 언급할 수 있다는 것이다.

나의 경우 총 3명의 직장상사에게 추천서를 부탁했다. 학교 특성에 맞춰서 3명 중 2명의 추천인을 조합했다. 사실 2명에게 6개의 추천서를 모두 부탁하기가 어렵기 때문에 일부러 3명에게 처음부터 부탁했다. 그리고 2개의 공식 추천서 이외에 비공식 추천서를 따로 학교로 발송했었다. 과거 인턴을 했을 때부터 잘 알고 지낸 VP와 구글의 VP로부터 추천서를 써 줄 수 있다는 동의를 받았었다. 비록 두 VP의 title 파워를 이용할 수는 있지만, 누가 보아도 내 실제 업무와는 거리감이 있기 때문에 공식 추천서에 두 VP를 쓸 수 없었기에, 따로 회사 레터지에 A4 1장 분량의 글로써 비공식 추천서를 작성하여 제출하였다.

: 온라인 application

학교마다 온라인으로 입력해야 하는 내용들이 천차만별이다. Haas의 경우 미니 에세이라 할 만큼 online application에 적어야 하는 내용이 많다. INSEAD의 경우 따로 이력서를 업로드시키는 옵션이 없고, 대신에 online application에 이력서 내용을 입력하도록 되어 있다. 이런 경우에도 학교 특성에 맞춰서 약간의 변화를 줄 필요가 있다고 생각한다. INSEAD는 다른 미국 학교에 비해서 해외 경험을 중요시하고, 분위기도 보다 자유롭다. 따라서 해외 경험을 입력하는 항목에서 단순히 '중국 1년 어학연수' 라고 적기보다는 '중국 택시기사와 택시비용 흥정할 수 있음' 이라고 적었다. 물론 그 옆에는 어학연수했던 학교 이름과 기간을 함께 표시했다. 모든 학교, 모든 항목에 이렇게 장난스럽게 적을 수는 없다. 하지만 무미건조한 온라인 지원서 중 하나 작은 부분에서는 약간의 위트를 발휘하는 것도 나쁘지 않은 것 같다.

: 지원서 전체 관리

지원서 전체를 하나의 패키지로 관리해야 한다. GMAT, 에세이, 이력서, 온라인 입력사항, 추천서가 모두 합쳐서 하나의 application이 된다는 점을 명심해야 한다. 즉, 모든 지원 단계에서 반복적으로 자신의 강점을 언급하는 것이 아니라, 전략적으로 분산시킬 필요가 있다. 예를 들면, GMAT에서 논리능력과 영어능력을, 이력서에서 리더십을, 추천서에서 팀워크를 각각 나눠서 어필해야 한다. 입학 서류 심사관이 에세이를 보면서 지원자의 몸통을 예상하고, 에세이에서 머리를 그려 보고, 추천서를 통해서 팔, 다리를 추측하여, 지원자의 모든 서류를 보았을 때, 한 사람의 전체적 윤곽을 그릴 수 있도록 내용을 분산시켜야 한다는 것이다. 에세이도, 이력서도, 추천서도 모두 한두 가지 특성만 계속 언급한다면, 입학서류 심사관은 상반신까지만 그려 보다 끝날 것이다.

: 이력서

정확하진 않지만 듣기로는 지원 서류를 모두 출력해서 하나의 패키지로 만들었을 때, 이력서가 application package 제일 앞에 온다고 한다. 따라서 이력서는 지원자의 첫인상을 결정하는 가장 중요한 서류일 것이다. 일반적으로 동일한 업무 분야로 졸업 후 진로를 생각한다면 역시간순 방식이 적당하고, 분야를 바꾸는 경우에는 skill-base로 이력서를 구성하기를 추천한다.

: 인터뷰

내 경험상 가장 좋은 인터뷰 준비는 첫째, 예상되는 질문을 모두 적고, 그에 대해서 자신이 직접 답을 쓰는 것이다. 머리로만 답을 생각하기보다는 실제로 적어 보고, 그 자신의 답과 표현을 외워 둘 필요가 있다. 이 과정은 동일한 질문이 나왔을 때, 보다 효과적이고 정확한 답을 할 수 있을 뿐만 아니라, 예상하지 못했던 질문이 나오더라도, 준비했던 표현과 소재를 적절히 사용할 수 있기 때문이다. 실제로 예상 질문을 뽑아 보면 학교와 상관없이 약 30개 정도가 될 텐데, 그에 대한 대답들만 완벽히 준비해 둔다면 실제 인터뷰에서 크게 당황할 일은 없을 것이다.

또 하나는 모의 인터뷰를 많이 해야 한다. 예상 질문과 답이 준비되어 있다면, 직장 동료나 친구에게 모의 인터뷰를 부탁하여 실제 상황을 연습할 필요가 있다. "Walk me through your resume"부터 시작하여 약 한 시간 가량 모의 인터뷰를 해 보면, 자신이 미처 생각하지 못 했던 질문을 경험할 수 있고, 인터뷰할 때의 태도, 언어 사용에 대한 피드백을 받을 수 있을 것이다.

인터뷰를 준비할 때는 자신의 모든 네트워크를 동원할 필요가 있다. 최근에 동일한 학교의 인터뷰를 했던 사람의 경험뿐만 아니라, 운이 좋다면 (네트워크가 좋다면) 실제 인터뷰를 하게 될 사람의 정보를 얻을 수 있다. 나의 경우 인터뷰를 하기 전에 최대한 네트워크를 동원해서 인터뷰어의 학부, 전 직장 등 가능한 정보를 모두 모았다. 정보가 많을수록 효과적인 ice-breaking 소재를 고를 수 있고, 인터뷰가 끝난 뒤에도 좋은 질문을 할 수 있다. 예를 들어, 인터뷰어가 졸업 후에 해외에서 취업을 했었다면, 해외 취업을 위해 어떠한 준비를 해야 하는가에 대해서 조언을 구하는 식으로 인터뷰 후 질문 시간을 이용할 수 있을 것이다.

인시아드 인터뷰에 대하여 설명하면, 현지 동문과 2~3번의 인터뷰를 진행하게 된다. 기본적으로 에세이부터 인터뷰까지가 모두 합산되어 평가된다기보단, 일단 서류가 통과되면 다시 인터뷰에서부터 합격 여부가 결정된다고 보는 것이 맞는 것 같다. 인시아드 인터뷰의 가장 큰 특징은 두 명의 인터뷰어를 완전히 다른 백그라운드를 가진 사람으로 구성한다는 점이다. 여자와 남자, 한국인과 외국인, 컨설팅과 인더스트리 등, 두 인터뷰어의 프로파일은 고의적으로 최대한 다르게 구성된다. 지원자의 보다 다각적인 측면을 발견하고, 인터뷰어에 따른 편차를 최대한 줄이기 위한 것이라 예상되는데 나름 합리적이라 생각된다.

김 재 현

The Wharton School,
University of Pennsylvania, Class of 2011

: GMAT

GMAT를 처음 접했던 것은 대학교 4학년 때였다. 당시 취업이 봄 학기에 결정된 터라 여름 방학을 어떻게 보낼까 고민하고 있었는데, 당시 Bain에 1년 먼저 입사한 형이 나중에 MBA를 가게 될 지는 확실하지 않지만 일단 GMAT 점수를 받아 놓는 것이 나중에 훨씬 수월하게 준비할 수 있고 입사한 후에는 시간적으로 준비할 여유가 없으니 상대적으로 여유가 있을 때 GMAT를 보고 들어오라는 말씀을 해 주셨다. 맞는 말씀이라고 생각하여 학원을 알아보고 JC MBA 학원 종합반을 등록했다. 그래서 GMAT가 어떤 과목으로 구성되어 있고 공부는 어떻게 해야 하는지에 대한 대략적인 감을 잡았다. 하지만 강한 동기부여가 없었던 터라 공부를 열심히 하지 않았고 결국 원하는 점수를 받지 못한 채 회사에 들어갔다.

다시 GMAT 책을 손에 잡은 것은 2007년 초여름 무렵이었다. MBA를 지원하기로 결정하기 전이었지만 만일 MBA를 가기로 결정한다면 2008년 가을에 지원을 해야겠다고 생각했고 에세이에 많은 시간을 투자하기 위해서 2008년 여름까지는 GMAT를 끝내야겠다고 생각했다. 하지만 평일에는 회사 퇴근이 늦어 주말밖에 공부할 시간이 없기 때문에 시험을 끝내는 데 시간이 좀 걸릴 것이라고 생각했기 때문에 빨리 준비를 시작하기로 했다.

대학교 4학년 때 학원을 다녔었기 때문에 다시 학원을 다니지는 않았다. 문제 유형과 공부 방법을 알고 있었기에 주말에 GMAT Official Guide를 혼자 풀어 보는 방법을 택했다. 예상대로 매 주말 꾸준히 그리고 많은 시간을 투자해서 공부하기는 어려웠다. 회사 프로젝트도 프로젝트였거니와 주말이 거의 유일한 자유 시간이라 친구들을 만나고 연애도 해야 되는 시간이기도 했기 때문이다. 평균적으로 매주 토요일 하루 서너 시간 정도를 공부했던 것 같고 대부분의 시간은 verbal에 투자했다. 겨울이 되면서 이제 시험을 볼 정도가 되겠다는 판단이 들어 시험을 신청했는데 머피의 법칙처럼 시험만 잡아 놓으면 2주 전쯤 하기로 한 프로젝트 보고가 슬금슬금 밀려 결국 4번을 미뤄 시험 한 번 분의 비용을 고스란히 시험 일정 재조정에 쓰기도 했다. 결국 2008년 3월에 만족스러운 점수를 받고 GMAT를 끝낼 수 있었다.

대한민국에서 태어나 30년 가까운 세월을 한국에서 자란 '된장'이었기 때문에 GMAT는 결코 쉬운 시험은 아니었다. 개인적으로 가장 애를 먹었던 것은 SC(Sentence Correction)였다. 같은 문제를 풀어도 틀린 문제를 또 틀렸고 맞았던 문제도 또 틀리는데 정말 어떻게 해야 되나 싶었다. 결국 SC를 해결하는 데 가장 도움되었던 것은 어떤 분이 만드신 워드 파일이었다. 그 파일은 새로운 내용이 아니었고 원래 Official Guide를 보면 해설이 맨 뒤에 붙어 있는데 그 해설들을 SC 문제 바로 밑에 붙여 놓은 파일이었다. 그 파일을 인쇄해서 출근길에 그리고 주말에 공부할 때마다 계속 읽었다. 그러다 보니 차츰차츰 도대체 왜 틀린 문장인지 이해할 수 없었던 보기들이 왜 이상한지 이해하게 되었고 나중에는 정답을 고르는 확률이 높아져 결국 SC 파트를 해결할 수 있었다.

한편 RC는 지문별로 걸리는 시간과 정답률이 다르다는 문제가 있었다. 지문 주제에 따라 어떤 지문은 정말 잘 읽히고 문제도 잘 풀리는데 어떤 지문은 시간도 오래 걸리고 문제도 많이 틀렸다. 그래서 지문을 읽는 데 걸리는 시간을 많이 줄이고자 노력했고 정독보다 skimming 연습을 많이 해서 해결했다. 그리고 문제 순서가 지문 흐름을 따라서 있었기 때문에 skimming 중간 중간에 문제를 해결하는 습관을 들이려고 노력했고 그 접근 방법이 효과를 본 것 같다.

CR은 컨설턴트라는 직업 상 상대적으로 강점이 있는 부분이었기 때문에 시간과 노력을 SC에 집중했었다. Math는 JC MBA를 다닐 때 이상규 선생님의 접근 방법을 배웠는데 매우 효과적이었고 다시 공부할 때도 그 책으로 공부를 하고 문제를 풀었다.

: Essay

MBA의 합격을 결정짓는 요소에 대해 비중에 대한 이견은 있을 수 있으나 가장 중요한 요소가 에세이라는 데에는 별로 이견이 없을 것 같다. 나 역시 에세이에 가장 많은 노력을 들였고 가장 많은 시간을 투자했다. 그럼 성공적인, 잘 쓴 에세이를 결정짓는 요소들은 무엇일까? 나는 이 질문에 대한 대답을 얻기 위해 학교에서 나의 에세이를 읽고 합격을 결정하는 어드미션 커미티의 입장에서 생각해 보고자 노력했다. 매년 만 명이 넘는 지원자가 지원을 하고 그들은 그만큼의 에세이를 읽어야 한다. 그들에게 중요한 것, 그들의 목적함수는 무엇일까? 학교들마다 조금씩의 차이는 있지만 모든 학교의 공통된 미션은 졸업해서 각자의 분야에서 성공해서 학교를 빛내고 세상을 변화시키는 리더를 만드는 것이다. 그리고 그들의 입장에서 그 확률을 높이는 것은 각자의 분야에서 성공할 확률이 높아 보이는 인재를 뽑는 것이다. 그리고 그 확률을 판단하는 잣대가 되는 것이 에세이, 추천서, 직업, 대학교 성적 및 시험 점수일 것이고 에세이가 어떤 사람에 대해 면면을 볼 수 있는 가장 중요한 잣대가 될 것이다.

이렇게 학교 입장에서 생각해 보면 에세이에서 중요하게 생각해야 하는 것은 지원자가 이루고자 하는 커리어 분야에서 이미 많은 성공을 거두었고 앞으로도 계속 성공을 거둘 것으로 예상이 되는 리더라는 이미지를 만들고 전달하는 것이다. 하지만 말이 쉽지, 수많은 지원자들이 뽑히기 위해 저마다 자기 자랑을 늘어놓는 에세이들의 경쟁을 뚫고 성공적으로 그러한 이미지를 전달하기란 결코 쉬운 일이 아니다. 그럼 어떻게 성공적으로 지금까지도 잘해 왔고 앞으로도 성공할 리더라는 메시지를 전달할 수 있을까? 그 질문에 대한 나의 개인적인 대답은 결국 차별화된 포지셔닝, 차별화된 에세이의 theme로 어드미션 담당자들 머리속에 기억을 남기는 것이다. 다시 말하면 학교 어드미션 담당자들이 내 에세이를 읽고 머리속에 남는 나를 설명하는 단 한 마디, 그래서 옆의 다른 담당자에게 넘겨 주면서 "이봐, 이 에세이 한번 읽어 봐. 이 친구는 XXX야. 정말 흥미로워"라고 말할 수 있는 그 XXX가 바로 내가 생각한 차별화된 포지셔닝이다.

차별화가 정말 중요하다는 것을 깨닫게 해 준 것은 내가 회사에서 존경했던 한 이사님께서 해 주신 말씀이었다. "매년 MBA에 정말 직업만으로도 차별화되는 친구들이 10%는 온다. 예를 들어 이라크 전쟁 때 전투기 파일럿을 하고 온 친구들 말이다. 그런 친구들과 똑같이 경쟁해서 뽑히는 에세이가 되기 위해서는 읽었을 때 '파일럿'과 같이 머리속에 남는 한 방이 있어야 한다." 전 세계에서 매년 수많은 지원자들이 지원을 하고 특히, 컨설턴트는 가장 많은 지원자 풀을 형성하며 한국에서만 매년 수십 명의 컨설턴트가 지원을 하고 에세이에 '나는 회사에서 정말 일을 잘했어요'라는 똑같은 이야기를 할 것이기 때문에 나를 차별화하는 것이 가장 중요한 과제라고 생각했다.

그래서 내가 에세이의 소재를 고민하는 단계부터 에세이를 탈고하는 마지막 순간까지 계속해서 내 에세이에 스스로 던진 질문은 '나를 다른 지원자로부터 차별화할 수 있는 나의 포지셔닝은 무엇인가', '이 에세이를 읽으면 내가 목표로 삼고 있는 포지셔닝이 읽는 사람에게 제대로 전달될 수 있을까?'라는 두 가지였다. 이 두 질문은 쉬운 문제가 아니었다. 왜냐하면 나라는 사람을 잘 설명할 수 있는 한 마디를 생각해 내는 것은 결코 쉽지 않았고 그리고 더 중요한 것은 그 포지셔닝이, 다시 말해 나라는 사람이 내가 가진 커리어 골을 성공적으로 이룰 수 있겠구나라고 생각될 수 있도록 자연스럽게 연결되어야 하기 때문이었다. 또한 포지셔닝이 제대로 전달되기 위해서는 단지 하나의 에세이가 아니라 모든 에세이에서 발견되고 읽혀야 하기 때문이었다. 소재를 발굴하는 작업과 포지셔닝을 결정하는 작업은 동시에 그리고 자연스럽게 연결되어 진행되었다. 사람마다 차이는 있겠지만 내가 소재를 발굴하는 방법은 어렸을 때부터 내게 의미 있었던, 혹은 에세이에 담을 수 있을 만한 사건들을 쭉 생각해 보고 그 사건들을 여러 에세이 문제에 대입해 보면서 이리저리 다른 각도로 생각해 보는 방법이었다. 사실 개인적으로 MBA 에세이를 쓰는 과정은 괴롭기도 했지만 동시에 굉장히 즐거운 과정이기도 했는데 이렇게 소재들을 발굴하는 과정에서 내가 그동안 살아오면서 경험했던 여러 사건들과 그 때 내가 했던 생각들과 행동들, 그리고 결과를 다시금 떠올리고 해석해 보는 과정이 굉장히 즐거웠기 때문이다 그리고 그렇게 나의 생각들과 행동들, 그리고 결과들에 대해 여러 각도로 돌려 생각하는 과정은 결국에 나라는 사람에 대해 깊게 성찰해 볼 수 있는 시간이 되었고 나라는 사람을 어떻게 포지션할 것인가, 어떻게 설명할 것인가에 대한 답을 가질 수 있게 해 주었다. 결국 내가 생각해 낸 나의 포지셔닝은 한 이사님이 나를 농담처럼 부르시던 표현, Bain의 CEO, Chief Executive Officer가 아닌 Chief Entertainment Officer였다. 항상 내 삶에 즐거움을 추구하고 다른 사람들에게 즐거움을 주고자 노력하는 나라는 사람을 표현하는 데 그보다 좋은 표현은 없다고 생각했기 때문이다. 그리고 그 포지셔닝은 내가 여러 에세이들에서 소재로 삼은 일화들에서 내가 실패를 대하는 자세나 내가 문제를 바라보고 해결하는 방법, 그리고 내가 그동안 살아오면서 벌인 다양한 사건을 통해 자연스럽게 보여졌다. 또한 나는 이 포지셔닝을 내 커리어 골과 연결하고자 노력했는데 사실 그 당시 나는 회사의 CEO(Chief Executive Officer)가 되고 싶다는 목표는 갖고 있었지만 구체적인 산업을 정한 상황은 아니었다. 그래서 당시 내 에세이를 도와주신 이사님과 브레인스토밍 결과 커리어 골을 Media/Entertainment 기업의 CEO로 결정하여 포지셔닝과 커리어 골을 연결하였다. 이 커리어 골은 나의 신문방송학과 전공과 대학교 때 활동들과 자연스럽게 연결되어 한층 에세이가 자연스러워졌다.

위에서 내 준비 과정을 도와주신 이사님과 차별화된 포지셔닝의 중요성을 깨닫게 도와주신 이사님 이야기를 언급했는데 다음에 이야기하고 싶은 것이 바로 이 부분이다. 내가 성공적으로 에세이를 준비할 수 있었던 것은 많은 분들이 아낌없는 도움을 주셨기 때문이다. 일단 컨설팅 회사의 특성상 MBA를 갖고 계신 분들이 정말 많았기 때문에 이 장점을 살리고자 최대한 노력했다. 에세이를 준비하고 마무리하는 과정 내내 많은 회사 분들의 도움을 받았고 성공적으로 마칠 수 있었다. 특히, 같은 팀에 있던 컨설턴트 형과 이사님이 점심, 저녁 시간 때로는 일이 끝나고 새벽

시간까지 개인 시간을 희생해 가면서 정말 열심히 도와주신 덕분에 바쁜 컨설턴트 생활에도 불구하고 휴가 한 번 쓰지 않고, 그리고 외부 에세이 컨설팅 도움없이 성공적으로 MBA 지원을 마칠 수 있었다. 처음 소재를 발굴하고 해석하는 브레인스토밍 과정에서는 정말 많은 분들의 도움을 받았다. 그러나 에세이를 쓰고 보여드리고 첨삭 받는 과정에서는 도움을 요청드리는 분들을 줄여 나갔다. 다들 바쁘신 분들이라 에세이가 오고 가는 시간이 걸렸기 때문이다. 결국 나중에는 나에게 많은 시간을 투자해 주시는 몇 분에게 에세이를 보여드리고 의견을 받고 다시 고치고 이러는 과정을 지속하였다. 제출하기 몇 주 전에는 거의 매일 보여드리고 의견 받고 일이 끝나면 고치고 다음날 보여드리고 이런 과정을 반복해서 완성도를 높여 나갔다. 나중에 차츰차츰 에세이에 빨간 글씨가 줄어가고 내가 봐도 뭔가 에세이가 만들어지는 것 같던 그 과정이 너무 재미있었다.

마지막으로 얘기하고 싶은 것은 영어다. 영어로 에세이를 쓰는 것이 좋으냐 한글로 쓰는 것이 좋으냐에 대해 다 의견이 존재하고 어떠한 것이 맞는지도 잘 모르겠다. 내가 선택했던 것은 제일 처음 초안은 한글로 쓰고 영어로 번역한 후에 그 다음부터는 영어로 쓰고 첨삭을 받는 방식이었다. 처음에 한글로 써야 내가 표현하고 싶은 모든 말들을 다 쏟아낼 수 있다고 생각했기 때문이다. 영어로 고치고 첨삭을 받는 과정에서는 외국에서 십 년을 넘게 살았던 마프 후배와 또 다른 대학 후배 둘의 도움을 받았다. 영어 번역을 부탁해 보니 한 친구는 정말 멋진 표현들을 잘 구사했고 다른 친구는 정말 꼼꼼하게 봐 주고 행간 사이의 내가 의도한 숨은 뜻까지 잘 읽어내 주고 번역해 주었다. 이러한 특성을 살려서 그때그때 목적에 맞게 번역과 첨삭을 부탁했었다. 정말 많은 시간이 들어가는 귀찮은 작업에도 불평없이 도와준 후배들에게 지금도 정말 고맙게 생각한다.

: Recommendation

추천서 역시 admission committee의 입장에서 생각해 보면 두 가지 목적이 있을 것이다. 다른 사람의 시각에서 지원자를 바라봄으로써 지원자가 바라보는 지원자의 모습이 맞는지를 확인해 보고 싶을 것이고, 나아가 다른 사람이 보는 지원자에 대한 다른 측면의 모습들을 알고 싶을 것이다. 즉, 이상적인 추천서는 에세이의 내용을 강조하는 동시에 한 발 더 나아가 에세이가 담지 못한 다른 모습들까지 보여주는 것이다. 그래서 나는 추천서를 부탁드릴 때, 에세이의 내용이 강조될 수 있도록 에세이를 직접 보여드리거나 아니면 에세이에서 내가 강조하는 점들을 말씀드리면서 부탁드렸고 에세이에 담기지 못한 나의 다른 모습을 찾고자 그분들께서 생각하시는 나의 모습을 여쭤 보고 같이 브레인스토밍을 진행하였다. 여기서 또 하나 내가 신경을 썼던 부분은 학교에 좀 더 다양한 모습을 보여줄 수 있도록 추천인 분들마다 메시지를 조금씩 다르게 하는 것이었다. 그리고 다들 바쁘신 분들이었기 때문에 제출일이 다가오면서 이따금씩 메일을 드려서 제출일을 넘기지 않도록 부탁드리는 것도 중요한 일이었다.

추천인 선정에 있어서 고려했던 것은 나를 잘 알고 나에게 그만큼의 정성과 시간을 투자해 주실 수 있는 분이냐는 것과 다양성이었다. 그래서 추천서 2개를 요구하는 학교에는 회사에서 나와 일을 오래 해 본 회사분과 나를 오래 알고 계셨던 회사 밖의 분으로 구성했고 3개를 요구하는 학교에는 회사에서 두 분께 부탁드리되 한 분은 이사님이나 부사장님 레벨, 한 분은 MBA를 다녀와서 peer level의 시각에서 나를 봐 주실 수 있는 분으로 구성했었다. 추천인이 지원하는 학교의 동문이냐는 여부는 크게 중요하게 생각하지 않았다. 나를 더 잘 아시는 분께서 추천서를 잘 써 주신다면 그 학교 출신이 아니어도 충분히 추천서가 목적하는 바를 이룰 수 있다고 판단했기 때문이었다. 그리고 나를 잘 아시는 분들을 선택했던 것이 내가 생각하지도 못했던 나의 모습들에 대해 말씀해 주셔서 새로운 시각을 갖게 도와주시고 너무 좋은 추천서를 써 주셨기 때문에 좋은 결과를 낳을 수 있었던 것 같다.

최 세 영
HBS Class of 2012

: 어떻게 준비하는가?

MBA 준비는 크게 3단계로 하게 된다.

1) GMAT, TOEFL 점수 만들기

2) Essay, 추천서 준비하고 지원하기

3) 인터뷰 보기와 '기다리기'

나는 내가 어떻게 준비했는지를 우선 설명하고, 그 사이사이에 준비하면서 느낄 만한 의문점에 대하여 내가 느낀 바를 적도록 하겠다.

1단계 : GMAT와 TOEFL 점수 만들기

MBA 진학을 원하는 자는 누구나 넘어야 하는 첫 산이 바로 GMAT이다. GMAT 시험은 크게 수리적 사고력을 테스트하는 Quantitative, 효율적 영어, 논리력, 독해력을 테스트하는 Verbal, 그리고 일종의 논술 시험이라 할 수 있는 Analytical Writing의 3부분으로 나뉜다. 12개월 동안 총 5번의 시험을 볼 수 있고, 1회 응시 후에는 30일 전에는 응시가 불가능하다. 총 1회 응시료는 250달러이며, 서울에서는 시청 옆 코오롱 빌딩 피어슨센터에서 평일에만 시험이 있다. 준비는 공식 문제집인 Official Guide라는 책을 통해서 하게 되고, GWD라는 총 32회에 달하는 중국 기출 문제 모음집도 준비하는 데 많은 도움이 된다.

나는 MBA를 지원해야겠다는 생각을 하고선 친구가 단기간에 700점 고지를 획득하는 데 큰 도움이 되었다는 채○○ 선생님의 강의를 무작정 2달 동안 수강하였다. 강의 내용이 다소 중구난방이고, 기본적으로 Official Guide를 한번은 풀어 본 사람을 대상으로 하는 수업인지라, GMAT 입문을 하는 사람에게 추천하고 싶은 수업은 아니다. 나 또한 학원만 다니고 열심히 공부를 하지는 않아서 그다지 효과적인 공부는 하지 못하였다. 하지만 GMAT를 같이 공부할, 그리고 평생 친구처럼 지낼 수 있는 스터디 그룹을 이 학원에서 만났다는 점에 더 큰 의미를 두고 싶다.

사실 스터디 모임의 효율성에 대해서는 이런 저런 논란이 많다. 나도 개인적으로 공부는 혼자하는 것이라 생각하지만, 스터디 모임을 통해 다양한 배경의 사람들을 만날 수 있고, 또 힘든 준비 과정을 함께하고, 고민도 나누고 서로 의지할 수 있다는 점에서 스터디는 꼭 권유하고 싶다.

그렇게 학원을 다니고, 공부를 그다지 하지는 않았지만, 일단 시험을 한번 보는 데 의미가 있다고 생각하고 7월 17일에 첫 시험을 보았다. 공부를 하지 않았음에도 불구하고 600점 중반 점수가 나와서, 몇 달만 더 집중하면, Round 2 지원이 1월이고 보통 에세이 작성하는 데 3개월이 걸린다는 것을 감안할 때, 9월 정도까지 점수가 나오면 되겠다는 생각을 갖고 본격적으로 공부를 하기 시작했다.

회사를 다니며 준비하는 것은 무엇보다 절대적인 시간 확보가 잘 되지 않아서 어렵다. 그러나 몇 달 공부하면서 느낀 것은 시간 투자를 하지 않으면 GMAT 점수가 절대 오를 수가 없다는 것이었다. 그래서 하루에 최소한 4시간은 공부해야겠다는 생각으로 독서실을 끊고 매일 저녁 9시부터 1시까지, 그리고 주말은 거의 하루 종일 독서실에서 시간을 보냈다. 아무래도 20대 초반 때에 비해서 집중력도 떨어지고, 또 집에 있으면 그저 쉬고 싶은 생각이 많이 들었기 때문에 집을 떠나는 것이 나에게는 가장 효과적인 방법이었다.

GMAT 공부는 위에서도 언급한 Official Guide를 얼마나 열심히 보았느냐가 관건이다. 사실 시중에 나와 있는 교재 중에서 Official Guide만큼 공식적이고 또 정확한 해설이 나와 있는 서적이 없다. 그래서 문제를 풀어 보고 몇 개 맞았나 맞춰 보는 것으로 끝낼 것이 아니라, 내가 왜 맞았는지, 또 틀렸으면 왜 틀렸는지, 다른 보기는 무엇 때문에 답이 되지 못하는지, 정말 꼼꼼하게 해설을 읽으며 내 것으로 만들어 내는 것이 중요하다. 특히 Verbal 부분의 Sentence Correction과 Critical Reasoning의 경우 문제가 상당히 꼬여 있지만, 나름대로의 pattern이 있기 마련인데, 이것을 Official Guide의 해설을 읽으며 정답 및 오답의 pattern을 숙지하는 것이 실제 시험장에서 문제를 풀 때 중요하다. 그리고 어느 정도 해설을 읽었다면 GWD 중국 기출 32회를 풀어 보는 것도 유용한 방법이다. 실제 GMAT에서 기출되었던 문제로 구성된 이 책을 실전처럼 시간 맞춰 보며 풀게 되면 무엇보다 실전 감각을 키울 수도 있다. 특히 그렇게 함으로써 내가 어느 부분을 푸는 데 시간이 많이 걸리는지 알게 되고, 어디에 공부를 집중해야 할지 판단을 세울 수 있다. 그러나 이 책의 치명적인 단점이 있다면, 아무래도 아마추어가 답안지를 작성한지라, 책에 오답이 많다는 것이다. 따라서 문제를 풀고 나서 채○○ 선생님의 네이버 카페(http://cafe.naver.com/gmattoefl)에서 문제를 검색하여 정답과 해설을 다시 한번 확인하는 과정이 필요하다.

또 중요한 것이 바로 Prep을 많이 풀어보는 것이다. GMAT 시험 신청을 하면 인터넷을 통해 무료로 다운로드 받을 수 있는 Prep은 일종의 실전 모의고사다. 공식적인 GMAT 문제로 시험 환경과 똑같이 집에 있는 컴퓨터를 통해, 아래에 설명할 독특한 시험 방식을 경험할 수 있고, 비록 2개의 모의고사 밖에 없지만, 모의고사 당 문제의 pool이 상당히 많아서 대략 3~4회 정도를 풀어도 새로운 문제를 접할 수 있기 때문에 시험 직전에 풀어 보기에 안성 맞춤이다.

개인적으로 GMAT가 골치 아팠던 이유 중 하나가 Verbal의 Sentence Correction 문제들 때문이었다. 이전에 내가 치렀던 문제들이 영문법의 정확도를 측정했다면, GMAT에서는 문어체 영어의 효율성과 정확한 의미 전달에 대하여 묻기 때문에 아무래도 기존에 내가 가지고 있었던 영어의 틀을 깨야 했기 때문에 무척이나 까다로웠다. 그런데 이 Sentence Correction을 잡지 못하면 GMAT 고득점이 불가능한 이유가 따로 있다. 이는 GMAT의 독특한 시험 방식 때문인데, 자세히 설명하자면, 내가 A라는 문제를 맞추는지 여부에 따라 그 다음에 나올 문제의 난이도에 영향을 끼치게 된다. 그리고 난이도가 높은 문제들이 점수와 바로 연결되어 있어서 난이도가 높은 문제를 계속 맞춰야 고득점이 가능하다. 즉, 예를 들어서 설명하자면, 시험 초반에 문제들을 계속 틀려 버리면, 결국 점수에 큰 영향력을 끼치지 못하는 저난이도 문제들을 접하게 되고, 이러한 문제는 계속 풀어 봐야 점수에 큰 영향을 주지 못한다. 그에 비해 시험 초반에 정답률이 높으면 고난이도 문제들을 접할 가능성이 더 높아지고, 이러한 문제를 계속해서 맞춘다면 고득점을 할 수 있게 되는 구조이다. 그런데 참 얄밉게도 GMAT Verbal의 1번부터 4번까지는 대개 Sentence Correction 문제가 나오고, 이 문제들을 얼마나 잘 푸느냐가 뒤에 나올 40여 문제의 난이도를 결정하게 되고, 다시 말해 결국 내가 고득점을 획득할 수 있는지 여부가 초반 Sentence Correction 4문제에서 판가름 난다고 해도 과언이 아닐 정도로 중요하다. 그래서 두 번째 시험을 9월에 치렀을 때 '초반 SC 4 문제'의 함정에 빠져 버리는 바람에, 공부는 공부대로 했음에도 불구하고 점수가 떨어지는 충격적인 결과를 받고야 말았다.

개인적으로 MBA를 준비하면서 가장 어려웠던 시기 중 하나가 바로 이때였다. GMAT는 시험을 치르자마자 바로 결과가 나오는데, 어이없는 성적표를 받아 들고 정말 많은 생각을 하며 하염없이 청계천을 걷다가 친구들과 술을 마시러 간 기억이 난다. 그렇게 좌절한 가장 큰 이유는, 내가 나름대로 Essay를 쓰기 위해 필요한 3개월을 확보하기 위해서 정해 놓았던 마지노선이 바로 망쳐 버렸던 9월 시험이었기 때문이다. 즉, 다시 말해 그날의 시험 결과는 30일 후에나 시험을 볼 수 있는 GMAT 시스템 때문에 다음 시험은 10월 말에나 치를 수 있게 되었고, 그럴 경우 에세이를 쓰고 TOEFL 점수를 확보할 수 있는 시간이 겨우 2개월 남짓 주어지고, 이는 결과적으로 올해 MBA 지원을 해야 하는 것인지에 대한 문제와 직결이 되었다. 너무나 좌절한 나머지 올해 지원하는 것을 포기하는 것도 심각하게 고려를 했지만, 같이 준비하던 친구들이 용기를 북돋아 준 덕분에, 10월에 TOEFL과 GMAT를 동시에 잡는 것을 목표로 다시 공부에 정진하게 되었고 10월 둘째 주에 TOEFL을, 그리고 그 다음 주에 GMAT를 700점대 받는데 성공하였다.

'GMAT 점수가 몇 점이면 되느냐'라는 질문을 합격하고 나서 가장 많이 받는데, 최소한 내 경험을 비추어 봤을 때는 Quantitative 49점~51점과 Verbal 35점 이상 되는 quality의 700점 이상의 점수면 충분하지 않나 하는 생각이다. 대체적으로 학교 홈페이지에 나와 있는 GMAT Average가 700~720 정도인데, 외국인의 평균은 이보다 낮다고 명시가 되어 있다. 사실 GMAT가 높다고 advantage가 주어지는 것도 아닌 데다가, MBA 입학에 GMAT는 수많은 평가 요소의 일부분에 불과하기 때문에 700점이 넘었음에도 불구하고 겨우 10~30점을 더 올리기 위하여 시험을 다시 보는 것은 부질없는 짓이라고 판단된다. 이는 실제로 내 점수도 700점대 초반이고, 또한 Business Week이나 Gmatclub 게시판에서 750 이상의 많은 고득점자들의 ding posting이 700 초중반 득점자들의 ding posting만큼 올라온다는 것으로 증명이 된다고 생각한다.

다음은 TOEFL에 대해 잠깐 얘기를 하고자 한다. 개인적으로 예전에 CBT TOEFL을 공부한 적이 있어서 큰 고생없이 고득점을 받아서 적을 경험담이 GMAT만큼 많지는 않지만, 많은 한국인 지원자들에게 TOEFL, 특히 IBT TOEFL은 넘어야 할 큰 고비임에 틀림없다. 주변에 정말 너무나 많은 지원자들이 GMAT 점수가 나왔음에도 불구하고 TOEFL 시험 점수가 나오지 않아 지원을 못하거나, 하향 지원을 하는 경우를 봐 왔기 때문이다. 이는 IBT TOEFL의 Writing, Listening 섹션이 예전 CBT 시절에 비해 분량이 길어진 데다가 Speaking 시험이 추가가 되어서 영어 능력이 아주 적나라하게 드러난다고 해도 과언이 아닐 정도로 변별력이 높아졌다. 따라서 GMAT가 독특한 패턴과 시험에 적응을 하면 몇 개월만에 승부를 걸 수 있는 반면, 자신의 영어 능력을 평가 받는 TOEFL의 경우, 단기간에 영어 능력을 향상시킬 수 없기 때문에 많은 지원자들이 어려움을 겪는 것 같다. 나도 Official Guide for TOEFL이란 책만 잠깐 훑어 보고 첫 IBT TOEFL을 보았는데, Speaking 시험이 너무나 당황스러웠던 것이 사실이다. 특히 시간이 몇십 초밖에 주어지지 않은 상황에서 특정 주제에 대해 말을 한다는 것은 한글로도 참 어려운데, 이를 재빨리 영어로 말한다는 것은 분명 쉽지 않은 일이다. 나의 1번 문제는 '어린 시절 좋아하던 놀이는 무엇인가?'였는데, 시험 방식에 숙달되지 않다 보니 잠깐 생각하는 사이에 beep가 나오고, 정리되지 않은 생각을 말하려니 더듬더듬 거리다 시간을 다 보내고 말았다. 그래도 나는 운 좋게 TOEFL을 첫 시험으로 끝낼 수 있어서, 그 다음주에 본 GMAT 점수로 가까스로 지원을 할 수 있었지만, TOEFL에서 문제가 생긴 많은 지원자들이 Speaking이 없는 PBT TOEFL을 보러 태국이나 캄보디아로 원정 가는 경우도 많다는 점을 염두에 두고, TOEFL을 GMAT보다 오히려 먼저 보길 권유하고 싶다.

그러면 TOEFL은 몇 점을 받아야 하는가? 사실 TOEFL 점수는 높으면 높을수록 좋겠지만, 몇몇 Top School에서는 minimum requirement를 109점~112점 사이로 정해 두고 있다. 즉, 각 섹션별로 25점 이상의 quality로 110점 이상을 받으면 무방하다고 판단된다. 그러나 minimum requirement를 넘지 않으면 다른 패키지 자체를 검토하지 않는다고 하니 주의하길 바란다. 그리고 첨언하자면, 이번에 같이 준비한 지원자 중에서 영어를 꽤 잘하는데도 불구하고 TOEFL이라는 시험에 적응하지 못하여 아무리 시험을 봐도 점수가 나오지 않은 분이 계셨는데, 이분의 경우 당당하게 additional essay에 '나의 영어 실력을 TOEFL 점수가 제대로 반영하지 않으니 인터뷰 때 나를 시험해 보라'라고 기재하고, 실제로 인터뷰 때 원래의 영어 실력을 한껏 발휘, Top School에 합격하신 분이 있으니 이런 사실도 참고하길 바란다.

2단계 – Essay, 추천서 준비하고 지원하기

GMAT와 TOEFL 점수가 나왔다면 이제부터는 본격적인 지원 과정에 들어갔다고 생각해도 된다. 대개의 MBA는 보통 세 Round에 걸쳐 학생을 선발한다. Round 1의 경우 대체로 10월 정도에 서류 마감을 하여 2월 정도에 합격자 발표가 나오고, Round 2의 경우 대체로 1월에 서류 마감을 하여 4월에 합격자 발표가 나온다. Round 3의 경우, Visa 문제 때문에 외국인은 선발하지 않는 경우가 많고 뽑는 인원도 극히 적기 때문에 지원하지 않는 편이 좋다. 이 외에도 Early Decision으로 미리 학생을 뽑는 학교도 있고, January Term에 입학하는 조건으로 지원을 받는 과정도 있다. 보통의 경우, Round 1보다 Round 2에서 더 많은 지원자들이 뽑히지만 또 사람들이 가장 많이 지원하는 때도 Round 2이기 때문에 경쟁률 면에서는 분명히 더 치열하다. 또 그나마도 학교가 들쑥날쑥 선발 인원을 바꾸곤 한다. 실례로 2009/2010 시즌에서 Wharton은 예년과 달리 Round 1에 한국인은 거의 뽑지 않다가 Round 2에 20명에 가까운 합격자를 선발해 버렸고, MIT는 역시 예년과 달리 Round 1에 대부분의 합격자를 뽑고 Round 2는 정말 선별적으로 합격자들을 뽑았다.

그렇기 때문에 언제 지원을 해야 하는지도 참 중요한 이슈인데, 학교에서 제시하는 정답은 '내가 모든 준비가 되었을 때' 지원하는 것이다. 나의 경우는 위에서도 언급했지만 점수가 10월이 되어서야 나왔기 때문에 물리적으로 Round 1에는 지원 자체를 할 수가 없었다. 하지만 분명한 것은 Round 1에 지원하는 것이 유리한 점도 많고, Round 2를 대비할 수 있는 측면도 충분하기 때문에, 준비만 된다면 안정적인 학교로 Round 1 지원을 해놓고, Round 2에 정말 가고 싶은 학교들을 지원하는 것이 도움이 될 것이라 생각한다.

이제는 지원 과정에서 개인적으로 가장 중요하다고 생각되는 '에세이'에 대해서 써 볼까 한다. 에세이는 학교별로 각기 다른 질문에 대해 짧게는 400 단어, 길게는 1000 단어 분량의 짧은 수필이라 생각하면 된다. 에세이에는 질문 별로 쓰는 내용이야 다르겠지만, 적절한 에피소드와 이를 통해 느낀 자신의 생각, 교훈, 인생관 같은 것이 잘 담겨 있어야 하며, 지원하는 학교에서 요구하는 인재상 – 예를 들어, 하버드는 리더십과 독특함 – 을 은연중에 드러낼 수 있는 글이면 금상첨화가 될 것이다.

보통 모든 학교에서 공통적으로 물어보는 에세이는 바로 Career Goal에 대한 에세이다. 한 마디로 얘기해서, "지금까지 나는 이렇게 살아왔고, 왜 MBA를 가려고 하며, MBA에서 무엇을 배워서 향후에 어떤 일을 해서 나의 궁극적 삶의 목표를 이룸과 동시에, 학교를 위해서 이렇게 기여하겠다"는 인생 전반에 대한 내용을 묻는 것이다. 이 에세이가 가장 중요한데, 이는 이 에세이를 통해 지원자가 MBA에 왜 가고 싶어하는지, 또 지원자가 career goal을 달성하기 위해서 MBA가 정말로 필요한 것인지, 지금까지 살아온 길이 career goal을 달성하기 위해서 적절했는지 등을 논리정연하게 써서 admission commission(입학 사정처, 이하 adcom)을 설득시켜야 하기 때문이다. 그리고 이 에세이를 제대로 설득력 있게 써야 나중에 인터뷰 때 인터뷰어를 설득시켜야 되는 부담도 줄어 든다.

이 에세이를 쓸 때는 우선 과거에 어떻게 살았는지를 한번 쭉 적어 보고, 지금 내가 왜 MBA를 가려 하는지, MBA가 나에게 무엇을 해 줄 수 있는지를 생각해 보자. 그리고 나서 이를 바탕으로 나의 career goal과 연결을 시켜보자. 만약 연결이 되지 않는다면, 내가 어떤 career goal을 가져야 내 과거가 연결이 될지 고민해 보자. 어차피 career goal이라는 것은 그때 그때 바뀌기 마련이고, 대부분의 MBAer들이 입학해서 MBA를 통해 얻게 되는 수많은 기회를 통해 career goal이 많이들 바뀌곤 한다. 또한 학교별로도 추구하는 인재상이 다르기 때문에 자신의 실제 career goal에 너무 집착하지 말고, 오히려 과거의 삶을 토대로 하여 설득력 있는 글을 쓰는 데 초점을 맞춘다면 더 쉽게 에세이를 쓸 수 있을 것이다.

다른 에세이들은 궁극적으로 리더십, 실수나 실패, 팀워크, 조직 혁신 등을 자신의 경험담을 통해 적는 문제들이다. 이러한 에세이들을 쓸 때는 꼭 이를 통해 얻은 교훈을 두괄식으로 문두에 정리하도록 한다. 아무래도 커리어골 에세이보다 중요한 에세이가 아니기 때문에 평가자가 읽기 편하게 쓰는 센스를 발휘하자. 사실 여기서부터는 눈에 띄는 에세이 소재를 찾는 것이 분명 도움이 된다. Adcom이 인터뷰 초대를 하기 전까지 소화해야 하는 에세이는 수천 개인데, 물리적으로 이를 꼼꼼하게 다 읽는다는 것은 불가능하다. 따라서 소재가 조금 독특하거나 눈에 띄게 되면 유리해질 수밖에 없는 것이 사실이다. 또 그 소재를 통해 향후 인터뷰에서도 자신 있게 이야기를 하며 평가자에게 깊은 인상을 남기면 분명 도움이 될 수밖에 없다. 나의 경우는 일단 비서실 근무를 통해 북한 방문이나, 평창 동계올림픽 유치 활동 등의 독특한 에피소드들이 많았는데, 평범한 학교생활이나 회사 생활을 했을 경우 에피소드를 찾는 데 고생을 많이 하게 된다. 그렇다고 해서 이 에피소드를 통해 얻은 교훈에 신경 쓰는 것을 간과해서는 안 된다. 또 그 교훈들이 학교의 어떠한 부분과 잘 맞기 때문에, 나는 그 학교에 잘 맞을 것이라는 'fit'도 잊지 말고 쓰도록 한다.

에세이를 쓸 때 정말 중요한 것은 내가 힘들게 쓴 에세이를 제3자에게, 특히 현재 MBA에 재학 중인 학생이 있다면 그들에게, 꼭 한번 감수를 받으라는 것이다. 에세이를 쓰다 보면 종종 말도 안되는 소재를 써놓고, 이것이 당연히 Adcom에서도 먹힐 것이라 생각하는 자가당착에 종종 빠지곤 한다. 특히 외국 경험이 부족한 경우, 내가 당연히 외국인도 공감할 것이라고 생각하는 에피소드들이 실제로 그들 입장에서는 별것도 아닌 데다가, 이해가 되지 않는 것들이 있기 마련이다. 이러한 오류를 범하지 않게 하기 위해서 분명 나를 옳은 track에서 이탈하지 않게끔 도와주는 사람이 있어야 한다고 생각한다. 나는 주변의 MBAer들을 통해서 많은 도움을 받았지만, 바쁜 학교생활을 하고 있는 그들에게 계속해서 의존하기 어렵다는 생각에 에세이 컨설팅 서비스를 받았다.

여기서 결국엔 에세이 컨설팅 서비스에 대한 얘기를 하지 않을 수 없는데, 일단 확실하게 짚고 넘어가고 싶은 것은 에세이 컨설팅이 합격으로 직결되지는 않는다는 것이다. 이번에 HBS에 같이 입학하는 한국인 동기들 중에서 에세이 컨설팅을 받은 사람은 나 혼자밖에 없고, 또 에세이 컨설팅을 받은 사람 중에서 모든 학교에서 ding letter를 받은 사람들도 생각보다 많다. 이러한 점을 생각하면 에세이 컨설팅을 통해 에세이의 질이 올라가는 것도 한계가 있다고 생각한다. 그러나 주변에 나에게 조언을 해 줄 사람이 부족하다면 결국엔 컨설팅에 의존할 수밖에 없는 것이 현실이기도 하다. 그런 면에서 에세이 컨설팅 서비스는 분명 가치가 있는 것이 분명하다. 하지만 문제는 높은 가격과 서비스이다. 우리 나라에 MBA컨설팅 시장이 크지 않다 보니, 형편없는 서비스를 제공하고 너무나 높은 가격을 요구하는 업체들이 판을 치고 있다. 개인적으로 계약을 하였던 업체도 나에게 분명 도움은 주었지만, 서비스에 비해 말도 안되게 높은 가격과 이해할 수 없는 대표의 태도 때문에 실망도 많이 하였기 때문에 다른 사람에게 추천하고 싶지는 않지만, 합격자들의 얘기를 들어 보면 이보다 더 높은 가격에 터무니 없는 서비스를(고압적인 태도 및 컨설팅 횟수 제한 등) 제공하는 업체도 이른바 메이저 업체라는 타이틀을 달고 영업을 하고 있으니 참고하길 바란다. 그리고 컨설팅을 받을 생각이 있다면, 미국업체를 이용한 사람들의 서비스에 대한 평가가 좋기 때문에, 굳이 한국의 말도 안되는 업체만 한정지어서 생각하지 않았으면 한다. 다시 정리하자면, 에세이 컨설팅은 합격에 필수적이지 않으며, 제공 받는 서비스 대비 가격 면에서 너무 비싸지만, 주변에 나의 에세이를 냉정하게 평가해 줄 사람이 없다면 서비스 받는 것을 고려하는 것이 좋다는 것이 나의 조언이다.

HBS 에세이에 대해 잠깐 얘기를 하자면, HBS는 우선 가장 쓰기 어려운 에세이로 악명 높은데, 이는 짧은 분량이 큰 이유다. 실례로 Wharton의 경우 커리어골 에세이에 1000단어를 할애할 수 있는 데 비해, HBS는 400단어 밖에 쓰지 못한다. 에세이를 쓰다 보면 나의 커리어 골을 1000단어로 함축하는 것도 어려운데, 이를 400단어로 줄이는 것은 정말 살인적인 작업이다. 게다가 에세이 주제도 리더십이나 사회 참여 등 다른 학교에서는 묻지 않는 것이 많아서 소재 자체를 생각하기도 어려웠다. 그래서 만약에 HBS를 목표로 삼고 있는 후배가 있다면 남들과 다른 약간 독특한 내 자신만의 소재를 위하여 다양한 사회활동에 참여도 하고 콤펙트한 글쓰기 연습을 할 것을 권유해 주고 싶다. 또한 HBS의 학생 신문인 Harbus에서 발간한 65 Successful Harvard Business School Application Essays는 HBS 에세이를 어떻게 써야 되는지 감을 잡을 수 있는 훌륭한 교본이기 때문에 꼭 구매하여 읽어 보길 바란다.

다음은 추천서에 대해 적도록 하겠다.

추천서는 제3자의 입장에서 지원자를 평가한다는 측면에서 가치가 있는 자료이며, 개인적인 느낌으로는 떨어질 학생을 붙여 줄 정도의 영향력을 발휘하지는 않는 것 같다. 하지만 평가가 나쁘다면 합격할 학생을 떨어지게 할 수도 있기 때문에 간과해서는 안될 자료이다. 학교에서는 흔히 직장 상사에게 추천서를 받을 것을 권유하고 있고, 몇몇 학교의 경우 동료 추천을 요구하기도 한다. MBA는 순수 학위가 아니기 때문에 대학교 교수님에게 추천서를 받는 것은 좋은 생각이 아니다.

많은 학교에서는 추천서에 담겨야 할 내용이 제한되어 있다. 지원자를 얼마나 알았는지, 지원자의 장단점은 무엇인지, 지원자의 조직에서의 역량, 리더십은 어떻게 되는지 등이 흔한 질문이기 때문에 추천인은 꼭 자신을 잘 아는 사람일 필요가 있다. 다시 말해, 조직에서 높은 위치의 상사에게 추천서를 받는 것도 좋지만, 나를 냉정하게 평가해 줄 수 있는 직속상사에게 추천서를 받는 것이 Adcom에게는 지원자를 더 잘 알 수 있게 해 주기 때문에 더 적절하다는 것이 내 개인적인 생각이다. 또 추천인이 학교의 영향력 있는 동문인 경우, 그 추천서를 더 신뢰하게 되는 경향이 있다고들 한다.

나는 비서실에서 근무하는 동안 나를 가장 많이 관찰한 비서실장님, 그리고 현재 근무하고 있는 SBS 미디어 홀딩스의 직속상관인 부장님에게 추천서를 받았으며, 추천서 3개를 요구하는 HBS의 경우 HBS 동문인 윤석민 부회장님의 추천서를 받아서 제출하였다. 다시 말해, 추천서에 있어서는 현재와 과거의 직속상관, 그리고 영향력 있는 동문의 추천서를 받았기 때문에, 그래도 추천서만큼은 다른 사람에 비해 밀리지 않게 준비하지 않았나 생각한다.

대략 이런 자료들이 준비가 되면, 학교별 지원 사이트를 통해 원서 작업을 시작하면 된다. 원서 작업도 꼼꼼하게 준비를 하다 보면 시간이 상당히 걸리는데다, 마감 직전이 되면 트래픽 폭주로 종종 웹사이트가 마비되는 경우도 있으니, 이를 꼭 유념하고, 최소한 마감일 이틀 전에는 대략적인 정보를 입력해 놓는 것이 좋을 것이다. 또 컨설팅 업체에서 배운 한 가지 팁을 주자면, 원서 최종 입력 후 원서를 프린트할 수 있는 옵션이 있는데, 이 옵션을 선택하면 원서의 모든 내용이 text화된다. 이를 Microsoft Word에 copy하여 paste하면 혹시 모를 spelling mistake를 확인할 수 있으니, 꼭 마지막에 이 작업을 잊지 말고 하도록 하자.

3단계 : 인터뷰 보기와 기다리기

원서를 접수하면 이제부터 정말 자신과의 싸움이 시작된다. Adcom에서는 원서 검토를 하고 이를 바탕으로 인터뷰 초청을 하게 되는데, HBS를 제외하고는 날짜가 정해져 있지 않고, 이른바 롤링 방식, 그러니까 대략적인 기간을 정해 놓고 그 기간 동안 서류가 검토되는 대로 인터뷰에 초대를 하기 때문에 무작정 이메일을 기다려야 하는 고난이 시작되기 때문이다. 사실 무언가 무작정 기다리는 것은 정말 힘들다. 하루에도 수십 번씩 이메일 확인을 하고, '어느 학교에서 한국인에게 벌써 몇 명 인터뷰를 주었다'라는 소문이 들리기라도 하면 가슴이 철렁 내려앉기도 한다. 온 정신이 그런 데만 쏠려 있으니, 회사에서도 일이 손에 잡히지 않고 Gmatclub과 Business Week, 그리고 각종 컨설팅 업체 게시판만 쳐다보느라 여념이 없다. 아마 모든 MBAer들에게 이 시기가 가장 어려운 시기가 아닌가 하는 생각이 든다.

조금 의외의 것이 있다면, 입학 과정에 있어서 나는 전세계 학생들과 경쟁한다기보다, 한국인들과 경쟁을 하게 된다. 이는 각 MBA 과정마다 암묵적인 국가별 quarter가 있기 때문이다. 이는 매년 일정한 수의 한국인들이 합격되는 것으로 증명이 된다. 아무래도 global network가 MBA의 목적 중 하나이기 때문에, 최대한 다양한 국가 출신의 학생을 뽑으려는 이유가 클 것이다. 이러한 이유 때문에 한정된 quarter 안에서 회사나 인더스트리의 diversity를 채워 나가야 하는 adcom의 입장에서는 같은 회사에서 여러 명 뽑는 것을 지양하게 되고, 이는 결국 내가 아무리 뛰어나더라도, 이미 1R에 비슷한 배경의 지원자가 합격을 했다면, 고려대상에서 제외되는 상황이 발생하게 되는 것이다. 이는 다시 말해서, 삼성전자나 컨설팅 회사처럼 MBA를 지원하는 직원이 많은 회사에 다니는 경우, 어느 정도의 uniqueness가 없다면 내부 경쟁에서 밀릴 수도 있다는 것을 뜻하고, 오히려 내 경우처럼 MBA를 많이 지원하지 않는 회사를 다니는 경우, 최소한 내부 경쟁을 하지 않아도 되기 때문에 유리한 측면이 있다는 것을 뜻한다.

나는 총 5개 학교에 지원을 하였는데, 총 3개의 학교에서 인터뷰 초청을 받았다. 물론 HBS에서 invitation 받았을 때가 가장 짜릿했다. HBS의 경우 발표일이 정해져 있었는데, 기대하지도 않았던 인터뷰 초대를 받고 나니 세상을 다 가진 기분이 들었다. 이는 다른 학교의 경우 대략 3~4배수를 면접하는 데 비해, HBS의 경우 1.5배수 정도만 인터뷰를 보기 때문에 인터뷰 초청을 받는다는 것 자체도 참으로 영광스러운 일이기 때문이다.

이제부터 인터뷰에 대해 얘기를 하려 한다.

솔직히 MBA 인터뷰만큼 쉬운 면접도 없는 것이, 전문적인 지식을 물어보는 것이 아니라, 결국 '나'에 대해 물어보는 면접이기 때문이다. 물론 영어로 이루어진다는 것이 어려울 수도 있으나, 내가 어떻게 살아 왔고, 왜 MBA를 가야 하고, 왜 이 학교를 가야 하는지에 대해서만 명료하게 이야기를 할 수 있으면 절반은 준비가 된 것이다.

인터뷰는 흔히 Adcom에서 보는 인터뷰와 동문들이 보는 Alumni 인터뷰가 있다. 한국 지원자들의 경우 대부분 Alumni 인터뷰를 보게 되지만, HBS, Wharton, MIT처럼 Adcom이 이른바 Hub City로 출장 오는 경우 Hub Interview를 볼 수도 있고, 또 몇몇은 학교에 대한 열정을 보여주기 위하여 직접 학교까지 가서 Adcom 인터뷰를 보는 경우도 있다. Alumni 인터뷰의 경우, 모든 원서를 보지 않고 resume만 보면서 면접을 보기 때문에 결국 물어보는 질문이 뻔해서 준비하기 수월하나, 평가자의 bias가 있기 마련이고, Adcom 인터뷰의 경우, 평가가 비교적 공평하게 이루어지지만, 지원자의 모든 정보를 다 알고 질문을 하기 때문에 에세이에서 설득력 있게 쓰지 못한 내용이 있다면 이에 대한 집요한 질문을 받을 수 있고, 또 영어에 대한 평가가 철저하게 이루어진다는 특징이 있다.

인터뷰 준비는 일단 예상 질문에 대한 스크립트를 작성하여 모의 인터뷰를 많이 해 보는 것이 가장 도움이 된다. 예상 질문은 현재 재학 중인 MBAer들에게 문의하여 인터뷰 경험에 대한 이야기를 듣거나, http://www.clearadmit.com/wiki/index.php에 나오는 경험담을 참고하면서 준비하면 된다. 특히 Why MBA나 Career Goal에 대한 질문은 꼭 받게 된다고 생각하면 되는데, 이는 내가 에세이에서 했던 내용들을 다시 한번 생각하면서 내가 쉽게 얘기할 수 있는 문장으로 풀어서 스크립트를 쓰고 이것을 여러 번 반복하며 읽어서 완벽하게 내 것으로 만드는 과정이 필요하다. 이 기본 질문들에 대한 답변은 최소한 자신 있고 완벽하게 할 수 있어야 좋은 평가를 받을 수 있기 때문이다..

이제 HBS 인터뷰에 대해 이야기를 해보겠다.

HBS는 100% Adcom 인터뷰로 학생을 선발하는데, 서울에는 면접관이 오지 않기 때문에 가까운 동경 또는 상해로 가서 면접을 보아야 한다. 여행 비용은 자기 부담이다. HBS 인터뷰는 정말 다른 학교와는 조금 다른 '독특한' 방식의 인터뷰다. Adcom 직원들 모두가 면접의 달인이라 그런 것인지, 정말 편한 분위기 속에서 일상적인 대화를 나누는 분위기 속에서 평가를 받게 된다. 인터뷰에 대해 여기저기 조사를 한 결과 대부분의 경우 에세이에 대한 질문을 많이 하고, 한 가지 주제에 대해 집요하게 파고 드는 경향이 있고, 또 다양한 주제를 번갈아가며 질문하여서 면접자를 당황스럽게 만들기도 한다고들 하였다.

나는 HBS Adcom의 Waitlist Manager로 유명한 Eileen Chang과 면접을 보았다. 시종일관 친절하게 나의 대답에 대한 response를 주며 편안한 분위기를 만들어주었으나, 종종 조금 황당한 질문으로 당혹스럽게 만들기도 하였다.

내가 실제로 인터뷰 때 받은 질문들을 소개하자면

- 김포-하네다 노선의 특징에 대해 설명해 보아라.
- 한국의 방송 인더스트리에 대해 얘기해 보아라.
- SBS는 어떻게 비지니스를 하느냐?
- 경쟁사와 SBS의 차이점은 무엇이냐
- 당신이 SBS에서 했던 일을 얘기해 보아라
- 너의 career vision은 무엇이냐
- 영어를 잘하는데 너의 international experience에 대해 얘기해 보아라
- 회장실에서 4년이나 일했는데, 너의 역할은 무엇이었고, 배운 것은 무엇인가?

- 회장님이 널 왜 비서로 뽑은 것 같냐?
- SBS가 계속 성장할 것으로 보느냐
- 지금 SBS미디어홀딩스에서의 역할은 무엇이냐
- 지금 SBS미디어홀딩스에서 하고 있는 일에서의 가장 큰 challenge는 무엇이냐
- 연세대학교를 나왔는데, 학교에서의 경험에 대해 얘기해 보아라
- Finance를 좋아하느냐
- 너의 경력으로 봤을 때 financial 분석력이 떨어지는 느낌인데, 어떻니?
- 너의 추천자들이 너에 대해서 뭐라고 했을 거 같은가?
- 와인 좋아한다고 적었는데, 좋아하는 와인에 대해 얘기 좀 해 보아라
- 지금 너희 인더스트리에서 가장 어려운 건 무엇이냐
- 너를 정말 잘 아는 사람들은 너에 대해 뭐라고 이야기를 할 것 같은가?
- 나에게 와인 하나를 추천해 보아라
- 면접 끝나고 오늘 오후엔 뭐 할 생각이니
- 너의 강점을 2가지만 얘기해 보아라
- 여행 다니는 거 좋아하냐?

- 내일 여행을 갈 수 있다면, 어딜 가고 싶냐
- 내가 알 만한 리더에 대해 얘기해 보아라
- 내가 묻지 않았는데 꼭 말하고 싶은 것이 있으면 얘기해 보아라 (연속 2번)
- 너를 2개 단어로 표현한다면 넌 어떤 단어를 고르겠는가
- 네가 보기엔 내가 오늘 인터뷰에서 너를 잘 분석한 것 같냐?
- 나파 밸리는 가 봤냐? 미국 와인의 특징에 대해 얘기해 보아라
- 플루트를 분다고 하는데, 왜 시작했냐
- 너네 회사의 핵심 역량은 무엇이냐

결국 내가 받은 질문들과 인터뷰 과정을 다시 생각해 보았을 때, 1시간 동안 다양한 주제를 주고, 그것에 대해 끊임 없이 이야기 하는 것을 들으면서 평가하는 것은 영어 실력과 어떤 질문을 받더라도 당황하지 않는 넉살이 아닐까 하는 생각이 든다. 케이스 위주의 수업이 이루어지는 HBS 수업의 특성 상, 영어 실력에 대한 평가는 필수적이라는 생각이고, 실제로 이번에 합격한 친구들을 만나봐도 영어만큼은 native 뒤지지 않게 잘한다는 느낌이었다.

이렇게 면접을 다 보고 나면, 이제 합격 발표만을 기다리면 된다. 두 번의 기다림 중 가장 어려운 기다림이 이 시기가 아닐까 한다. 다행히 HBS는 합격 날짜와 시간을 미리 공지해 주긴 하여 갑작스러운 ding letter에 대한 불안은 적지만, 그래도 어려운 것은 마찬가지이다. 워낙 평가 요소가 holistic하기 때문에 아무리 뛰어난 스펙을 가진 사람도 떨어질 수 있는 것이 MBA인지라, 설령 ding letter를 받았더라도, 그저 '이 학교는 나와 fit이 잘 맞지 않았나 보다' 하며 편안하게 생각하는 것이 정신 건강에 좋지 않은가 하는 생각이다.

: 합격 후 소고

한동안 합격이란 달콤한 꿈에 젖어 있다 현실로 되돌아 오니 걱정이 되는 것이 한두 가지가 아니다. 나름 안정적인 생활을 잠시 접어 두고 미국으로 홀로 가야 하는 것도 그렇고, 비록 학비는 스폰서 받았지만 남은 생활비는 어떻게 충당할지, 집은 어떻게 구해야 할지 등 생각해야 할 것도 많고, 또 마련해야 할 것도 많다. 그러나 아무래도 새로운 변화를 맞이한다는 것은 흥분되는 일인 것이 분명하다. 벌써부터 HBS에서의 2년이 내 인생을 어떻게 변화시킬지 궁금하기도 하고, 기대도 된다.

어렸을 때 나는 피아노를 몇 년 간 배웠다. 피아노 선생님은 나에게 정말 입에서 신물이 나올 만큼 하농을 연습시켰다. 그때는 하농이 너무나 싫어서 피아노를 그만두었으나, 지금 클래식 음악 애호가가 되고, 유명 피아니스트들의 연주를 듣다 보면, 하농이란 교본이 결국 손가락의 힘을 길러 주고, 손가락 하나하나의 힘을 배양시켜 주는 등 피아노 실력 향상에 얼마나 중요한 기반이 되는지 새삼 깨닫게 되었다. 그래서 이제 피아노를 다시 배우게 된다면 분명 하농을 군소리 없이 열심히 치게 될 것 같다.

내가 MBA를 선택한 것도, 인생의 2년을 투자하게 된 이유도 결국 요즘 하농을 통해 느끼는 것과 같다고나 할까? 졸업 직후의 ROI보다는, 향후 MBA가 장기적으로 내 인생에 줄 '변화', 그것 때문에 도전하는 것 아닐까?

김 영 한
MBA University of Minnesota,
Carlson School of Management,
Class of 2003

: Top school에 들어가기 위해서 직장 때려치우고 1년 더 GMAT시험 준비를 해야 할까?

내 생각과 경험으로는 아니라고 본다. 실제로 GMAT시험이라는 것이 상당히 속을 썩인다. 머리가 좋은 사람은 2~3개월만 공부해도 760을 받던데, 나의 IQ를 입증(?)하기 위해서라도 고득점은 해야겠고…. 학원들마다, 유학 준비생들마다 고득점 타령을 하고, 랭킹 타령을 하니 "그런 것 아닐까…" 하며 끌려가기 쉬운데…. 결론적으로 기회 비용이 너무 크다. 시간 아깝다. 그냥 유학 가든가, 몇 년 더 일만 하다가 나중에 다시 보든가. 어차피 어느 학교를 가도 자기가 하기 나름이다. 랭킹을 양보한다면 더 이를 갈고 악착같이 주어진 학교의 모든 것을 200% 활용하려고 들게 된다. 그리고 겸손함에서 나오는 인간적인 매력이 살아가는 데에 더 중요하다. 학원들은 돈벌이를 위해서 더욱더 랭킹을 강조하며 당신들이 학원에서 세월을 보내게 만들어야 할 인센티브밖에 없다. 유학 준비생들은 자기만 혼자하는게 아니라는 것을 확인하며 심리적으로 위로 받기 위해서 오랫동안 같이 공부하는 사람이 있기를 바란다. "너처럼 XX대학 나온 인재는 TOP 10 MBA를 가야 하는데…. 아깝다… 재수해서 TOP 10 MBA가지 그러니…" 주변에서는 듣기 좋으라고 해 주는 소리지만, 그 말을 믿으면 자기에게는 더없는 독이 될 수 있다. "TOP 10 MBA 안 나오면 이제는 일자리도 못 구한대…" 겁주는 소리는 학원 강사들을 통해서 재생산된다. HARVARD MBA를 나와도 실직하는 사람들은 있다. 조용히들 있어서 눈에 안 뜨일 뿐이다. NON-TOP10 MBA를 나와도 HEDGE FUND MANAGER하면서 억대 연봉으로 사는 사람들도 많다. 모두 자기 하기 나름이니까. "그 학교 정말 좋은 학교야 축하한다." TOP 10 MBA가 아닌 곳에 붙고 나서 들리는 이 칭찬을 액면 그대로 받아들여야 한다. 몸에 좋은 약은 입에 쓰다. 욕심 많은 사람이 머리가 굵어지고 생각이 복잡해지면 이런 칭찬도 구차한 위로로 들리기 쉽다. 그러나, 무엇이든 받아들이는 대로 소화되고, 현실화되는 것. 고시 낭인처럼 GMAT낭인 되기도 쉽다. 학부 3년차를 지나면서 4년차부터는 academic learning은 별로 없는 것이 사실이다. 이제부터는 자기가 원하는 dream position에 수렴하도록 매 시간 투자를 해야 한다. 아무리 MBA유학을 위해서라지만, 자기의 career를 단 하루라도 쉬는 것은 그만큼 손해다. 물론 빨리 돈 많이 버는 곳에 가서 일하는 것이 time value of money상 중요하긴 하지만, top school만이 뭐를 보장해 주는 것도 아니고, 결국 자기가 얼마나 똑똑하냐와, 얼마나 risk taking을 할 줄 아느냐와 job market의 randomness와 기도를 얼마나 열심히 하느냐에 달린 거니까.

: 미국서 MBA를 해야만 하는가? 영국이나 유럽이나 싱가폴이나 홍콩은 어떤가?

미국 혹은 싱가폴!

다시 말하지만, MBA는 그 학교를 알아주는 기업체들에 취직하기 위해서 가는 것이다. 졸업 후 해당 지역에서 일하고자 한다면 당연히 각 지역의 학교에 가는 것이 좋은 선택이다. 한 가지 미국MBA가 다른 곳보다 좋은 점이 있다면, 미국은 인종적인 다양성을 존중하는 것이 제도화되어 있고, 문화가 그렇게 박혀 있어서 아시아인으로서 미국에서 공부하고 취직하기가 상대적으로 수월하다는 점이다. 물론 미국에도 지역이나 사람에 따라서는 아시아계를 무시하거나 하는 경우들이 있을 수는 있다. 또한, 미국을 비판하는 영화에 의하면 인종 평등이 뭐 실질적으로는 한계가 있네 뭐네 얘기하지만, 적어도 인종차별 행위에 대해서 법적으로 혹은 공식적으로 문제를 제기할 수 있고, 모두가 그것을 해결하고자 하는 인식이 확실하게 되어 있다. 그 외의 다른 나라들은 그나마도 다원성 존중에 대한 인식조차 없고, 자기들이 하는 행동이 인종 차별에 해당하는지에 대한 개념 자체가 없다.

싱가폴은 다원성 존중 차원에서는 상당히 미국과 비슷하다. 특히 한류 덕분에 한국인에 대한 호감도가 부담스러울 정도로 좋다. [⋯사실, 나 그렇게 멋진 사람 아닌데⋯] 한류스타 화이팅! 홍콩도 좋은 곳이다. 다만 많이 중국화하고 있다는 점이 중국말 못하는 외국학생으로서 어떨지는 잘 모르겠다. 택시 기사들만 보면 홍콩은 광동말을 해야 알아듣는다. 하지만, 싱가폴은 운전기사 아저씨들도 다 영어를 한다. 북경어는 물론이고⋯ 영어만 하는 외국인으로서 살기에 참 편한 곳이다. 내가 있는 난양공대의 경우는 Financial Times에서 Global ranking으로 20등대 중반을 오르내리고 있다. 잘은 모르지만, 유럽과 interaction이 많은 곳이다. Cornell 대학과 호텔 경영과정이 joint로 되어 있는 것이 장점인 것 같다. 전통적으로 싱가폴에서 학부 최고의 커트라인을 자랑하는 회계학과가 있고, 재무관리도 엄청나게 리서치를 밀어붙이는 중이다. 아시아에서는 홍콩 과기대가 랭킹이 가장 높고, 그 다음은 난양공대를 치는 것이 현실이다. 적어도 내가 들은 바에 의하면 작년에 Deutschebank 싱가폴에서 학부생 인턴을 24명 뽑았는데, 그중 난양 출신이 10명이었다. 어차피 global investment bank에 뽑혀도 결국 아시아 desk에 가는 것이 태반인데, 아시아 중 가장 큰 곳은 홍콩, 싱가폴, 상하이다. 이 도시들에 있는 Asia HQ에 접근전을 한다는 점에서는 당연히 싱가폴이 매력이 있을 거다. 가족이 있는 분들이라면 자녀들에게 영어뿐 아니라 중국어(북경어)도 가르칠 수 있고. 깨끗하고. 안전하고. 물론 local school들은 너무 힘들고 적응하기 어렵지만, 사실 이곳으로 조기유학생들이 대단히 많이 온다.

장 대 련 교수

Columbia MBA, Class of 1981

: 추천서 받기 – 지도교수의 제언

MBA 지원 시 추천서는 어떻게?

MBA를 지원할 때 생각보다 상당한 비중을 차지하고 있는 것이 상사 또는 교수들의 추천서이다. 상사건 교수이건 간에 MBA 학교들이 추천서에서 증명하고자 하는 것은 결국 지원자의 장래 성장 potential이다. 때문에 추천서의 내용이 그 점을 잘 드러내야 한다. 외국의 top MBA Program들은 여러 나라에서 자기네 학교 출신이 top executive 자리에 올라설 것을 희망한다. 한마디로 학교의 명성을 다른 나라에서 떨칠 수 있는 future leader들을 발굴하려고 하는 것이다. 웬만한 학교 추천서 지침에 그러한 평가가 들어가 있는 이유도 바로 여기에 있다. 하지만 여기서 주의를 기울여야 하는 것은 지원자의 그러한 평가가 여러 근거로 잘 정립되어 있어야 한다는 점이다. 즉 어떤 지원자가 왜 향후 최고 경영자가 될 것이라고 전망되는지, 그 추천자가 어떠한 맥락과 사건을 통하여 그러한 결론을 내리게 됐는지 그 논리가 잘 전달될 필요가 있다.

나는 어떠한 상황, 어느 누구에 대해서도 추천서는 반드시 직접 쓴다. 내가 한국에서 처음 교편을 잡았을 때 MBA 지원자 본인이 쓴 추천서를 내게 가지고 와서 싸인만 해달라는 요청을 받고 상당한 충격을 받았다. 그러한 관행이 있는 줄 몰랐던 것인데 아마 지금도 그 관행은 없어지지 않았을 것이라고 짐작이 된다. 한편 특정 상사 또는 교수에 따라 영어로 추천서를 쓰는 것이 여의치 않을 수 있기 때문에 추천서 '대필'이 불가피할 수 있다. 하지만 이는 위에서 말한 학교 차원에서 추천서의 핵심 평가 사안인 future leader를 가늠하는 데에는 악영향을 미칠 수 있다. 본인이 자신에 대해서 쓰는 추천서는 어딘가 그 티가 나게 되어 있다. 나도 추천서를 많이 쓰고 또는 우리 MBA에 지원한 사람들의 추천서를 많이 읽지만 추천서 '대필'은 쉽게 알아낼 수 있다. 실제 필자가 누구인지 드러내는 가장 큰 차이는 사람을 평가하는 안목과 이에 사용되는 단어들이 결국 다르다는 것인데 이는 젊은 사람과 직장 또는 학교생활을 오래한 사람의 연륜차이에서 비롯된 것이다. 때문에 내가 꼭 권하고 싶은 것은 추천서를 받을 때 절대로 당사자가 쓰지 말라는 것이다. 만약 상사 또는 교수가 시간이 없어서 또는 지원자를 잘 몰라서 직접 써 오라고 한다면 그는 당사자에 대해서 그만큼 관심이 없었던 것이고 이 문제에 대해서 성의가 없다는 뜻으로 풀이될 수 있다. 따라서 어차피 그러한 추천서는 학교 심사에서 크게 입학의 결정요인이 되지 않을 것이다.

한국에서는 자신과 전혀 연고는 없지만 유명한 상사 또는 교수에게 추천서를 부탁하는 경우가 많다. 그 상사 밑에서 일한 것도 아니고 그 교수 밑에서 수업을 듣지도 못했지만 추천서를 받으면 막연히 도움이 될 수 있다고 생각할 수 있다. 하지만 이 '전략'도 역시 지원자의 역량 또는 잠재성을 평가하려는 학교 입장에서는 큰 도움이 되지 않는다. 이 보다 상사 또는 교수가 유명하지 않아도 그 지원자의 기록에서 '보이지 않는 요인', 즉 그 지원자의 성적이나 경력에서 나타나지 않았으나 상사 또는 교수가 경험적으로 직접 확인한 그의 특출한 자질을 아주 솔직하게 전달하면 그 효과는 매우 클 수 있다. 그러한 나의 숨은 재주를 본 상사 또는 교수가 과연 누구인지 MBA 지원자들은 그 선택을 잘할 필요가 있다.

결론적으로 추천서 또는 자기 소개서의 취지와 효과적인 구현 방법을 정리하면 다음과 같다. 이 두 가지는 보완적인 자료로 사용된다는 것을 잊어서는 안 된다. 즉 지원자의 성적이나 경력이 크게 부족할 때에는 추천서와 자기 소개서(statement of purpose)가 절대로 그 부족함을 만회시킬 수 없다. 하지만 워낙 좋은 'spec'들이 지원하는 경우가 많기 때문에 그러한 고급 pool 안에서 우열을 가리기 위하여 사용되는 것이 추천서와 자기 소개서다. 이 때문에 무엇보다 중요한 것은 차별성이다. 최근 미국에서 말하는 'difference maker'가 되어야 한다는 뜻이다. 그 difference making의 신빙성은 시대마다 다르고 또한 그 사람의 살아 온 내용에 근거하여 주장되어야 하기 때문에 남들이 즐겨 사용하는 차별성을 모방하면 안 되고, 자신에 대한 관심을 끌고 평가를 높여주는 fresh한 관전 포인트를 잘 찾아내야 한다.

MBA 통과하기

김 현 정

Kellogg School of Management,
Class of 2003

: MBA 통과하기

켈로그의 가장 큰 특징은 팀 프로젝트 위주의 수업이다. 거의 모든 과목의 과제를 팀으로 제출해야 하고 팀별 발표를 통해 과제에 대한 점수가 주어지기 때문에 학기 초마다 각 과목별로 팀을 짜느라 분주하고 학기 내내 새벽시간까지 기숙사 1층 미팅룸에서 팀별로 모여 과제를 논의하는 모습을 흔하게 볼 수 있다. 팀 주도의 학습 분위기는 non-native 유학생들이 처음 적응하기가 쉽지 않은 환경이지만 일단 이렇게 한 학기를 보내고 나면 나도 모르게 각국에서 모인 친구들과 친분이 쌓이고 함께 일하는 것이 훨씬 자연스러워진 내 자신을 발견할 수 있다.

팀 위주의 분위기에서 자신이 원하는 팀을 짜고 팀 안에서 인정받기 위해서는 무엇보다도 성실한 자세가 가장 중요하다. 다들 강의 따라가랴 인터뷰 준비하랴 바쁘기 때문에 약속 시간을 지키지 않거나 자신에게 할당된 부분을 제시간에 준비해 오지 않으면 동료들에게 큰 피해를 주게 되고 이러한 레퓨테이션이 한 번 퍼지게 되면 다음 학기 각 강의 시간에 날 원하는 팀을 찾기가 어려워진다. 특히 영어로 의사 소통이 불편한 사람일수록 더욱 본인의 다른 장점을 발굴해 다른 팀원들에게 기여할 방법을 찾아야 하는데, 영어가 능숙하지 않더라도 성실하고 유쾌한 사람은 전세계 어디에서나 대부분 환영 받으니 크게 걱정하지는 않아도 된다.

간혹 인터뷰 준비와 회사 설명회 참석, 네트워킹에 집중하느라 강의와 과제에 소홀한 경우가 있는데 특히 탑 스쿨에서 MBA를 하시는 분들은 세계 최고 수준의 강의를 들으며 자신을 발전시킬 수 있는 한 번뿐인 기회를 절대 놓치지 않으시길 바란다. MBA 교수님들은 기본 자질도 매우 훌륭하지만 강의 준비 또한 매우 철저하기 때문에 수업 시간에 배우는 내용들이 실제 경력에 큰 도움이 된다. 수업에 충실하고 본인에게 필요한 과목들을 잘 선택하면 그 몇 배의 시간 동안 일하며 스스로 배우는 것보다 훨씬 많은 내용들을 짧은 시간 안에 배울 수 있다. 나 역시 학부에서 경영학을 전공하고 4년 넘게 인수 합병 업무를 하며 재무 관련해서 많은 것들을 배웠다고 자부했지만 MBA 재무 수업은 학부나 현장에서 경험하지 못했던 깊이 있는 분석과 통찰력을 키울 수 있는 훌륭한 수업이었다. 특히 일하면서 궁금했던 많은 문제들을 교수님께 질문하고 고민할 수 있어서 무엇보다도 많은 도움이 되었다.

MBA 스쿨들은 각 학교가 자랑하는 대표적인 커리큘럼들이 있다. 간혹 주위에서 본인이 다니는 학교의 대표적인 과정들을 듣지 못하고 졸업하는 분들을 종종 보게 되는데 무척 안타깝게 느껴 왔다. 본인이 관심 있는 분야가 아니더라도 대표적인 강의들은 꼭 참석하도록 노력하는 것이 MBA 생활을 보람 있게 보낼 수 있는 방법 중 하나이다. 나의 경우에도 MBA 강의 중에 가장 나에게 도움이 되고 감동적이었던 강의들이 의외로 나의 관심 분야와는 다른 강의들이었다. 켈로그 스쿨이 자랑하는 전략, 마케팅, 협상 관련 수업들은 단지 졸업 후 직장 생활을 하는 데 도움이 되는 내용들만을 알려준 게 아니라 내가 내 주변의 여러 상황들을 바라보고 이해하고 헤쳐 나가는 데 필요한 통찰력과 지혜를 제공해 주었다. 무엇보다도 새로운 시각과 이해를 보여준 매 수업 시간 자체가 무척 즐겁고 행복한 경험이었다.

김 용 아

HBS Class of 2001

먼저 내가 졸업한 HBS의 특징에 대해 소개를 하고 MBA에서 빼놓을 수 없는 Summer Intern에 대한 이야기 그리고 MBA 생활에 대한 몇 가지 Tip을 소개하고자 한다.

: HBS 특징

지나치게 경쟁적이다?

HBS라고 하면 경쟁이 매우 심하고 학생들이 다소 경쟁적이고 인간적이지 못하다는 선입견이 있는 것 같다. 나도 MBA 준비를 할 때 이런 이야기를 듣곤 했다. 그러나 겪어 보니 실제로 참 좋은 학생들이 많고 밖에서 보는 것 같이 과도한 경쟁이 있는 것은 아니었다. 다만 공부를 열심히 하고 성실한 학교생활을 하는 것을 중요시한다는 생각은 들었다. 인상에 남는 것 중 하나는 입학 첫날 Orientation에서 들은 "HBS에 입학하게 된 여러분은 인재 중에 인재이며 이에 대해 자랑스러워할 만하다. 그러나 HBS에 입학하였다고 모두 졸업하는 것이 아니고 정말 졸업하는 날 진정 HBS인으로 자랑스러워할 수 있다. 그러니 즐기되 열심히 MBA 생활에 임하라"는 말이다. 선뜻 들으면 공부를 무지 시키고 거만하게 들릴 수는 있지만 이는 HBS 졸업생으로서의 자부심을 심어주고 자칫하면 MBA를 얻는 것 없이 2년 간의 방학처럼 보내지 않도록 하기 위한 이야기였다는 생각이 든다. MBA를 통하여 많은 경험을 하고 많은 것을 얻고 싶다면 HBS가 이런 면에서 좋다고 생각한다. 성적을 1, 2, 3으로 나누어 3을 받게 되면 그 과목을 fail하게 되는 것이고 3이 일정 수가 넘으면 졸업이 불가능하다. 1학년 1학기 초반에는 모두 다 졸업이 쉽지 않다고 하고 얼마나 해야 1이나 2를 받을 수 있는지 감이 없기 때문에 다소 스트레스를 받거나 수업 시간에 발표(class participation)가 성적의 중요한 부분을 차지하기 때문에 발표를 서로 하기 위해 경쟁을 좀 하기도 한다. 그러나 1학기가 지나고 나면 적어도 2를 받는 것이 그리 어렵지 않다는 것을 (실제로 학생 대부분은 2를 받는다) 알게 되고 또 친구들과 친해지면서 편안한 마음으로 학교생활을 즐기게 된다. 1학년 1학기는 학교생활에 적응하고 또 summer intern 원서도 준비해야 하기 때문에 많이 바쁘고 좀 힘들 수 있지만 이 때가 지나가면 그리 어렵지 않게 여러 가지 생활들을 즐기면서 학교생활을 할 수 있다.

Case 수업 방식, 진정 배움이 있는가?

HBS 하면 또 특징적인 것이 Case 중심의 수업 방식과 수업 시간 참여를 중요시한다는 것이다. Case를 통해서 정말 배움이 있는 것인가, 말만 잘하면 되느냐 등 의구심을 가질 수 있을 것이다. 나도 case 중심의 수업이 과연 효과가 있을 것인가에 대한 의문이 지원 시 있었던 것도 사실이다. 그러나 지원하기 전에 사전 방문을 하였을 때 case 중심으로 수업을 하면서 학생들이 서로의 의견을 개진하는 다이내믹한 수업 방식에 매료되었다. 그리고 또 실제로 겪어 보니 처음의 생각과는 달리 case 방식이 상당히 많은 도움이 된다는 것을 느끼게 되었다. 물론 졸업생으로서 HBS의 좋은 점을 주로 보게 되는 것도 사실이겠지만 case 방식이 나에게는 정말 많은 도움이 되었다. MBA가 학문을 연구하는 것이라기보다는 실제 Business에 필요로 하는 역량을 키운다는 점에서 여러 가지 실제 case를 공부하면서 여기에서 도출할 수 있는 실질적인 레슨을 얻게 해 준다. 점점 경험이 쌓이고 많은 실전과 사례를 보면서 패턴을 인식하는 것이 Insight가 된다. 여러 가지 사례를 보면서 이를 관통하는 그 산업의 법칙, 성공 요인이나 조직, 마케팅 등 특정 function의 중요한 요소와 이를 현실에 어떻게 활용할 수 있는지를 깨우치게 된다는 것이다. 어떠한 이론을 배우고 이를 실제에 접목한다기보다는 여러 사례를 보면서 얻을 수 있는 배움을 교수가 이끌어 내고 친구들과 토의를 하면서 더욱 심화시켜 자신의 지식으로 깨우치고 승화하는 것이 case 방식이라고 생각한다. 예를 들어 전략 과목에서 여러 Case를 보면서 사례의 성공 요인과 실패 요인을 파악하며 그 공통의 패턴을 볼 수 있게 하여 여러 산업을 관통하는 전략의 중요한 요소들은 이런 것이 있구나, 그리고 특정 산업마다 이런 특이점이 있구나를 터득할 수 있었고 이는 실제 상황이기 때문에 더욱 현실감 있게 다가왔다. 또한 Case들을 공부하면서 MBA를 가기 전에 McKinsey에서 수행했던 여러 프로젝트를 돌이켜 보면서 '아하, 이런 경영의 원칙이 있었구나'라는 것을 생각해 보는 재미가 있었다. 교수님들이 그 내용을 꼭꼭 짚어 가르치는 방식이 아니기 때문에 case를 통해 스스로의 배움을 이끌어 내는 부분이 많고 교수님들이 이를 얼마나 효과적으로 이끌어 낼 수 있는 능력이 있는지, 또 같이 하는 Class의 학생들이 얼마나 좋은 comment를 하느냐에 따라 배움의 정도의 차이가 많이 날 수 있다는 점은 있다. 그러나 잘 활용할 수만 있다면 case 방식은 참 좋은 방식이라는 생각이 들고 서로 발표와 의견 개진, 토론을 통해 활발하게 수업을 진행하는 것이 재미있는 요소라고 느꼈다.

전공이 없다?

HBS의 특징 중 또 하나는 특정한 세부 전공이 없다는 것이다. 특정 전공 혹은 Track이 있는 다른 학교와 달리 HBS는 따로 전공이 없다. 이는 general manager를 키운다는 생각과 결국 최고 의사 결정자는 다양한 부분을 아우를 수 있어야 하고 총체적인 견해(integrated perspective)를 가져야 한다는 철학에서 비롯된 것으로 알고 있다. 물론 자신이 좀 더 중점을 두고 싶은 과목들이 있다면 그 위주로 2학년 때 신청해서 들으면 된다.

: 유명 인사로부터 강의를 듣다

HBS를 다니면서 정말 좋았던 것은 Michael Porter와 같이 책에서만 보던 저명한 교수님들로부터 강의를 들을 수 있다는 것과 주기적으로 있는 외부 강연 혹은 세미나를 통해 유명한 경영자들로부터 강의를 들을 수 있다는 것이다. 2000년 초에 Warren Buffett가 학교에 방문하여 강의를 한 적이 있었는데 그 때 한참 Internet 관련 산업이 성행을 하고 있었고 학생들 중 많은 사람들이 internet 관련 인턴을 하거나 학교를 그만두고 Internet

관련 창업을 할까 고민을 할 때였다. 그런데 Warrantt Buffet이 Internet bubble이고 이는 곧 터지게 된다고 예측을 했고 이런 발언은 많은 학생들에게 빗발치는 질문 공세를 불러왔던 기억이 난다. 역시 세계적인 투자가인 Warren Buffett은 다르기는 다르구나 하는 것을 느끼게 되었다. 또 하나 기억에 남는 외부 강연은 E-bay의 전 최고경영자인 Meg Whitmen의 강의였다. 이를 통해 여성 리더로서의 경험담과 철학을 들을 기회가 있었고 이 또한 나에게 많은 도움이 되었다. HBS만큼 이런 좋은 기회를 제공하는 MBA 프로그램은 참으로 드물다는 생각이 들었고 이런 기회를 가질 수 있는 것이 참 행운이라는 생각이 들었다.

Summer internship

MBA의 꽃 중의 하나가 summer intern이라는 생각이 든다. 졸업 후 진로를 결정하기 앞서 경험을 통해 **특정 직업이 나에게 맞는가를 실험해 볼 수 있는 좋은 기회**이며 새로운 경험을 할 수 있는 좋은 기회이기도 하다. 그런 의미에서 개인적으로는 이미 오랜 직장 생활을 한 것이 아니라면 1년 코스보다는 2년 코스가 좋다는 생각이 든다. 나의 경우에는 나의 적성 상 창업이나 대기업보다는 Professional한 직종이 맞는다고 생각하였고 컨설팅은 경험하였기에 Investment banking을 한 번 경험해 보고 졸업 후 진로를 선택하는 것이 좋겠다는 생각을 하였다. MBA 전에

McKinsey를 다녔고 return offer를 받은 상태였지만 Investment banking이 어떠한지 실제로 경험을 해 보아야만 설사 McKinsey를 다시 가더라도 미련이 없을 것이라고 생각했고 Morgan Stanley Hong Kong에서 인턴을 하게 되었다. Morgan Stanley와 Goldman에서 offer를 받고 Morgan Stanley를 택한 것은 Morgan의 경우 홍콩과 뉴욕 중 인턴을 해 보고 실제로 취업을 할 때 고를 수 있었고 Goldman의 경우는 인턴을 할 때부터 어느 사무소를 할지 결정하도록 했기 때문에 보다 더 많은 옵션을 갖기 위해서였다. 이렇듯 summer internship은 진로 결정에 옵션을 만드는 좋은 기회라고 생각한다. 짧은 기간이지만 실제로 다른 경험을 하면서 나의 적성에 맞는가를 실험해 볼 수 있는 좋은 기회인 것이다. 이런 의미에서 summer intern은 참으로 의미가 있고 원하는 곳에서 경험을 할 수 있도록 준비를 잘 할 필요가 있다. 사전에 MBA class에 있는 친구들로부터 경험담을 가능한 많이 들어 어느 곳에 지원을 할 지를 선택할 필요가 있다. 1학년 1학기 마치면서까지는 원서를 내야 하기 때문에 빨리 준비를 해야 한다. 이력서는 중요 포인트 위주로 간결하게 Impact위주로 정리하고 1학년 1학기를 마친 후 방학 동안에는 인터뷰 준비를 잘 하는 것이 중요하다. 인터뷰 준비에 있어서는 지원하는 회사 출신의 친구 혹은 선배들과 모의 인터뷰(mock interview)를 해 보고 의견을 받는 것이 많은 도움이 된다.

다음은 MBA 생활에 있어 2가지 tip을 공유하고자 한다.

≫ 스터디 그룹은 가능한 다양한 국적과 다양한 산업에서 온 사람들과 하기

특히 1학년 때는 4~5명으로 구성되는 스터디 그룹(Study group)을 형성하는 것이 좋다. 특히 발표가 중요한 HBS에서는 미리 의견을 나누고 토론을 하는 것이 수업 준비에 도움이 된다. 여러 가지 case가 나오고 MBA하기 전에 경험이 다르면 잘 하는 부분도 다르기 때문에 다양한 경험을 가진 사람들과 그룹을 짜는 것이 도움이 된다. 흔히들 case를 분석하여 논리를 정리하는데 비교적 능숙한 컨설팅 출신과 Finance에 능통한 investment bank 출신 1명씩은 스터디 그룹에 넣는 것이 좋다고 한다. 물론 기업이나 벤처 등에 있었던 사람들 또한 그들만의 경험을 공유할 수 있기에 좋다. 그리고 또 하나는 이왕 외국에 MBA를 하러 갔으면 외국인들과 스터디 그룹을 구성할 것을 충고하고 싶다. 물론 졸업 후 그리고 장기적으로 한국으로 돌아오고 싶은 사람들이라면 한국인들과 친밀하게 지내고 인맥을 형성하는 것은 매우 중요하다. 그러나 한국인들끼리는 자연히 어울리게 되므로 스터디 그룹을 짤 때는 좀 불편하더라도 외국인들과 한다면 수업 준비에도 도움이 되고 외국인 친구들을 사귈 수 있는 좋은 기회가 된다. 나의 경우 4명의 외국인들과 스터디 그룹을 구성하였는데 나중에는 정말 좋은 친구가 되었고 2년 내내 가족끼리도 브런치를 하는 등 인간적으로 친하게 지낼 수 있는 좋은 계기가 되었다.

≫ MBA 생활 100배 즐기기

"돌이켜 보니 MBA 때가 인생의 황금기였다. 그때 참 좋았고 그때로 또 돌아가면 얼마나 좋을까 하는 생각이 가끔 든다" 라고 직장 선배가 언젠가 말씀하셨던 기억이 난다. 그 때는 완전히 이해하지 못했지만 지나고 나니 MBA 때가 정말 좋았다는 생각이 든다. 그래서 MBA를 시작하는 분들께는 마음껏 즐기고 만끽하라는 말을 해 주고 싶다. Class에서 가끔씩 미리 주제를 정하고 그 주제에 맞추어 옷을 입거나 물건을 가지고 오는 날이 있다. 예를 들어 Home appliance day는 가전 제품을 하나씩 가져오기도 하고 Pajama day에는 잠옷을 입고 오기도 하고 summer holiday 날에는 밝은 하와이안 셔츠에 선글라스 등 휴가 차림으로 수업에 가기도 한다. 좀 유치한 감이 없잖아 있지만 나이가 들어서도 고등학교 혹은 대학교 때로 돌아가 '공식적인' 이유로 다시 학생처럼 장난을 칠 수 있는 기회이기도 하여 재미있었다. HBS 경우에는 정말 좋은 Gym이 있어 직장 생활할 때 게을리 했던 운동을 실컷 할 수 있었고 이렇게 체력을 보강해 두는 것도 좋다는 생각이 든다. 또한 MBA 때 골프를 배워 두고 스코어 걱정 않고 field에 나가 많이 연습하고 마음껏 즐기는 것도 꼭 추천하고 싶은 일이다.

가능한 한 친구들을 많이 사귀는 것도 중요하고 MBA 때 여행을 하는 것도 좋은 투자라고 생각한다. 긴 휴일이나 방학을 잘 활용하면 좋은 여행을 많이 할 수 있다. 나의 경우 결혼하고 바로 신랑과 같이 MBA를 갔기 때문에 소꿉장난하듯 생활하고 같이 여러 군데 여행을 한 것이 참 좋은 기억으로 남는다. 여행 중에서도 평소에 가기 어려운 나라에서 온 친구들이 주관하여 자기 나라 관광 프로그램을 짜서 가는 여행이 있는데 이는 참 좋은 기회가 된다. 늘 터키에 가 보고 싶었는데 마침 나와 같은 Section에(HBS는 여러 개 Section, 즉 반으로 나누어진다.) 터키에서 온 친구가 있었는데 그 친구가 터키의 주요한 명소를 골라 여행 프로그램을 구성하여 친구들에게 같이 갈 사람들을 모집하였고 이 기회에 나는 신랑과 그리고 나의 Section의 몇몇 친구들과 즐거운 터키 여행을 유익하고 알차게 할 수 있었고 친구 사이도 돈독하게 할 수 있었다. 이런 기회가 있다면 십분 활용하기를 추천한다.

배 병 찬

Haas School of Business,
UC Berkeley, Class of 2010

: MBA 학생으로 살아남기

흔히들 MBA 어드미션을 받고 최고의 시기는 입학하기 직전이라고들 한다. 여기저기 들려오는 축하에 한껏 들뜨게 되고 함께 공부할 새로운 친구들과 만나게 되며 다시 시작할 낭만적인 캠퍼스 생활에 대해 가슴 설레어 하기 때문이다. 이러한 부푼 마음도 잠시, 학기 시작 1주일 전이 되면 교수님들로부터 메일이 날아 온다. "나는 너희를 가르칠 누구누구인데, 만나서 반가워. 첫 수업 있는 거 알지? 수업 때까지 케이스랑 관련 아티클이랑 전부 읽고 준비해 와."

MBA의 대부분 교과 과정은 케이스를 중심으로 진행된다. 특정 회사나 개인이 처한 상황을 제시하고 이에 대한 해법을 고민해 보고 함께 토론하는 것이다. 해당 문제를 해결하기 위한 솔루션이나 경영 이론들은 대부분 케이스와 별도의 리딩 아티클로 제공된다. 문제는 미국의 수업 방식은 한국과 반대로 철저히 예습 중심이라는 것이다. 다시 말해 한 시간의 수업을 위해 최소 케이스 하나, 관련 리딩 아티클 두세 개를 수업 전에 미리 숙지해야 하며, 리딩 어사인먼트와 별도로 수업별로 페이퍼나 프로블럼셋(Problem Set) 등 과제가 주어진다. 배우지도 않은 과목을 혼자 공부해서 발표하고 문제를 풀어 내야 한다. 이러다 보니 예습을 하지 않으면 영영 따라잡을 기회가 없어진다.

이런 식으로 보통 하루에 2과목 내지 3과목을 듣게 되는데 이러다 보면 내일까지 읽어야 하는 페이퍼가 웬만한 소설책 한 권의 양에 육박하는 경우도 비일비재하다. 영어를 모국어로 사용하지 않는 인터내셔널 학생의 경우 영미권 학생에 비해 자료를 읽고 이해하는 데 시간이 더 걸리다 보니 매일매일 새벽까지 책상에서 씨름을 해야 한다. 버클리 MBA의 기혼자 아파트 단지인 UC Village 옆으로 미국 열차인 Amtrak 철로가 지나가는데 매일 새벽 3시, 5시 쯤 화물열차가 기적을 울리며 지나간다. 첫 학기는 거의 매일 이 먼 기적 소리를 책상에서 맞이했던 것 같다.

졸린 눈 비비며 수업에 가면 또 다른 전투가 시작된다. 발표를 하지 않으면 성적을 받을 수 없는 평가방식이다 보니 하나라도 더 발표를 하기 위해 노력해야 하며, 다른 친구들의 발표 내용에 대한 피드백을 묻는 경우가 있기 때문에 친구들이 무슨 이야기를 하는지도 귀기울여야 한다. 교수가 무작위로 학생을 지명하여 발표를 시키는 소위 '콜드콜'은 MBA 학생들이 호환 마마보다 무서워하는 공포의 대상이다. 발표를 많이 하지 않을 경우 교수가 메일을 보내는 경우도 있다. "너 요즘 발표가 뜸하더라? 그럼 안돼~"

Red Bulls라는 미국의 에너지 드링크가 있다. 한국의 박카스를 대여섯 배 농축해 놓은 듯한 음료수인데 한 캔 들이키고 나면 심박동이 올라가면서 대여섯 시간 동안은 잠을 자고 싶어도 잘 수가 없는 상태가 된다. 호주에서 온 한 클래스메이트 녀석이 농담처럼 말한다. "This company should sponsor the school" 그랬다. 우리는 어느새 이 회사의 주요 고객이 되어 있었다.

물론 이런 생활이 2년 내내 지속되지는 않는다. 시간이 지날수록 어느 정도 본인의 일정을 통제해가며 살아갈 여유가 생기게 된다. 영어로 된 자료를 보는 시간도 빨라지고 실제로 제출해야 하는 숙제의 양도 일주일에 하나 정도로 줄어드는 경우도 있다. 최소한 오늘 숙제를 내일로 미루고 뭔가 다른 걸 할 정도의 여유는 생기게 되는 것이다.

: MBA에서 배우는 것

고되고 힘든 과정이긴 하지만 수업은 나름 상당히 흥미롭다. 학부에서 경영학을 전공한 관계로 대부분 이미 배웠던 과목이긴 한데 접근 방법이나 수업의 목적 자체가 판이하게 달라 새로운 과목을 듣는 느낌을 준다. 예를 들어 경제학의 경우 한국에서는 경제학 이론을 수리적으로 증명하는 데 초점을 맞추었다면, MBA에서 배우는 경제학은 실제 경영에 어떻게 적용되어야 하는가에 초점이 맞추어져 있다. 물론 수리적으로 어떻게 증명이 되는지에 대한 공부는 미리 읽어 가야 하는 예습의 영역에 포함되어 있고 실제 수업은 현실 적용을 중심으로 이루어지는 형식이다. 어떻게 하면 최대한 고객의 주머니에서 돈을 꺼내올 수 있는가? 이렇게 하려면 가격은 어떻게 책정해야 하는가가 수업에서 주로 다루게 되는 내용이다.

특히 개인적으로 흥미로운 것은 흔히 OB라 불리우는 조직행동론 계열의 과목들이다. 학부시절 가장 싫어하던 과목이었음에도 불구하고 MBA에서 가장 흥미로웠던 영역 중 하나였다. 매 수업마다 케이스를 통해 어떻게 조직 내에서 사람들을 다루어야 하는가에 대해 공부를 한다. 어느 회사에나 있을 법한 악명 높은 워크홀릭 상사는 과연 회사에 이익이 되는 존재일까? 보스를 구워 삶는 것은 정말 지탄 받을 행동인가? 등등 직장 생활을 통해 누구나 한번쯤 경험했을 법한 다양한 유형의 인간 관계에 대해 체계적으로 접근해 보는 기회를 제공해 준다. MBA에서는 졸업생이 초청 강사로 강의를 제공하는 경우가 많은데 한 동문 선배가 이렇게 말했던 것이 기억난다. "취업 관문을 뚫는 데 OB가 직접적인 도움이 되지는 않는다. 그러나 막상 회사에 들어와 일을 해 보니 MBA에서 배운 것 중 OB가 가장 중요하다는 걸 알게 되었다. 어차피 리더가 된다는 것은 사람들과의 관계에서 나오는 것이다."

정규 수업 이외에도 다양한 형태로 배움의 기회가 이루어진다. 미국을 포함한 세계 경제위기가 닥쳐왔을 때는 학교 로비에서 각 영역의 교수님들이 세계 경제가 지금의 위기를 어떻게 이해하고 극복해야 하는지에 대해 공개적인 토론을 하기도 했다. 또 끊임없이 이어지는 유명인사의 Speaker series도 MBA 커리큘럼의 인상적인 부분이다. GE의 제프 이멜트나 MS의 빌 게이츠 등 유명 회사의 CEO가 직접 오는 경우도 있고 달라이 라마 등 종교, 정치 지도자가 오는 경우도 있다. 문화 때문인지 아니면 그런 역량을 개발하는지는 모르겠지만 미국의 CEO나 경영진들은 정말 연설을 잘 한다는 느낌을 받는다. 연설을 맡은 대부분의 연사들이 정말 열정적이고 인상적인 연설을 제공한다.

: MBA에서 진짜 배우는 것

MBA를 마치고 난 뒤 드는 생각은 비즈니스 스쿨이란 학문 자체보다는 생활 방식을 배우는 곳이라는 것이다. 수업을 통해, 또는 수업 이외의 활동 등을 통해 교과서에 나와 있지 않은 수많은 자질들을 배우게 된다. 외국 사람들은 어떻게 커뮤니케이션 하는지, 사물을 바라보는 시각이 어떻게 다른지, 다른 가치관이 기업의 발전 방향에 어떤 영향을 미치는지 많은 생각을 하는 기회를 가질 수 있다.

개인적인 생각으로는 비즈니스 스쿨이 가르치는 가장 중요한 덕목 중 하나는 '균형'이 아닐까 한다. 공부만 열심히 하는 것은 이곳의 최고 덕목이 아니다. MBA 생활을 하다 보면 끊임없이 상반되는 두 가치 사이에 선택을 해야 하는 시기가 온다. 공부와 놀기, 학교생활과 가정 생활, 외국인 친구와 한국인 친구, 개인적 이기심과 사회적 공익 등등. 수많은 가치들 사이에서 절묘한 줄

타기를 요구하는 곳이 비즈니스 스쿨이다. 정말 쉴 사이 없이 정신없는 일정들이 돌아간다. 하루에도 수십 통에서 100통 가까운 메일들이 내일까지 해야 하는 숙제며, 어디선가 벌어질 파티며, 주말에 있을 자원봉사활동 등 다양한 Event에 대한 정보를 전달한다. 현실적으로 이 모든 것에 참가하기란 불가능하다. 그 중에서 본인이 정한 우선 순위에 따라 선택과 집중을 하지 않으면 여기저기 좇아다니다 아무것도 이루는 것 없이 2년을 보내게 된다. 그런 의미에서 MBA는 단순한 학교 이상의 의미 있는 교육 프로그램이라는 생각이 든다.

: Haas School of Business, UC Berkeley

Berkeley Haas의 정식 명칭은 Walter A. Haas School of Business, University of California이며 한국 등 아시아권에서는 주로 Berkeley MBA라는 명칭으로 더 많이 불리기도 한다. 샌프란시스코에서 20분 거리에 있는 버클리에 위치한 미국 최고의 공립학교 University of California의 Business School이다. Haas School은 스탠포드 GSB와 함께 서부를 대표하는 비즈니스 스쿨이며 실제 두 학교 간의 정기적인 교류도 빈번히 이루어진다.

미국에서 주로 '캘(Cal)'이라는 애칭으로 불리는 UC Berkeleys는 21명의 노벨상 수상자를 배출하였으며 이 중 Haas Business School은 2명의 노벨상 수상자를 배출했다. 특히 내가 재학 중이던 2009년에는 Haas School의 Oliver Williamson이 노벨 경제학상을 수상하여서 Berkeley Haas의 모든 구성원이 다같이 모여 축하해 주는 경사를 맞이하기도 했다.

타 학교와 달리 세부 전공이 없는 General Management에 초점이 맞추어져 있기는 하지만 실리콘 밸리와 인접한 특성으로 인해 Technology Management와 Entrepreneurship 등에 강점을 갖고 있다는 평가를 받는다. 미국 내 유수의 하이테크 기업과 수많은 교류가 이루어지며, 많은 학생들이 재학 중 창업을 하여 본인의 회사를 경영하기도 한다. 실리콘 밸리의 기업 이노베이션을 다루는 어떤 과목은 모든 케이스에 등장하는 실제 인물을 실제 수업에 초청하는 경우도 있다. 월요일에 케이스 관련 수업을 하고 나면 수요일에 실제 주인공이 수업에 와 관련 내용에 대해 학생들과 함께 이야기하는 식이다. 지리적 이점 이외에도 미국 내 최고 수준으로 평가받는 UC Berkeley의 뛰어난 공과대학도 위 영역에서의 뛰어난 역량의 배경이 되고 있다. 실제로 공대생과 함께 수업을 듣고 프로젝트를 진행하는 Management of Technology 프로그램은 버클리 MBA가 자랑하는 커리큘럼 중

하나이다.

또한 Non-profit 영역에 대한 관심이 높은 것도 빼놓을 수 없는 특징이다. 매해 상당히 높은 비율의 학생들이 환경, 교육 등 소셜 섹터 영역에서 활동하기 위해 Berkeley Haas를 선택한다. 다른 기업체에 비해 돈을 많이 받지도 못하는 소셜 섹터 지원 친구들을 위해 학생들이 기꺼이 모금을 해 생활비를 지원하기도 한다. 이 친구들의 경우 입학 전보다 MBA 졸업 후 연봉이 낮아지는 웃지 못할 사태도 벌어지며 이로 인해 졸업 후 연봉 등을 고려하는 학교의 랭킹에 부정적인 영향을 주는 것도 사실이다. 솔직히 처음에는 인베스트먼트 뱅크 등에서 수억대의 연봉을 자랑하던 친구들이 돈도 잘 못버는 사회봉사활동을 위해 커리어 체인지를 한다고 수십만 불의 자기 돈을 써서 MBA를 하고 있다고 할 때 정말 이해하기 힘들었던 것이 사실이다. 하지만 점차 그들의 순수한 마음 및 열정을 이해하게 되었다. 이런 것이 바로 Berkeley이기 때문이다.

전통적으로 UC Berkeley는 미국에서 가장 진보적인 학풍을 갖고 있는 것으로 유명하다. 히피 문화의 본산지이기도 하며 베트남전 당시 반전 활동을 불러일으킨 프리 스피치(Free Speech) 운동의 본산지이기도 하다. 미국 내 어떤 지역보다 환경 및 사회

문제에 대해 관심이 많은 지역이며 나무 한 그루 못 자르게 하기 위해 몇 년씩 나무 위에 기거하며 시위를 벌이기도 한다. 다양성에 대해 매우 개방적인 자세를 갖고 있으며 이로 인해 소수민족, 심지어는 동성애자 학생들에게까지도 매우 우호적인 문화를 갖고 있다. 이러한 학풍 때문인지 버클리 MBA 또한 매우 자유분방한 컬처를 갖고 있다. 격식에 얽매이지 않고 사회에 관심이 많으며 항상 기존의 방식에 의문을 품는다. 오죽하면 미국 내에서 Berkeley Haas 졸업생들을 표현하는 유명한 표현이 '버릇없이 자신만만한(Confidence without attitude)' 일까. 이러한 자유분방함이 Berkeley Haas 출신들로 하여금 각자의 영역에서 이노베이션을 이끄는 원천이 된다고 믿고 있다.

Berkeley Haas는 매 학년 240명의 새로운 학생을 선발하는데 이는 미국 내 탑 스쿨 중 가장 작은 규모이다. 클래스의 규모가 작다 보니 학생들 간의 친밀도가 매우 높으며 졸업할 무렵이 되면 대부분의 동기들과 알고 지낼 수 있는 등의 장점이 있다. 이러한 끈끈한 관계를 중시하다 보니 대부분의 학교생활은 팀을 중심으로 돌아간다. 수리적인 계산이 요구되는 경제학이나 통계학조차도 팀 단위의 과제 활동이 요구된다.

교수, 교직원 등 Faculty들과의 관계도 서로 이름을 다 알고 있을 정도로 매우 친밀한 편이고 학생들뿐만 아니라 가족들도 모두 커뮤니티의 일원으로 받아들여지며 모든 학교 행사에 가족이 참여할 수 있다. 이러다 보니 한 달에 한 번 학교 앞뜰에서 벌어지는 공식적인 행사인 컨섬펀 펑션(일종의 작은 파티)에 가게 되면 학생, 교수, 교직원뿐만 아니라 아이들 및 가족들, 심지어 강아지까지 한데 섞여 노는 재미있는 광경을 볼 수 있다.

결혼을 한 기혼자 가족들은 대부분 University Village라는 기혼자 아파트 단지에 모여 살게 되는데 이 또한 잊을 수 없는 추억을 선사한다. 늦은 새벽 공부하다 불현듯 날린 이메일 한 통에 맥주 한두 병씩을 들고 나타난 외국인 친구들과 밤새 술을 마시며 고단한 학업의 시름을 잊기도 하고, 매주 어느 집에서인가는 가족을 초대하여 식사를 하며 정을 나누기도 한다. 누군가가 우리는 마치 2년간의 MT를 온 것 같다는 말로 그간의 즐거움을 표현하기도 했다.

또한 버클리에서의 MBA를 이야기하면서 캘리포니아의 아름다운 환경을 빼놓을 수 없을 것이다. UC Berkeley는 누구나 부러워할 만한 천혜의 환경 속에 놓여 있다. 캘리포니아의 따사로운 햇살과 함께하는 연중 온화한 기후는 대부분 혹독한(!) 기후 환경에 위치한 타 명문 MBA들의 부러움의 대상이 되곤 한다. 20분 거리에 아름다운 대도시 샌프란시스코가 있다는 면도 무시할 수 없는 장점이 된다. 실제로 미국의 탑 스쿨의 중 대도시의 장점을 누릴 수 있는 곳은 그리 많지 않은 게 사실이다. 또한 1시간 거리의 나파밸리는 향기로운 와인을 즐기기에 더할 나위 없이 좋은 인프라를 제공하기도 한다.

: 마무리하며

졸업을 1주 앞둔 어느 날 Dean이 주최한 송별 점심식사가 있었다. 이 날 우리 학장께서 마지막으로 우리에게 해 준 말씀이다.

> 어느 엄마가 자기 아이가 제2외국어로 프랑스어를 배워야 하는 것에 대해 학교에 불평을 했다. 이 아이는 할 것이 많은데 왜 남의 말을 배워야 하냐고. 이 이야기를 들은 프랑스어 선생님이 다음과 같이 말을 했다고 한다. '새로운 언어를 배우는 것은 두 개의 심장을 갖게 해 준다. 새로운 심장으로 다른 사람들이 어떻게 말하는지, 어떻게 생각하는지, 그리고 어떻게 행동하는지 이해하며 살아갈 수 있다.' 나는 여러분이 여러 개의 심장을 갖고 다른 사람들의 삶을 이해하며 살아가길 기원한다.

버클리에서의 2년을 통해 여러 개의 심장을 갖게 되었다고 생각한다. 이곳에서 배우게 된 많은 지식과 지혜가 다른 사람을 이해하며 올바른 방향으로 이끌어 갈 수 있는 훌륭한 리더가 될 수 있는 든든한 자산이 될 것이라 확신한다.

정 지 현

Kellogg School of Management(JD-MBA),
Class of 2012

JD-MBA 통과하기

JD-MBA 커리큘럼과 특징

Northwestern의 JD-MBA는 먼저 로스쿨에서 공부를 시작한다. 첫 1년은 로스쿨의 JD 1학년 학생들과 모든 과정을 함께 한다. 한마디로 흔히 One L이라고 불리우는 JD 1학년과 똑같다. JD 1학년은 경쟁이 치열하고 공부량이 많기로 유명하고, 그래서 로스쿨에 큰 관심이 없었는데 막연하게 2개 학위를 취득하려고 오는 경우 학교생활을 상당히 견디기 어려워하는 경우들도 있다.

나의 경우 오기 전부터 로스쿨과 미국법에 대한 관심이 있었고, 새로운 것을 배우는 것이 즐거워 로스쿨에서 공부하는 1년이 참 즐거웠다. 법에 대해서 공부할수록 사물과 사건을 바라보는 새로운 시야가 생기는 듯 했고, 그것이 너무나 재미있었다. 그러나 재미있었고 공부를 즐겼다는 것이 내가 공부를 아주 잘했다는 의미는 아니다.

1학기는 로스쿨 첫 학기인데다가 수업 방식에 익숙하지 않아 공부하는 것은 재미있어도 하루하루 따라가기가 벅차 내가 배우는 내용들을 통해 내 사고가 전환되고 시야가 넓어지는 것은 느끼지도 못했다. 로스쿨에 오기 전서부터 주변에서 한국에서 공부한 사람이 로스쿨 가면 정말 공부하기 힘들다더라, 성적 받기 정말 어렵다고 하더라 이런 이야기는 여러 번 들었고 방학 중에 만난 선배들에게도 들었지만 그때는 구체적으로 와 닿지 않아서 그저 가서 열심히만 하면 되는 건 줄 알았다. 막상 닥치니 수업 방식도 너무나 생소했고, 또 미국에서 학부를 졸업하지 않은 사람은 학교에 손에 꼽을 정도로 적었다. 게다가 학교를 졸업한 지 5년이 넘은 시점에서 매일 수업 준비를 하고 수업 중 노트 필기를 하는 것이 참 어려웠다. 수업 준비는 각 해당 과목의 casebook으로 하는데 casebook은 textbook과는 달리 각 주제별 내용이 설명되어 있는 것이 아니라 해당 주제에 대한 판례들로 구성되어 있다. 수업 준비를 위한 판례들을 읽을 때는 법원의 생소한 용어와 일반적인 교과서와는 다른 casebook의 성소함 때문에 읽어

강의실에서.

도 내용 파악이 잘 안 되는 경우들도 많았다. 로스쿨의 경우 수업이 교수가 강의하는 lecture 방식이 아닌 Socratic Method로 주로 이루어지는데 주로 교수가 그날 수업에 해당하는 판례와 법의 원칙에 대해 수업 시간 동안 계속 질문을 하는 방식이다. 이 방식에 적응을 하기 전까지는 수업 시간에 어떤 내용에 대해 필기를 해야 할지 몰라서 1학기 때는 필기하는 데 어려움을 겪었다. 특히 형법 교수님은 수업 시간 내내 거의 질문만 하셨는데 이 수업이 필기하기가 가장 어려웠고, 내용에 대해서도 헷갈리기 일쑤였다. 수업 내용이 매우 재미있음에도 불구하고 수업 시간에는 오늘 내가 질문의 타겟이 될까 봐 항상 긴장되는 수업이었다. 당시에는 잘 이해하지 못했지만 지금 생각해 보면 이 교수님은 법에 대한 다양한 해석이 존재함을 학생들에게 일깨워 주고 현재의 법이 반드시 정답은 아니며 그에 대한 반대 이론 또한 존재함을 가르쳐 주기 위해 그랬던 것 같다.

그렇게 하루하루가 숨가쁘게 지나가면서 기말고사를 치르고, 2주가 조금 넘는 기간의 방학 이후 다시 2학기가 시작되었다. 1학기 때는 모든 과목이 필수 과목으로 이루어져 있어, 원하는 수업을 선택할 수 없는데 2학기의 경우는 2개의 선택 과목을 들을 수 있다. 나는 선택 과목으로 Business Associations라는 회사법 과목과 Basic Federal Income Tax라는 세법 과곡을 선택하였다. 이 두 가지 과목은 JD-MBA들이 1학년 선택과목으로 가장 많이 선택하는 과목들이기도 하다. 경영학과인데다가 회사를 다니다 와서 그런지 회사법 시간은 정말 너무나 흥미로웠다. 경영자의 의무와 법률적 책임, 경영 판단의 원칙, 증권거래법 등에 대해 우리 나라에서도 업무를 하면서 배웠지만 왜 법원에서 그런 결정이 나왔는지에 대해 판례를 통해 알아가는 것은 너무나 흥미로웠다. 게다가 2학기 때는 학교 수업에도 어느 정도 적응을 한 터라 수업 준비나 필기 또한 1학기에 비해서는 수월했기에 수업을 더 많이 즐길 수 있었다. 하지만 2학기 중반이 지나고 나서야 로스쿨에서 공부하는 방법에 대해서 나에게 맞는 방법이 정리가 된 것 같다.

수업 준비와 시험 준비를 하는 데 있어서 사람마다 맞는 방법이 다른 것 같은데, 여러 가지를 시도하면서 자신에게 맞는 방법을 찾는 것을 권한다. 나의 경우는 1학기 때는 직접 내가 아웃라인(로스쿨에서 학생들이 시험 준비를 위해 각 과목별로 만드는 1학기 수업 내용을 정리한 자료)을 만들기에는 시간도 부족하고 노트 필기도 부실해서 선배들과 스터디 그룹을 통해 구한 아웃라인으로 시험 준비를 하였다. 이 방법의 장점은 상대적으로 빠르고 효율적으로 공부할 수 있다는 점이다. 아웃라인을 만드는 데는 정말로 많은 시간이 소요되는데, 그때그때 수업 내용을 열심히 정리해 놓지 않았다면 특히 그렇다. 학기 중에는 수업 준비 외에도 Communication and Legal Reasoning이라 불리는 Legal writing 과목 때문에 수업 내용을 밀리지 않고 정리해 놓는 것이 매우 어렵다. 그래서 시간이 부족한 경우 선배들의 아웃라인을 많이 사용하거나, 선배의 아웃라인에 자신이 정리한 내용을 추가하는 식의 아웃라인을 만들기도 한다.

2학기 때는 1학기에 비해 수업 내용 정리 등을 밀리지 않고 한 데다가 수업 시간에 필기하는 요령도 늘어서, 내가 직접 아웃라인을 만들기가 한결 수월했다. 이 방법은 이미 만들어진 아웃라인을 가지고 공부를 하는 것보다는 시간이 많이 소요 되지만 모든 내용을 자신이 직접 작성하는 것인만큼 아는 내용과 모르는 내용에 대한 구분이 확실히 간다. 단 여기서 유의해야 할 점은 자신이 만든 아웃라인에 빠진 내용이나 잘못된 내용은 없는지 다른 학생의 아웃라인과 비교를 하거나 선배의 아웃라인과 비교를 하는 것이 필요하다. 그렇지 않을 경우, 자신도 모르는 사이에 놓치는 내용들이 생길 수 있다.

성적이 차지하는 비중

만약 로스쿨에서 리크루팅을 하고 로펌에서 일을 하고자 할 경우, 성적이 차지하는 비중은 절대적이라고 할 수 있다. Career center에서 로펌별 합격자 GPA의 중간값을 참고 자료로 나누어 줄 정도이니, 로펌 리크루팅에서 GPA는 매우 중요하다. 그런데 경력이 좋을 경우 GPA가 조금 낮은 것을 만회할 수 있는 기회가 되기도 하므로, 경력이 상대적으로 짧은 일반 JD 학생들보다는 JD-MBA들이 경력 측면에서 유리할 수 있다.

JD-MBA 프로그램의 아쉬운 점

우리 학교의 경우 Kellogg school은 본교와 함께 시카고 근교 에반스톤에 위치하고 있는데, 로스쿨의 경우 시카고 시내에 캠퍼스가 따로 떨어져 있다. 두 캠퍼스 간 셔틀버스가 있는데, 셔틀버스를 타면 시카고에서 에반스톤까지 약 40분 이상이 소요된다. 사실 한국의 출퇴근 시간을 생각하면 40분이면 그리 오래 걸리는 것 같지도 않은데, MBA 학생이든 로스쿨 학생이든 대부분이 학교 근처에 살기 때문에 40분은 굉장히 멀게 느껴진다. 또 1학년 때는 로스쿨에서 매우 바쁘기 때문에 에반스톤 캠퍼스에 여러 번 가기는 사실 어렵다. 그래서 1학년 기간에는 켈로그의 클럽이나 다른 모임에 참석하기가 현실적으로 매우 어렵다. 이것이 우리 학교 JD-MBA의 한 가지 아쉬운 점인데 1학년 때는 MBA 캠퍼스와 멀리 떨어져 있는 관계로 오로지 로스쿨 학생으로서만 생활하게 된다. 학교에서도 JD-MBA 학생에 대해서는 1학년이 끝나고 2학년 올라가는 시점의 여름학기부터 켈로그 학생으로서 인정을 해 준다. 그래서 JD-MBA 학생은 1학년 때는 Kellogg의 career center도 이용할 수 없다. 이런 점에 대해서는 막상 합격을 해서 학교를 다니기 전까지는 알기가 어려운데 우리 JD-MBA 동기 중에서도 비즈니스 관련 리크루팅을 일찍 시작하고 싶은 경우 이런 점을 프로그램의 아쉬움으로 꼽는다. 나의 경우도 프로그램 입학 전에는 1학년을 마치고 여름 학기 시작 전 있는 6주간의 여름 방학 동안 비즈니스 관련 분야로 인턴십을 하고 싶다고 생각했는데, 이럴 경우 커리어 센터는 전혀 활용할 수 없으므로 오로지 혼자서 정보 등을 다 찾아야 하는데 숨가쁘게 흐르는 1학년 기간 동안 비즈니스 리크루팅을 하기는 매우 어렵다.

또 하나의 아쉬운 점은 3년 기간 동안 2개의 캠퍼스에서 2개 학위를 취득하는 것이기 때문에, 와 보니 3년이라는 시간이 양쪽 학교와 관심 분야를 모두 경험하기에는 짧은 시간이라고 느껴져서 4년 과정으로 JD/MBA를 하는 경우들이 이해가 되었다. 하지만 기회 비용을 생각했을 때 3년 과정이 4년 과정에 비해 장점이 많고 1개 학위보다는 flexibility와 option이 많기 때문에, 가장 좋은 선택을 했다는 마음에는 변함이 없고 감사한 마음으로 1년간 지낸 것에는 변함이 없다.

정 민 영
Columbia Business school Class of 2010

MBA는 정말 쉽지 않았다. 학교를 입학하면 학교가 시작되기 전 1주일간 오리엔테이션을 한다. 일주일 동안 아침부터 저녁까지 학교에서 자기소개, 게임, 강의 등을 하면서 학생들이 서로 친해질 수 있도록 하고, 밤에는 각종 이벤트, 파티 등을 하면서 일주일이 정신없이 지나간다.

그리고 학기가 시작된다.

MBA는 1학년 1학기, 2학기, 인턴을 하는 여름방학, 2학년 1학기, 2학년 2학기로 구성되는데, 시간순으로 MBA 생활을 얘기해 보겠다.

MBA에서 중요한 것을 크게 세 가지로 분류하는데, 첫 번째는 career, 두 번째는 학교 수업, 세 번째는 소셜이다. 제한된 시간 동안 이 세 가지를 다 잘하려고 하면 정말 바쁘다. 특히 1학년 1학기는 숙제와 팀 미팅이 많은 Core 수업들과 썸머 인턴쉽 찾기, 처음 만난 학생들끼리 친해지기 위한 여러 가지 소셜 이벤트들이 쏟아지면서 정말 바쁘고 험난한 시간이다. 1학년 1학기 동안은 주말 주중을 가리지 않고, 2~3시 이전에 잠을 잔 적이 별로 없다.

앞서 말한 세 가지 중 가장 힘들고 스트레스를 많이 받고, 시간이 가장 많이 드는 것은 아무래도 졸업 후 내가 갈 직장을 선택하는 일이다. 학교는 9월에 시작하는데, 9월 둘째 주 정도 되면, 아직 학교에 적응도 다 하지 못하고, 어떻게 돌아가는지에 대해 감도 잡기 전에 썸머 인턴을 채용하기 위해 회사에서 리쿠르팅 이벤트를 오기 시작한다. 컬럼비아는 파이낸스가 강한 학교란 걸 알고 입학했지만, 학교에 입학해 보면 정말 얼마나 파이낸스에 포커스되어 있는 학교인지를 다시 한번 깨닫게 된다. 수업, 클럽 활동, 학생들 관심 진로분야 모두 파이낸스가 주류를 이룬다. 그리고 그 무엇보다 리쿠르팅을 오는 회사들을 보면 거의 대부분이 금융인더스트리인 것을 알 수 있다. 그래서 9월부터 인베스트먼트 뱅크들을 위주로 매일 수업이 끝난 8~9시에 회사 이벤트를 하게 된다. 이벤트는 대부분 30분 정도, 회사에서 온 executive 레벨과 우리 학교를 졸업한 얼럼들이 간단하게 회사 소개 등의 간단한 스피치 등을 하고, 그 뒤는 간단한 핑거푸드와 맥주나 와인 등을 마시면서, 자유롭게 학생들이 회사에서 나온 사람들과 삼삼오오로 얘기를 나누는 방식으로 진행된다. 인베스트먼트 뱅킹은 특히 이 회사 이벤트에서 네트워킹을 하는 것도 채용 프로세스에 포함이 되기 때문에, 얘기를 나누는 회사 직원에게 스마트한 질문을 하고, 좋은 인상을 남기는 것이 굉장히 중요하다. 캐주얼하게 5~6명씩 원을 만들어서 얘기하는데, 자연스럽게 원에 들어가고 나가고, 적당한 질문을 하고, 내가 왜 회사에 관심이 있는지, 내가 얼마나 회사에 대해 알고 있는지를 자연스럽게 대화 중에 노출시키는 것이 필요하다. 그리고 얘기를 나눈 직원에게 네임카드를 받아서, 이벤트가 끝나고. 1~2일 후에 Thank you letter를 보내야 한다. 네이티브가 아닌 인터내셔널 학생들에게는 정말 힘든 프로세스가 아닐 수 없다. 미국 학생들도 굉장히 어색해 하고, 스트레스 받는 프로세스다. 학생들은 이벤트에 가기 전 회사에 대한 리서치(최근 딜이나 뉴스, 회사 구조, 강점…)를 하고, 괜찮은 질문들을 여러 개 준비한다. 이런 IB 이벤트는 3~4주 정도 매일 진행이 된다. 그리고 그 다음 프로세스는 회사로 학생들을 부른다. 사인업을 하면 주말이나 저녁시간에 회사 오피스에서 비슷한 형식으로 다시 회사 이벤트들이 진행된다. 이제 점점 학생들끼리도 누가 IB에 지원하는지 알게 되고, 회사쪽 사람들도 눈에 익는 사람들이 생기게 된다. 이렇게 또 2~3주 동안 회사 오피스에서 하는 이벤트들이 끝나고 나면 회사에서는 closed list를 만든다. 이제부터는 회사에서 선택한 학생들에게만 이벤트에 참석할 수 있는 기회가 주어지는 것이다.

학교 공부는 한 한기에 5과목씩을 듣게 된다. 학교에서는 다양한 학생들끼리 서로 알아가도록 하기 위해 5명씩 learning team을 짜 준다. 이 팀으로 5개 과목의 팀프로젝트를 같이 하게 된다. 일주일에 팀 미팅을 몇 번이나 하면서 이 친구들과는 정말 많은 시간을 함께 보내게 된다.

똑똑한 친구들이 많고, 매 시간 제출해야 하는 팀프로젝트 산출물은 수업 시간에 배워서 할 수 있는 문제라기보다는 그 분야에서 일해 본 친구들이 있어야 해결할 수 있는 문제들이 많다. 대학교에서 경영학을 공부해서 중복되는 부분도 많이 있었지만, 쉽지만은 않았다. 과제를 제출하는 데까지 팀원들에게 자기 몫을 한다는 것을 보여줘야 하기 때문에 내가 할 수 있는 부분은 내가 하겠다고 먼저 선수를 쳐야 했다. 다들 리쿠르팅과 동시에 진행하기 때문에 숙제에 100% 전념할 수 없고, 스케줄도 컨플릭이 있는 경우가 많아서 팀 미팅은 서로 눈치싸움이고, 작고 큰 갈등들이 생길 수 밖에 없다. 우리 러니팀은 다행히 큰 갈등은 없었고, 한 명이 회계 숙제를 못하게 되면 재무 숙제를 많이 하는 식으로 서로 유연하게 조정을 해 나가는 편이였다.

마지막으로 소셜 이벤트가 있다. 학교에서 러닝팀을 정해주는 것과 마찬가지로 60명씩 cluster를 만들어 준다. 이 클러스터는 인종, 출신 국가, 성별, 학교 오기 전 경력까지 고려해서 다양한 구성이 될 수 있도록 학교에서 만든다. 그래서 이 클러스터를 중심으로 대부분의 소셜 이벤트들이 진행이 된다. 미국 친구들은 한국 학생들과 달리 중고등학교 때부터 공부만 하는게 아니고, 다양한 활동들을 병행하는 것에 훈련이 되어서 그런지 공부, 리쿠르팅, 소셜 이벤트 모든 걸 다 빠지지 않고 열심히 참여한다. MBA 학생들이 전반적으로 활발하고 사교적이어서, 매일매일 끊임없이 이벤트를 공지하는 메일이 날아온다. 하루에 100여 통이 넘는 메일들이 매일 와서 이를 확인하는 것도 큰일이었다. 클러스터에서 하는 저녁식사, 볼링, 술, 파티, 스포츠 클럽에서 하는 소셜 이벤트, 스터디 이벤트, 게스트 렉쳐, 소그룹에서 자발적으로 하는 작은 파티들까지 하면 아침부터 저녁까지 이벤트들이 수없이 많고, 파티도 마음만 먹으면 매일 갈 수 있었다. 처음에는 친하지 않은 애들과 영어로 노는 것 자체도 은근히 스트레스다. 하지만 숙제나 리쿠르팅 때문에 바쁘다고 다 빠지다 보면, 서로 다 친해지는데 나만 뒤처지게 되어 학교에서 하는 소셜 이벤트들도 열심히 참석하려고 했다.

첫 학기는 회사에서 하는 이벤트들을 열심히 따라다니면서, 정신없이 준비하면서 지나갔다.

3주 정도의 짧은 겨울방학이 지나고 나면, 본격적으로 썸머 인턴쉽 지원이 시작된다. 첫 학기 동안 레주메 준비도 하고, 인터뷰 준비도 하고, 관심 있는 회사 사람들과 네트워킹했던 시간과 노력이 결실을 보는 시기다. 1월에는 먼저 IB 인터뷰가 시작된다, 그 다음에는 컨설팅, 그 다음에는 인더스트리로 큰 순서는 진행된다고 보면 된다. 우리가 입학한 2008년에는 미국 금융위기가 닥쳤다. 그래서 1월에 우리가 지원할 때는 포스팅이 되었던 잡 포지션이 취소되고, 유명한 여러 금융기관들이 아예 채용을 하지 않는 등 상황이 굉장히 좋지 않았다. 성공적으로 썸머 인턴쉽을 구하기 위해서는 집중적으로 자기가 원하는 분야를 준비해야 한다는게 정설이었지만, 우리 클래스는 그 말이 맞지 않는 상황이었다. 대부분의 학생들이 IB, 컨설팅, 인더스트리 등을 다 같이 지원했다. 2학기가 시작되자마자, 학교에는 인터뷰를 하기 위해 회사들이 오고, 인터뷰를 하기 위해 정장을 입은 학생들이 로비에 가득 찬다. 수없이 인터뷰를 하고, 2nd round에 올라가기도 하고 불합격 메일을 받기도 한다. 학교 수업은 2학기가 되면 점점 쉬워진다. 친구들도 점점 친해지고, 시간이 지나면서 인턴쉽이 정해진 친구들이 점점 나오기 시작한다.

지원을 안 해 보는 데가 없고, 그때마다 내가 왜 이 회사를 지원하는지, 내가 왜 이 인더스트리를 가고 싶은지를 내 레주메에 맞춰 스토리를 만들어야 한다. 미국 친구들에게 레주메도 확인을 받고, 인터뷰에서 내가 할 말을 준비한 것을 mock 인터뷰하면서 피드백을 받았다. 2학년들도 적극적으로 도와주는데 이때 도움을 요청해서 많이 피드백을 받는 게 중요하다. 나도 정말 많은 곳을 지원해 봤고, 결국 미국 실리콘 벨리에 있는 Yahoo! 모바일 사업개발팀에 섬머 인턴쉽을 찾게 되었다. 인턴쉽이 정해진 건 3월말이었다. 결국 9월부터 준비했던 썸머 인턴쉽이 7개월만에 결정된 것이었다. 안 해 본 일을 하고 싶은 마음도 있었지만, 미국이라는 전혀 다른 환경에서 내가 학교 오기 전에 일했던 모바일 사업을 할 수 있게 되었다는 사실에 설레었다.

여름방학이 시작되고, 6월 초에 일을 시작하기로 해서, 한 달간을 뉴욕에서 놀다가, 샌프란시스코로 갔다. 인텁쉽은 15주 동안 하기로 했다.

다시 9월이 되었고, 2학년이 시작되었다. 학교가 시작하면 이제 elective 코스들을 들을 수 있다. 코어 코스들에 비해 인기 있는 교수들이 강의를 하고, 강의 내용도 훨씬 더 깊이 있고, 재미있는 수업들이 많다. 졸업 후 풀타임 지원이 동시에 진행되지만, 1학년 동안 레주메며 인터뷰 연습을 워낙 많이 했고, 회사에 대한 조사들도 왠만한 것은 되어 있기 때문에 인터뷰나 지원하는데 들어가는 시간들은 훨씬 적어졌다. 대부분 학생들이 썸머 인턴을 하면서, 이쪽에서 일을 계속하고 싶다, 또는 이쪽은 나랑 맞지 않는다 등을 판단하게 되기 때문에 예전처럼 모든 회사를 지원하지 않아도 된다. 이렇게 MBA의 꽃이라고 할 수 있는 2학년 생활이 시작된다. 일 년밖에 되지 않았지만, 1학년들을 보면 나도 저 때는 그랬지라고 생각하며 여유를 즐기게 된다. 9 · 10월이 지나가면서 풀타임까지 확정된 친구들이 점점 생겨나고, 리쿠르팅에 들어가는 시간이 줄어들면서 공부와 소셜에 투자할 수 있는 시간들이 늘어난다. 시간이 없을 때 못 갔던 다양한 행사에도 가보고 유명한 게스트가 와서 강의하는게 있으면 가 보고 더 여유롭게 학교생활을 한다. 마음이 맞는 친한 친구들끼리는 주말에 여행도 가고, 졸업하기 전까지 추억을 많이 만들기 위해서 다들 바쁜 시간을 보낸다. 나는 11월 정도에 대우증권 해외채권 세일즈로 풀타임이 확정되었다. 풀타임이 확정되면 내가 졸업하고 할 일에 도움이 되는 쪽으로 수업도 듣고, 관련 클럽 활동도 더 적극적으로 하게 된다. CBS 같은 경우 관련업계에서 일하고 있는 선배들도 많고, 클럽 활동도 활발해서 내가 마음만 먹으면 활용할 수 있는 리소스가 정말 많았다. 2학년 2학기는 곧 학교가 끝나가는 것을 아쉬워하면서, 이미 많이 친해진 친구들과 주말이나 방학을 활용해서 남미나 다른 미국 도시로 여행을 다니고, 파티도 하고 저녁도 먹으면서 즐거운 생활을 했다.

조 형 준

INSEAD MBA, Class of December 2010

: 학교의 커리큘럼과 특징

개괄적인 이야기를 하기 앞서, 미국 MBA와 유럽 MBA에 대해서 조금 이야기해 보면, 우선 어느 한쪽이 더 좋다, 나쁘다 하는 유치한 비교를 하고 싶지는 않다. 미국 MBA와 유럽 MBA는 그저 서로 다른 선택일 뿐이다., 서로 특성을 지닌 다른 MBA 이기에, 어느 쪽 특성이 자신에게 더 맞는지, 어떤 강점에 더 무게를 두는가에 따라서 결정하는 것이 맞다고 본다. 대부분의 한국 지원자들은 처음에 미국 학교를 고려하는 것이 사실이다. 한국 사회가 워낙 미국 중심이고, 여전히 미국 경제의 영향력은 막대하기에 어찌보면 당연한 현상이라 생각된다. 하다못해 주변 사람들에게 이야할 때, 구차한 부연 설명없이 학교 이름을 말할 수 있을 것이다. 하지만. 인도, 일본, 브라질, 영국, 프랑스, 러시아, 중국 등 수많은 국가, 문화가 미국 이외의 'Rest of world'가 아니라 'most of world'라고 생각한다면, 그리고 유럽과 관련된 직장을 생각한다면 미국 이외의 MBA도 고려해 볼 필요가 있다. 그렇다면 유럽 MBA, 그중에서도 INSEAD의 특징에 대해 몇 가지를 다루어 보겠다.

INSEAD

≫ 학교 structure

올해로 50주년을 맞은 인시아드는 Wikipedia에서 "INSEAD is a multi-campus international graduate business school and research institution"이라 정의되어 있다. 인시아드를 설명하기 위해서는 'mulit-campus'와 'international'이란 두 단어를 빼놓을 수 없다.

INSEAD는 MBA 중 유일하게 완벽한 Dual Campus를 가지고 있다. 프랑스 파리에서 40분 가량 남쪽에 있는 Fontainebleau라는 도시에 하나의 캠퍼스가 있고, 싱가폴에 또 하나의 캠퍼스를 가지고 있다. 흔히들 2개의 캠퍼스가 있다고 하면 프랑스 캠퍼스가 본교이고, 싱가폴 캠퍼스가 분교라고 생각하기 쉬울 것이다. 하지만 실제로 두 캠퍼스는 완벽히 동일하게 운영된다. 예를 들

학생 단체사진.

어, INSEAD를 지원할 때, 캠퍼스 별로 따로 선별하지 않고 하나의 입학관리처에서 학생을 선발한다. 그 뒤, 어느 캠퍼스에서 수업을 '먼저' 시작할 것인가를 정하게 된다.

수업 방식 및 내용, 학교 사무실, 취업 지원, 심지어 파티까지도 두 캠퍼스가 동일하게 진행된다. 하나의 캠퍼스를 가진 다른 MBA 프로그램에서 학생 수에 따라서 동일한 회계 수업이라도 두세 명의 교수가 나누어 강의를 하듯이, 각 캠퍼스에서 동일한 내용을 가르친다고 생각하면 될 것 같다. 간혹 교수 중에서 프랑스와 싱가폴을 오가면서 강의를 진행하는 교수도 있다.

두번째로, INSEAD는 진정으로 International한 학교이다.

2010년도 자료에 근거하며 몇 가지 숫자로 왜 진정한 internionial MBA인지 설명해 보겠다.

INSEAD는 81개 국적의 학생으로 구성되어 있다. 모든 국적의 출신이 동등하고 동일한 위치에서 대화하고, 서로의 문화를 존중하며 지낸다. 수업의 내용이나 학교 문화가 대다수에 따라 흘러가는 일은 INSEAD에서 상상할 수 없다. 따라서 한국인으로서 INSEAD에 입학한다면 한국을 대표하여 모든 수업에서 이야기하게 되고, 나머지 80개 국적의 사람들에게 한국을 소개하게 될 것이다. 이런 INSEAD의 다양성은 MBA 생활을 한층 역동적이고 즐겁게 만든다. 매달 한 주간은 특정 국가나 문화권을 위한 National Week으로 지정되어서, 캠퍼스 전체가 그 나라의 문화로 뒤덮힌다. 예를 들어, 이탈리안 Week에는 식당에는 파스타가 나오고, 수업 시간 중간에는 Nutella 초코렛이 뿌려지고, 베스파와 두카티가 복도에 전시되고, 밤에는 광란의 이탈리안식 파티가 이어진다. 또한 월드컵과 같은 국가 대항전이 열릴 때면, 양국 열혈 응원단의 탄성을 바로 옆에서 들을 수 있다.

또 37개 국가에 100명 이상의 동문이 거주한다. 졸업 후 네트워크 파워 역시 특정 지역에 집중되기보다는 전세계 모든 국가에서 INSEAD 동문의 도움을 받을 수 있다. 만일 실제 학기 중 태국을 여행한다면, 바로 한 교실에서 태국 출신 학생에게 현지인의 추천을 받을 수 있고, 나중에 영국에서 에너지 관련 분야에서 일하고 싶다면, 별다른 어려움 없이 최적의 조언자를 찾을 수 있다.

그리고 20% 학생만이 영어가 모국어이다. 유럽 학교, 그것도 프랑스 학교라고 하면 첫번째 걱정은 바로 언어문제이다. INSEAD 모든 수업은 100% 영어로 진행되며, 99%의 학생이 영어로 진행

'Dash'라고 싱가폴 캠퍼스에서만 있는 행사인데, 하루 코스튬을 입고 학교에서 단체로 뛰어서 등교, 수업까지 받는다.

되는 수업에 전혀 문제가 없을 정도로 훌륭한 영어 능력을 지니고 있다. 그러나 80% 학생의 영어가 모국어가 아니기 때문에 한국인이 한국어 억양을 가지고 발표를 한다고 해서 기죽을 필요도 없다.

1년 과정 5 Period, 인시아드는 약 2개월 단위로 5개의 Period로 구성되어 있다. 처음 2 Period는 반드시 시작한 캠퍼스에서 수업을 들어야 하고, 그 후 3개 Period는 자신의 선호에 따라 싱가폴 캠퍼스와 프랑스 캠퍼스를 옮겨 수업을 들을 수 있다. 1년 과정은 무엇보다도 비용적인 측면에서 2년 과정보다 학비 및 생활비가 적게 든다는 장점이 있다. 또한 빠르게 회사로 돌아갈 수 있기 때문에 업무 감각의 공백이 적다. 사실 요즘과 같이 하루하루 급속히 변하는 비지니스 상황 속에서 2년 공백이 부담스러운 지원자에겐 좋은 대안이다. 1년 과정이기 때문에 수업의 강도는 2년제에 비하여 훨씬 더 세다. 특히 인시아드의 P1, P2는 매우 바쁘고 정신없이 돌아간다. 비록 시간은 반이지만 MBA 기간 동안 소화해 내는 커리큘럼은 2년제 프로그램의 약 80%이다.

인시아드는 1년에 두 번 새로운 입학생을 모집한다. 1월달과 9월달 두번의 입학 시기가 있다. 가장 큰 차이점은 중간에 2개월 Summer break 유무이다. 1월 Intake은 12월에 졸업을 하게 되고, 7, 8월간 방학이 있어서 Summer Intern 기회가 있다. 반면 9월 Intake은 9월부터 다음 년도 7월까지 10개월을 연속으로 마치게 된다. Intern 기회는 없지만, 미국 MBA와 졸업 시기가 비슷하여 기업체들의 채용 시기에 맞추기가 편하다는 장점이 있다.

INSEAD를 졸업하기 위해서는 반드시 세 가지 언어를 할 수 있어야 한다. 하지만 모든 언어가 완벽할 필요는 없다. 모국어 이외에 하나의 언어는 반드시 Fluent한 수준이어야 하고, 마지막 3번째 언어는 식당에서 간단한 요리를 주문할 정도로 기초적인 수준이면 졸업이 가능하다. 대부분의 한국 지원자라면 고등학교 때

혹은 취미로 영어 이외의 언어를 배웠던 것으로 충분히 졸업 요건을 충족시킬 수 있을 것이다.

INSEAD–Wharton Alliance

Wharton과의 Alliance를 통해서, 유럽, 아시아, 미국 3개 대륙에서 공부할 수 있다. 통상 35명 정도의 인시아드 학생이 와튼으로 2개월간 교환학생을 다녀올 수 있다. 올해부터 Kellogg와도 Alliance가 체결되어 선택의 폭이 넓어졌다.

INSEAD의 첫 두 Period는 정해진 필수과목으로 이루어지고 그후 3 Period는 선택과목으로 나뉜다. 학교 특성에 걸맞게 대부분의 수업에서 여러 국가의 다양한 케이스를 쉽게 접할 수 있다. 특히 싱가폴 캠퍼스의 경우 지리적 특성 때문에 중국을 포함한 아시아 관련된 수업이 잘 갖춰져 있고, 간혹 실제 비지니스 케이스의 실무자와 전화 연결로 질문이 이루어지기도 한다.

INSEAD는 철저히 성적 비공개를 원칙으로 한다. 그 이유는 MBA에 오는 이유가 좋은 성적을 받기 위해서가 아니라 부족한 부분을 배우고, 관심 있는 분야에 적극적으로 참여할 수 있는 기회라고 생각하기 때문이다. 예를 들면, IB쪽에 관심이 있는 엔지니어가 성적이 안 나올 것이 걱정되어 파이낸스 수업 신청을 꺼리는 것을 막기 위해서이다. 학생의 성적은 기업과 채용자에게는 비공개되지만, 엄연히 학점은 존재하기 때문에 매 Period가 끝나

하루 코스튬을 입고
수업받는 모습.

면 학점이 발표될 뿐만 아니라 아주 드물지만 재수강을 해야 하는 경우도 있다. 성적 평가방식도 특이한데, 절대평가가 아니라 Z-Score를 이용한 100% 상대평가이다. 즉, 수업 평균점수 대비 자신의 점수가 얼마나 높고, 낮음에 따라서 (표준편차에 따라서) 학점이 계산된다. 따라서 중요한 것은 다 함께 공부하고, 다 함께 즐기는 것이 모두에게 좋다는 분위기가 형성되고, 시험이 어렵게 나올 수록 학생들에게 유리해진다고 생각한다. 그래서인지 실제 시험은 모든 학생들을 겸손하게 만들 만큼 어렵게 출제되는 경향이 있다.

Summer Intern

1월에 입학하는 기수만이 여름 방학이 있기 때문에 인턴에 지원해 볼 수 있다. 미국 MBA가 연말부터 인턴을 찾기 시작하는 것에 비해 INSEAD는 시기상 좀 늦을 수밖에 없어서 약간의 불이익이 있는 것은 사실이다. 하지만 대부분의 회사들이 INSEAD의 학교 일정을 이미 알고, INSEAD만을 위해 따로 서류 마감일과 인터뷰 일정을 제공하기 때문에 큰 불편함은 없다. 지역적으로는 역시 유럽계 회사들쪽 정보가 많고, 최근에는 아시아쪽 포지션도 인시아드에 많이 열리고 있다. INSEAD는 인더스트리, 컨설팅, 파이낸스 출신이 1/3씩 골고루 섞여 있다. 특히 컨설팅쪽의 경우 최정상 컨설팅펌의 전세계 각 오피스 출신들이 모두 모여 있기 때문에 만일 여름 인턴으로 컨설팅을 생각한다면 지원 오피스 출신과 직접 모의 인터뷰를 할 수 있다. 파이낸스 인턴을 위해서는 입학하자마자 조금 서둘러야 한다. 지리적으로 싱가폴과 홍콩이 가깝기 때문에 아시아쪽 파이낸스로 진출하는 데 있어서는 지리적 혜택이 크다. 여름 인턴은 추후 정규직 지원에서 유리한 위치를 선점할 수 있고, 단기간이지만 수입이 생긴다는 장점이 있지만, 모든 학생들이 인턴을 반드시 원하는 것은 아니며, 약 50%만이 여름방학을 인턴쉽으로 보낸다. 많은 학생들이 2개월 방학 동안 아시아, 혹은 유럽을 여행하거나 중국에서 어학연수를 하면서 보내기도 한다. 예를 들면, 방학 전까지는 싱가폴 캠퍼스에 수업을 들은 후, 여름 방학을 이용해서 유럽을 여행하고, 방학 후에는 프랑스 캠퍼스에서 수업을 시작하는 식이다.

학생의 구성 비율만큼이나 졸업 후 취업 분야도 어느 특정 분야에 치우치지 않고 골고루 분산된다. 기존 스폰서를 받은 컨설턴트와 새롭게 컨설팅으로 취업하는 학생들로 인해서 전체적으로는 컨설팅 쪽이 조금 더 많은 것 같다. 학생들의 출신 배경이 다양한 만큼 졸업 후 진로도 다양하지만, 역시 L'Oreal, Barclay Group, Shell, LVMH, BT 등 유럽계 회사로의 진출이 더 많다. 유럽인들에게는 아시아 시장으로 진출할 수 있는 기회임이 확실하지만, 아시아인들이 유럽으로 취업하기는 여전히 쉽지 않다. 하지만 유럽 내 인시아드의 네트워크와 네임밸류가 워낙 확고하

코스튬을 입고 있는 학생들.

기 때문에, 아시아뿐만 아니라 유럽 쪽까지도 가능성을 넓힐 수 있다.

나의 경우, 취업을 위해서 INSEAD를 선택하지는 않았기 때문에 내가 희망하는 진로와 INSEAD가 정확히 일치하지는 않았다. 내가 INSEAD를 선택한 이유는 짧고 굵은, 그리고 진정한 Global 프로그램이었지만, 졸업 후 원하는 근무 지역은 실리콘 벨리와 일본이었다. 취업만을 고려한다면 미국 서부에 위치한 학교를 지원하는 것이 맞겠지만, 나는 MBA가 더 좋은 직장을 찾기 위한 도구가 되기보다는 내 인생 마지막 공부이자 학창시절이란 생각에 학교 성격과 프로그램에 맞춰서 INSEAD를 지원했다. 또한 인더스트리를 바꾸는 것이 아니라 기존에 근무했던 Google의 본사 혹은 일본 오피스로 돌아가려는 계획이었기 때문에 반드시 서부에 있지 않아도 된다고 판단했다.

분명 INSEAD는 독특한 개성을 지닌 매력적인 학교이다. 주말에 발리 해변가에서 쉬거나, 알프스에서 스키를 탈 수 있는 학교, 70개국 이상의 사람들과 한 공간에서 함께 지낼 수 있는 UN 같은 학교, 빡빡한 1년 과정 속에서도 수많은 이벤트와 파티를 즐기는 학교, 전세계 대부분의 지역에서 동문을 만날 수 있는 학교가 바로 INSEAD이다.

김 재 현

The Wharton School,
University of Pennsylvania, Class of 2011

: Curriculum

Wharton의 커리큘럼은 크게 1학년 때 대부분의 학생들이 들어야 하는 core와 2학년들과 core를 waiver한 1학년 학생들이 듣는 elective로 구성되어 있고 졸업하기 위해서는 19 cu(Credit Units)을 이수해야 한다. CU는 학점과는 조금 다른 개념인데 12주(1 semester, 2 quarter)간 일주일에 150분 수업(75분 수업 2회)으로 이루어진 과목이 1cu의 수업이고 6주(1 quarter) 동안 일주일에 150분 수업으로 이루어진 과목이 0.5cu이다. Wharton의 정규 커리큘럼은 10cu의 core 과목과 9cu의 elective 과목으로 이루어져 있는데 대부분의 core는 0.5cu이고 accounting과

finance, 그리고 macro economics 과목 정도가 1cu의 과목이다. Elective 과목들은 1cu 과목들이 많고 0.5cu의 과목들도 있다. Core의 경우 학부 때 비슷한 과목을 들었거나 관련 경력이 있어 core 과목을 waiver하는 경우 elective 과목을 더 들을 수 있다. 다른 학교들과 다르게 wharton은 8월에 시작되는 pre-term이 있어 basic accounting, managerial economics, basic statistics 등의 기초 과목을 들으며 오랜만에 학교로 돌아온 학생들에게 학교생활에 적응하는 기회를 준다.

Core 과목들은 말 그대로 경영과 관련된 다양한 분야에 기초를 쌓는 과목들로 accounting(financial accounting, managerial accounting), marketing(marketing management program, marketing management strategy), management(competitive strategy, global strategic management, management of people at work, leadership and teamwork), economy(managerial economics, macro economics), corporate finance, business and public policy(governmental & legal environment of business, ethics and responsibility) operation management(decision models and uncertainty, quality and productivity, supply chain management), communication 등의 다양한 분야의 과목들로 이루어진다. 특이한 것은 operation management 과목들이 3과목이나 된다는 것인데 박사 과정의 경우 wharton이 finance 전공

말고도 marketing과 operation management 전공도 매우 유명하기 때문에 그렇다고 한다. 그리고 ethics 과목이나 legal 관련 과목을 듣는 경험도 매우 신선했다. Core 과목은 보통 70명 정도 되는 cohort 별로 이루어지고 대다수의 과목은 6명의 학생으로 이루어진 learning team이 같이 토론과 과제를 하고 제출하도록 만들어져 있고 일부 과목은 정말 강도 높은 수준의 공동 작업을 요구한다. Wharton의 core를 들으며 느낀 wharton의 교육과정의 차별점은 거의 모든 과목들에서, 심지어 마케팅이나 리더십과 같이 창조적인 사고가 요구되고 숫자와 거리가 멀다고 생각되는 과목에서조차 숫자, 그리고 프로세스적인 사고를 강조한다는 점이다. 내가 느꼈던 wharton이 지향하는 리더십은 경험이나 육감에 기초해서 의사결정을 내리는 것이 아니라 다양한 사실들과 데이터들에 입각하여 엄격한 프로세스를 거쳐 상황을 정확하게 분석하고 최선의 결정을 내리는 것이고 그 과정을 반복하면서 리더십을 진화시켜 나가는 훈련을 core 수업으로부터 시작하는 것이란 생각이 들었다.

Wharton의 자랑은 세계에서 가장 많은 교수진을 보유하고 있기 때문에 200개에 가까운 elective과목들을 제공한다는 점이다. 그에 따라 전공도 health care, real estate, insurance and risk management와 같은 세부적인 전공도 있고 individualized major를 통해 관련된 과목을 듣고 인정을 받아 private equity와 같은 특수한 전공을 만들 수도 있다. 또한 global business에 관심 있는 학생들을 위해 2년 안에 international studies를 병행하여 MBA와 함께 MA석사를 같이 받을 수 있는 Lauder program이나 MBA/JD와 같은 dual program 기회를 제공하고 있다.

: How to Study

어떻게 공부해야 하는지를 이야기하기 전에 일단 자신이 얼마나 많은 시간과 노력을 공부에 투자할 것인지를 정하는 것이 필요하다고 생각한다. MBA는 배우는 곳이기도 하지만 커리어 전환 기회로서의 중요성도 매우 크기 때문에 커리어 전환에 목적이 있는 분들은 굳이 공부에 엄청난 노력을 들일 필요는 없다. 대부분의 MBA가 성적 비공개를 공식화하고 있기 때문이다. 하지만 지나치게 성적에 신경을 쓰지 않을 경우 퇴학의 위험성도 존재하고 있기 때문에 취업에 비중이 높으신 분들은 효율적으로 공부하는 방법을 익히는 것이 필요하다.

실제적인 공부 방법에 있어서도 대부분이 경험하셨을 학부의 공부 방법과 유사하기 때문에 언급할 필요는 없을 것 같다. 대신 커리큘럼에서 이야기했듯이 1학년에서는 learning team으로 과제를 하는 수업이 많기 때문에 어떻게 하면 성공적인

learning team을 운영할 수 있을까에 대해 이야기를 하고자 한다. Learning team마다 팀원의 배경이 다양해서 정말 효율적인 팀부터 맨날 싸우기만 하는 팀까지 갖가지 상황이 벌어지는데 나는 운이 좋게도 너무 좋은 팀원들을 만나 효율적으로 일하면서도 팀 과제는 항상 좋은 성과를 냈었다. 물론 팀원들을 잘 만나는 것이 가장 중요하지만 나는 그 외에도 우리 팀이 성공적이었던 비결이 있었다고 믿고 그것을 공유하고자 한다. 가장 중요했던 것은 우리는 처음부터 팀의 공부에 대한 욕심과 목표치를 솔직히 공유하고 목표치를 조정했다는 것이다. 처음에는 공부에 욕심이 많은 친구도 있고 취업에 욕심이 많은 친구도 있었는데 결국에 우리는 과제마다 투자하고자 하는 시간을 정하고 그 시간에는 최선을 다하되 그 시간을 넘기지는 말자는 원칙을 정하고 그 원칙을 끝까지 지켰다. 그리고 팀원을 서로 평가하는 360° 평가에서 서로에 대해 부족한 부분에 대해 솔직히 말하고 다음 과제를 할 때에 그 부분을 발전시킬 기회를 주어서 팀 내에 서로 신뢰하는 분위기를 형성했다. 마지막으로 팀에서 내가 영어가 가장 부족했었기 때문에 개인적으로 공헌할 수 있는 부분이 있으면 나서서 노력하는 모습을 보여주었기 때문에 다른 팀원들도 나를 인정해주고 개인적으로도 매우 친한 친구들로 남을 수 있었던 것 같다.

: Tip

MBA를 준비하는 분들께 마지막으로 tip을 드리면 가장 먼저 하고 싶은 말은 당연히 MBA에 오는 목적, 그래서 MBA에서 이루고 싶은 바를 명확히 하고 오라는 것이다. 그리고 그 이루고 싶은 목표에 대한 현실성 체크를 오기 전에 하라는 말을 하고 싶다. 정말 만만치 않은 돈이 들어가는데다 아직 글로벌 금융 위기의 여파로 취업 시장이 좋지 않고 한국도 외국 대비 많은 회사들이 MBA 채용을 하고 있지 않기 때문에 무엇보다 취업 후에 대한 확실한, 그리고 현실적인 목표를 갖고 오는 것이 그 어느 때보다 중요할 것 같다.

그리고 학교생활에 있어서도 고등학교에서 대학에 들어오면 공부 말고도 동아리 활동, 연애, 운동, 취업, 학교 이외의 과외 활동 등 정말 할 것이 많고 정해진 스케줄이 없어서 자신이 어떤 데에 시간을 보내야 하는지 시행착오의 과정을 겪을 수 있는 것처럼 MBA에서도 똑같이 정말 많은 시간과 옵션이 주어지기 때문에 본인이 어디에 중요성을 두고 시간 투자를 할 지에 대해 미리 생각하고 오시는 것이 좋을 것 같다.

마지막으로 만일 경영학과 출신이 wharton에 온다면 최대한 많은 과목들의 core를 waiver하고 electives를 들으라고 추천하고 싶다. 200개 가까운 과목 수에서 짐작할 수 있지만 정말 재미있는 과목들이 많고 core에 비해 관심이 높은 학생들만 모여 듣기 때문에 훨씬 수준 높은 강의와 참여가 이루어지기 때문이다.

김 영 한

MBA University of Minnesota,
Carlson School of Management,
Class of 2003

: MBA 할 만했는가?

그렇다. 적어도 나는 나에게 진로를 물어 오는 학부 학생들에게 구체적으로 상담해 줄 수가 있다. 워낙 team project에서 적극적으로 임했고, presentation도 미국 애들과 똑같이 하려고 애를 썼기 때문에 class teaching이나, 내 research paper presentation에서도 자신 있게 영어가 나오는 것 같다. 영국의 Cambridge대학과 이곳 Singapore의 Nanyang Technological University에서도 offer를 받았는데, English presentation skill이 중요했었던 것 같다. 그리고, 나의 class teaching도 웬만하면 더 미국식으로 communicative하고 즐겁게 만들어 보려고 애를 쓴다. 웬만하면 더 학생들이 의견을 개진하도록 만든다든가, 특별한 날에는 나도 특별한 의상을 입고 와 준다든가. MBA를 하면서 career center에서 배운 여러 가지 soft skill들은 박사과정을 마치면서 job market에서 대단히 유용하게 쓰였고, 앞으로도 중요할 것이라고 믿는다. 또, Engineer였던 미국인 학생들이 MBA를 통해서 marketing guy / finance guy 등으로 변신하는 등의 career change를 목격하면서, 나 역시도 늦은 나이에 문과생에서 공대생과 똑같은 수학을 하는 이과생으로 career change를 할 수 있다는 자신감을 얻어서 참 소중했다.

: MBA에서는 뭘 배우나?

MBA에서 무슨 차원 높은 학문적인 지식이 더 많이 전수되거나 하는 것이 절대 아니다. 실제로 교수가 되어 보니, 학부 경영학과 애들한테보다는 MBA학생들한테 좀 더 case study를 많이 던진다. 내가 몸담고 있는 재무관리에서는 교수들끼리 연구할 때에 "이론"이라 하면 수학적으로 모든 것을 증명하는, 비교적 어려운 것이고(수학과 석 · 박사 실력이 필요하다), 실증분석이라 하면 통계학적으로 계량분석하는 것으로 비교적 쉬운 것이다. 그런데, MBA과정에서는 그런 실증분석조차도 지나치게 "이론적"이라며 겁을 먹기 때문에 학생들에게 가르치지 않는다. Teaching evaluation에서 폭탄을 맞으면 교수도 살기 힘들기 때문이다. 경영학 교과서에 나오고, case에 나오는 것은 이미 10~20년 전에 학계에서 충분히 논의되고 일반화된 얘기들 중에서도 쉬운 것들이다. 그렇기 때문에 랭킹이 다르다고 해서 아카데믹한 내용의 전달이 크게 차이가 날 수는 없다. 단지 랭킹이 높은 곳은 Wall Street에 취직해서 고액 연봉을 받기 좋은 여건에 있는 것이다. 또한 MBA때 배우는 것의 대부분은 동료들과의 토론에서 이루어진다. 그러니 똑똑한 애들이 많이 몰려 있는 학교에 가면 그들로부터 얻는 것이 많은 것은 당연하다.

먼저, 앞에서 열거한 기본적인 business concept들과 idea들을 배워야 한다. 둘째로는 현지의 비즈니스 언어와 문화를 배워야 한다. 그래야 취직을 하지. 미국에서 공부하는 이상 미국의 사업 문화가 어떤지를 철저히 알아야 한다. 그건 teamwork를 적극적으로 참여해야 느낄 수 있다. 그들이 얼마나 세세하고 미묘한 것까지 communicate하는지, 그 communication의 중요성을 배운 것이 나에게는 큰 수확이었다. 단순히 기본적인 영어 의사소통을 하는 차원이 아니다. 취직해서 미국 boss를 구워 삶을 수 있는 정도의 communication skill이 필요한 거다. 인도 사람들이 결정적으로 corporate ladder에서 아시아 사람들을 제칠 수 있는 경쟁우위가 바로 이거다. 윗사람의 입에 혀처럼 놀아 준다. 수업시간에 늘 질문을 해 대는 애들은 인도 학생들이다. 불행히도 그들의 accent를 알아듣기가 쉽지 않다. 자기들은 스스로 British English를 하기 때문에 우리가 못 알아듣는 것뿐이라고 얘기한다. 더욱 안타까운 것은 교수님들의 반응. "Great question!!!" 난 알아듣지도 못한 저 질문이 대단한 포인트였다니, 내가 뭘 놓친 거지? 더욱 짜증나고 초조하게 된다. 그러나 자존심 상해도 인도 애들을 추켜세워 주고 배워야 한다. 무작정 무시하려고 들어서는 안 된다.

셋째로는 현지의 취직활동 관행과 문화를 익혀야 한다. Career center를 최대한 활용해야 한다. MBA교육의 절반은 career와 관련된 skill을 배우는 것이었다. Resume와 cover letter를 어떻게 쓸 것인가. 영어 오탈자 하나 없이 미국 애들과 똑같은 분위기가 나는 언어 구사를 해야 인사담당자의 손에서 탈락하지 않는다. 말처럼 쉬운 것이 아니고, 시간도 몇 년이 걸린다. informational interview는 어떻게 요청할 수 있는지, 동문들은 어떤 방식으로 접촉해서 만나는지, reception이 있으면 어떻게 행동해야 하는지, 무슨 얘기들을 주고받는지. 모든 것을 적극적으로 파고들어서 배워야 한다.

그런데 한 가지 문제가 있다. 바로 한국인 네트워크다. 나 혼자 너무 적극적으로 미국인들 속으로 파고들다 보면 한국인 유학생 동료들과 멀어지기도 쉽다. 누구나 아는 일이지만, 너무 미국인들 속으로 파고들면 한국인들 유학생들에게 왕따를 당하는 경우도 있고, 그래서 보다 적극적으로 파고들지 못하는 경우들이 많다. 어느 학교나 마찬가지라고 보는데, 주로 언어/문화적으로 미국에 적응하기 힘들거나 거부하는 유학생들이나, 회사에서 sponsor로 보내줘서 온 바람에 미국 사회에 뛰어들 incentive가 전혀 없는 사람들이 대개는 career fair 같은 일에 소극적인 것 같았다. 뒤집어 생각하면 회사에서 sponsor받아 온 사람들이야말로 MBA career fair를 파고들어서 미국의 회사들은 사람을 어떻게 뽑는지, networking하는 문화는 어떤지 입장을 바꾸어서 생각해 가며 배워서 돌아가 본인의 회사를 변화시켜 나갈만한데…. 반면, 한국인 네트워크도 무시할 수 없는 것이, 결국은 한국인이기 때문에 보호 받을 울타리가 되기도 한다. 또한 많은 중요한 정보들이 오가고, 결국 나 자신도 한국사람이기 때문에 독불장군처럼 무작정 튀는 행동을 할 수도 없는 거다. 그리고, 유학생활 자체가 외롭기 한이 없어서 서로 상처받기도 쉽고, 끼리끼리 모이고 싶어지게 만드는 것을 어쩌겠는가. 그러니, 그 balance는 각자 알아서 맞출 수밖에 없다.

: 어떤 것을 해야 할까?

MBA? JD(JD & MBA double degree)?
CPA(master in tax/accounting)?
CFA/FRM? Master in Finance?
Business Ph.D.? Finance Ph.D.?

싱가폴의 학부 학생들 중에 이런 질문을 하는 학생에게 다음의 대답을 해 줬다. 우선, 학부 전공이 경영학인 사람에게 MBA는 option(안 해도 된다는 뜻)이다. JD와 CPA는 다르다. 이들은 license다. 이걸 하겠다면 죽기 살기로 그 공부에 몰입해야 한다. 뭐 이것도 저것도 다 할 수 있다고 여유 부리는 것은 위험한 짓이다. JD와 MBA의 joint degree도 일단 JD가 가능한 레벨의 사람이 option으로 MBA 하나 해 주는 건데, 문제는 MBA 과정이 노동집약적이라는 거다. 상당히 team project들이 많아서 시간 소모가 많다. 말 많은 미국 애들을 하나하나 만족시켜 주며 모든 것을 잘 해 내기를 바라기는 힘들다. CFA나 FRM은 회사를 다니면서도 충분히 할 수 있고, 대개 다들 그렇게 딴다. 차원이 다른 얘기다. Master in Finance와 Finance Ph.D.는 오기 전부터 대학원 수준의 수학을 요구한다. 완전 문과라면, 맨땅에 헤딩하며 1년 정도를 수학공부에만 죽도록 투자할 용의가 있어야 한다. 결단코 MBA는 Finance Ph.D.와는 전혀 연계성이 없다. 그 외의 Business Ph.D.는 MBA하고 나서 뛰어들어도 된다. 직업 경험하고 뛰어들어도 늦지 않는다.

: 우리 학교는 XX분야에서 랭킹이 1등이니까 나도 XX를 전공해야 하나?

아니다. XX분야가 아니라도 자기가 하고 싶은 전공을 해야 한다. 랭킹 1등하는 이유는 다양하다. 가령 거기 어떤 노교수님이 그 분야의 댓가로 이름나서 랭킹이 올라갔는데, 정작 그분은 은퇴하신다든가… 그 분야의 기업들이 많이 몰려서 랭킹도 올라갔는데, 이제는 한물 가서 다 투자하지 않고 빠져나와 버렸지만, 썩어도 준치라고 랭킹만 그냥 유지되는 경우도 있다. 랭킹은 매기는 기관(사람) 마음이니까. 그게 내 밥을 먹여 주지는 못한다. 가령 미네소타에 가면 MIS가 랭킹 1~5등 안에 들어가는데, 나도 반드시 MIS를 전공해야지…라는 사람들 많았다. 그걸 해야 할까 말아야 할까 고민하며 시간낭비 정말 많이 하게 된다. 그러나 필요 없다. 랭킹이 알아주지 않는 전공분야라도 내가 좋아서 열심히 배우면 뼈가 되고 살이 되고 취직도 되고 돈이 된다. 나의 경우도 Minnesota에서 MIS를 한 과목도 안 들었다.

: Minnesota MBA에서 잘 가르치는 교수님들

업계의 비밀을 자꾸 말하면 안 되는데, 모든 대학 시스템이 그렇지만, 경영학과는 특히나 더 가르치는 것(teaching)과 리서치(research)가 분리되어 있다. 흔히 말하는 리서치 랭킹이 높아야 똑똑한 MBA 학생들이 지원해 들어오기 때문에 리서치를 특히나 강조한다. 리서치 교수로 뽑히면 철저하게 Top Journal에 논문 몇 개를 6(혹은 N)년 동안 publish 했느냐에 따라서 tenure가 결정된다[한 paper가 한 저널에 실리기까지는 거의 2~3년이 걸린다. 그렇게 해서 학계에서 더 알려지고 유명해지면 10여 년 후에야 그 학설이 대학 교과서에 실린다]. 이 사람들은 아무리 유명한 학자라도 한 해에 두 과목 이상은 절대 가르치지 않는다. 대신 그 많은 teaching 수요를 충당하기 위해서 많은 adjunct professor들을 두고 이들에게 teaching을 맡긴다. Tenure심사가 험난해서 전에 있던 리서치하는 조교수들이 3~4년 후에도 있으라는 보장이 없고, teaching 하는 교수들의 이동도 상당히 심하므로 이분들의 이름을 거론하는 것도 큰 의미는 없다고 본다.

또한 인상적이었던 경험은 이거다. MBA 때에 잘 못 가르친다고 학생들이 혀를 내두르는 operations management의 한 조교수(리서치하는)가 있었는데 내가 박사 과정을 졸업할 때쯤 되니 그 교수는 teaching award를 받고 명강사가 되었다. 업계에 들어와 보니 이해가 가는 것이, 초기에는 publication 압력과 경험 부족으로 가르치는 것이 힘들었지만, 시간이 가면서 여유도 생기고, 경험도 쌓여서 학생들을 잘 맞춰 주게 된 거다. 이런 모든 점들을 일단은 명시하고, 내가 경험했던 미네소타의 가장 좋은 교수님들을 tenure 받은 리서치 교수님들 중에서 꼽으라면:

John Boyd 교수님의 financial institution management 강의. 금융기관 이론의 대가시다. 이분은 한국 제자를 많이 길러 내신 분이고, 호방한 성격에 유머감각도 뛰어나신 분이다. 나를 박사 과정으로 끌어주신 스승님. 소주를 마시고 싶어하시고, 전기기타도 잘 치신다.

Raj Aggarwal의 advanced corporate finance. Harvard Ph.D.이고, 인도계 미국인이라서 100% 알아듣기 편한 미국 발음이고, 강의가 참 명쾌하다. 단신의 체구에, 당당하게 뿜어져 나오는 그 카리스마 덕분에 벌써 여러 차례 MBA teaching award를 받으셨다. 그 intuition이 대단하신 분이다. CEO compensation에 관한 그분의 top journal paper들은 재무관리 학계의 필독논문이다. 나의 박사 과정 지도교수님이다.

Bob Goldstein의 fixed income 강의. 핵물리학과 재무관리 두 분야의 박사를 가진 finance학계의 대스타. Credit risk의 대가. 사실 박사 과정 수업 때는 거의 힙합 춤을 추면서 asset pricing을 가르치는 신나는 교수님이다. MBA수업에서는 상당히 점잖게 보이시는 분이지만… 아마추어 레슬러셨던 것으로 기억한다. 참 자상하시지만, 학문적으로 조언해 주실 때에는 사자 같이 엄하다. 이분 박사과정 수업을 듣고 나서는 "이제 죽어도 좋다"는 생각을 할 정도로 좋았다.

Andy Winton의 Corporate finance. 내가 MBA 하던 시절 가장 명강사로 알려지셨던 분이다. Wharton을 나오신 분인데, 수학적인 이론가이지만, JP Morgan에서 일하셨던 경험도 있어서 실무자들이 알아듣기 편하도록 차분하게 잘 가르치신다. Top journal인 Journal of Finance의 associate editor이기도 한 학계의 막강 파워.

Rick Nelson의 fixed income. 이분은 박사가 없는 teaching faculty인데, 현업에서 잔뼈가 굵은 banker다. 워낙이 미네소타에서 경제학 공부를 했고, 또한 리서치 교수들의 seminar에도 거의 매번 참석하는데, 그 학문적인 지식도 대단하고, 경험에서 나오는 카리스마도 대단하다. 늘 단순명쾌하게 설명한다. 나는 박사과정때 학부생들을 두 학기 동안 instructor로서 가르쳤는데, 이분이 teaching skill을 지도해 주셨다.

Mark Bergen의 Marketing강의. 이분은 수업시간에 case study paper를 나눠 주고 강의실을 이 끝에서 저 끝까지 뛰어다니며 흥미를 유발하는 분위기 메이커다. 미네소타 경제학 박사를 받고 마케팅 department에 자리를 잡은 경우인데, 너무나 creative하고 수업 자체를 재미있게 이끌어간다. Halloween day 때에 마법사 복장을 하고 수업에 나서던 모습이 아직도 눈에 선하다.

04

MBA 졸업 후 자리잡기

김 현 정

Kellogg School of Management,
Class of 2003

이 책에 글을 쓰기로 결정하고 처음 책상에 앉아 내가 MBA와 관련해 어떤 이야기를 해야 이 책을 읽는 독자들에게 조금이라도 도움이 될 수 있을까 고민했다. MBA를 지원한 지 벌써 10년이 되었고 졸업한 지도 7년이 지나고 있는 이 시점에 솔직히 MBA 지원 방법이나 학교별 특징, MBA에서 배우고 생활했던 내용들은 거의 기억나지 않았고 희미한 기억들을 되살려 글을 쓴들 읽는 분들에게 전혀 도움이 될 것 같지 않았다. 결국 MBA를 고려하고 있거나 준비하고 있는 여러분에게 내가 할 수 있는 이야기는 MBA를 전후해서 10년 넘게 투자은행에서 일하면서 수많은 사람들과 인터뷰하고 일하면서 느낀 MBA를 중심으로 한 진로와 경력에 관한 부분이라 생각됐다. MBA를 계기로 바꾼 나의 커리어 체인지, 투자은행에서 MBA 리쿠르팅을 포함한 수많은 인터뷰와 채용 경험을 통해 느낀 점들, 그리고 마지막으로 가장 최근 회사 컨퍼런스에서 "프라나브 미스트리"의 강연을 듣고 직업에 대해 내가 새롭게 생각한 점들에 대해 이야기하도록 하겠다.

MBA를 지원할 무렵 나는 투자은행에서 인수 합병과 주식 발행 쪽을 담당하는 업무를 4년 넘게 하고 있었다. 내가 MBA를 하기 위해 회사를 그만두려고 할 때 당시 나의 상사를 비롯한 많은 사람들은 나의 행동을 이해하지 못했다. MBA 지원 당시 Associate(IB 직급)이었던 나에게 MBA는 들이는 시간과 기회 비용에 비해 경력에 큰 도움이 되지 않는다는 것이 많은 사람들의 의견이었다. MBA를 마치고 투자은행에 입사하는 대부분의 사람들이 Associate 1년 차로 채용되게 되는데 이미 Associate 2년 차로서 일하고 있던 나로서는 오히려 2년 동안 MBA로 인해 다른 동기들에 비해 승진이 늦어질 수 있었다. 특히, 닷컴 버블이 꺼지면서 경기 침체가 시작된 2001년에는 투자은행 부분의 정리해고가 심해진 시기여서 한 번 떠나면 다시 돌아올 수 있는 가능성도 높아 보이지 않았기 때문에 나 역시 잘 다니고 있는 직장을 그만두고 MBA를 하는 것이 현명한 행동인지 망설여졌던 것이 사실이다.

그 당시 나는 뚜렷한 커리어 체인지에 대한 계획을 가지고 있지는 않았다. 4년 넘게 투자은행에서 Analyst, Associate으로 일하는 동안 내 나이에 비해 많은 책임과 권한을 가지고 일할 수 있었고 많이 배우고 발전할 수 있다는 면에서 업무에 대한 만족도는 매우 높았다. 하지만, 4년 이상 체력의 한계를 뛰어 넘어 지속된 극심한 업무량은, 특히 결혼과 가정에 대해 심각하게 고민하고 있던 나에게는 상당한 부담으로 다가왔다. 앞으로 10년 후, 15년 후에도 과연 내가 성공한 M&A Banker로 남을 수 있을까, 아니면 다른 일을 할 수 있을까 하는 여러 고민을 하게 되었다. 그 당시 Banking 쪽 업무를 담당하며 buy side의 고된 업무량에 부담을 느끼던 사람들은 가장 관련성이 많으면서도 일과 생활에 좀 더 균형을 가질 수 있는 Private Equity에 관심이 많았다. 나 역시 PE 쪽에 기회가 있다면 옮기고 싶다는 생각을 했었지만 경기가 급속히 나빠지는 시점에서 매우 소수의 인원만을 선발하는 PE 쪽에서 새로운 자리를 찾기는 매우 어려워 보였다. 이런 시점에서 MBA는 나에게 매일 쏟아지는 업무에서 잠시 벗어나 재충전하며 미래에 대해 생각하고 계획할 시간을 제공해 줄 좋은 대안이었다. 단기적으로는 나의 커리어에 직접적인 도움이 되지 않고 승진이나 기회 비용 면에서 부정적인 면이 더 많았지만 장기적인 관점에서 보면 내가 하던 일을 계속하든지 아니면 새로운 진로를 찾든지 신중히 생각하고 결정할 수 있는 계기와 기회를 만들어 줄 수 있을 것이라 생각됐다.

켈로그 스쿨에서 4 쿼터 프로그램을 선택한 나는 2002년 여름에 학교생활을 시작했다. 첫 학기는 다른 클래스 동료들이 모두 썸머 인턴을 하던 시기라 학교 전체에 4 쿼터 프로그램을 하는 한 클래스만 남아 있어서 매우 조용했다. 대부분의 MBA 생활이 첫 학기부터 수업과 썸머 인턴을 잡기 위한 인터뷰 준비로 전쟁처럼 시작되는 것과는 달리 썸머 인턴을 하지 않는 1년 코스인 4 쿼터 프로그램 학생들은 최소한 첫 학기만큼은 인터뷰나 설명회 등의 일정이 전혀 없어 마치 1학년 학부생처럼 공부와 학교생활에만 전념할 수 있다. MBA 1학기를 지내 본 분들이라면 공부에만 전념할 수 다는 것이 얼마나 여유로운가를 잘 이해하실 것이다. 숨 돌릴 틈도 없이 1년 365일 거의 하루도 온전히 쉬지 못하고 일해 온 나에게 그 첫 학기는 오랫동안 기다려 온 온전한 정신적 휴식시간이었다.

평화로웠던 여름 학기를 보내고 썸머 인턴을 마친 2학년들이 돌아온 가을 학기는 본격적인 MBA 생활의 시작이었다. 나 역시 다시 Banking 업무로 돌아갈지 아니면 새로운 커리어에 도전할지 고민하며 여러 회사 설명회와 세미나를 전전하다 나의 MBA 졸업 후 진로를 결정짓는 계기가 된, Lehman Brothers에서 주최한 세미나에 참석하게 되었다. 그 세미나의 주제는 "Derivatives(파생 상품)"였다.

2002년은 파생 상품의 거래, 특히 신용 파생 상품의 거래가 본격적으로 시작되던 시기였다. 90년대 후반 간단한 이자율 스왑과 환율 관련 파생 상품들을 어깨 너머로 접했던 나에게 Lehman Brothers에서 주최한 파생 상품 세미나의 내용은 신선한 충격이었다. 특히, 폭발적인 증가세를 보이며 시작된 신용 파생 상품에 대한 내용은 나에게는 완전히 새로운 세계였고 이 세미나를 통해 나는 새로운 분야에 도전해 보고 싶다는 강한 욕구를 느꼈다.

그 세미나 이후 나는 이전에 Banking 쪽에서 일하며 알고 있던 그 분야에서 일하는 분들과 연락하며 만나기 시작했다. 다행히 내가 금융 분야에서 내 진로와 관련해서 멘토처럼 생각했던 분이 오랫동안 한국에서 이자율 스왑 거래를 담당하시다 뉴욕으로 옮겨서 일을 하고 계셨기 때문에 학기 중에 그분을 찾아가 여러 조언을 구할 수 있었다. 그분을 통해 투자은행의 다른 축인 Sales & Trading 쪽에 대한 자세한 설명을 들을 수 있었고 그분도 신용 파생 거래가 앞으로 5~6년 동안은 파생 상품 중에서도 가장 성장하는 부분이 될 것이라는 말씀을 해 주시면서 새로운 시장에서 많은 기회가 있을 것이라고 하셨다. 나는 그 이후 강의의 선택도 파생 상품 쪽으로 초점을 맞춰 듣기 시작했고 겨울 방학과 봄 방학을 이용해 그 분야에서 일하시는 선배님 등 여러 사람들을 소개 받아 만났다. 결국 그때 만났던 분들 중 한 분 밑에서 졸업 후 파생 상품 세일즈로 일을 시작할 수 있었다.

졸업 후 지금까지 7년 동안 제이피 모건에서 시작해 도이치 은행으로 옮기면서 파생 상품 세일즈로서 금융기관을 대상으로 다양한 금융상품(이자율, 외환, 채권, 신용 파생, 헤지펀드, 주식파생 등)을 거래하고 있다. 최근, 신용 파생의 최정점과 몰락, 글로벌 금융 위기 등을 겪으면서 투자 은행과 파생 거래에 관한 부정적인 시각, 그 가운데에 서 있는 한 사람으로서 어려움과 고민이 많았지만, 지금 다시 MBA 그 시절로 돌아간다 하더라도 나는 아마 같은 선택을 할 수 밖에 없었을 것이라고 생각된다.

10년 넘게 투자은행에서 Banking과 Sale & Trading 양쪽에 걸쳐 일해 오면서 많은 사람들을 인터뷰하고 채용하고 같이 일하면서 느꼈던 점 중에서 MBA 이후에 금융 쪽에서 일하기를 희망하는 분들에게 도움이 될 것 같은 이야기들을 몇 가지 정리해 볼까 한다.

늦은 봄 이맘때가 되면 종종 아직 썸머 인턴 자리를 구하지 못했거나 졸업 후 직장을 구하지 못한 MBA생들이 소개를 받아 찾아오는 경우가 있다. 나를 만나러 온 분들이니 금융 쪽에 관심을 가지고 있는 분들인데 이런 분들 중에 종종 MBA 전에 전혀 다른 분야에서 오랫동안 일한 후에 MBA 수업도 금융 관련 분야를 깊이 있게 공부하지 않은 분들이 꽤 있었다. MBA를 통해서 커리어 체인지를 원하시는 분들, 특히 다른 분야에서 장기간 일하다가 금융 쪽으로 경력을 바꾸시려 하는 분들은 반드시 이전 경력이 향후 경력에 도움이 되는 쪽으로 연관성을 찾아 바꾸는 것이 중요하다. 예를 들어 공대 출신으로 전자나 IT 등의 기술에 대한 이해가 높은 분들은 금융 쪽에서도 관련 분야 주식 리서치나, 만약 영어에 능통하다면 그런 분야에 대한 높은 지식을 바탕으로 주식 세일즈 쪽에 도전해 볼 만하다. 만약, 이공계 출신으로 시장에서 선호하는 기술 분야에 대한 전문적 지식을 가지고 있지 않으나 수리적 능력이 탁월해 금융 쪽 관련 분야에서 일하고 싶으신 분들은 MBA 보다는 금융공학 쪽을 선택하는 편이 훨씬 커리어 체인지에 유리하다. 이런 경우는 학교에서 금융 쪽에 대한 많은 준비를 해야 하기 때문에 관련 과목을 열심히 공부하고 인터뷰에서 아주 강한 인상을 남겨야 한다. 또한, 재학 중에 미리 본인이 하고자 하는 분야에서 일하는 분들을 소개 받아 많이 만나 이야기 나누고 본인이 직업을 구하고 있다는 사실을 널리 알리는 것도 중요하다. 의외로 특히 외국계 투자은행의 경우 정식 MBA 리쿠르팅을 통해 뽑는 인원보다 그때 그때 인맥을 통해 필요한 분야에서 각자 필요한 인원을 충당하는 경우가 훨씬 많다.

아직 직장 경력이 길지 않은 젊은 MBA 지원자들은 MBA를 통한 커리어 체인지가 훨씬 용이하다. 젊은 지원자의 경우 인터뷰에서 이전 경력 자체보다는 직업에 대한 태도나 전반적인 능력이 특정 경력보다 우선시 된다. 단 이 경우에도 학부생 지원자가 아닌 MBA 출신 지원자라면 최소한 학교에서 배울 수 있는 전문지식 등 테크니컬한 질문에 대한 준비는 철저히 해야 한다.

경력이 긴 지원자나 짧은 지원자나 커리어 케인지를 통해 새로운 분야에서 직업을 구하려면 무엇보다도 네트워킹을 통해 그 분야에서 일하는 사람을 많이 아는 것이 유리하다. 하지만, 직업을 위해서 인맥을 넓히는 일이 결코 쉽지 않고 그다지 유쾌하지 않은 작업일 수 있다는 것을 시도해 본 사람들은 충분히 이해할 것이다. 특히 나에게 도움을 줄 수 있고 좋은 정보를 줄 수 있어 내가 만나고자 하는 사람들은 대부분 직업적으로 매우 바쁘기 때문에 세심한 노력을 하지 않으면 좋은 인상을 남기며 도움을 받기가 쉽지 않다. MBA 과정에 있는 분들은 학교 선배를 활용하는 것이 가장 효과적인 방법인데, 의외로 선배들에게 연락해 도움을 받는 사람들은 많지 않다. 하지만 커리어 체인지를 원하는 사람들은 특히 자신이 관심 있는 분야의 선배들을 많이 만나고 연락하는 것이 원하는 직업을 구할 수 있는 가장 빠른 방법이다. 나의 경우에도 종종 후배들의 연락을 받는데 일이 바쁜 경우 이메일이나 전화 메시지에 대해 즉각 답을 못하고 잊어버리게 되는 경우가 가끔 있다. 하지만, 답을 못하더라도 다시 연락이 오면 미안한 마음에 두 번째 연락에 대해서는 더 신경을 쓰게 된다. 또한, 직접 찾아오고자 하는 후배를 거절하는 것은 쉽지 않으므로 가장 좋은 방법은 사전에 연락을 하고 한 번이라도 직접 만나보는 것이 가장 좋다. MBA 학기 중에 서울에 있는 선배들을 찾아보는 것은 쉽지 않으므로 학기 시작 전이나 썸머 인턴을 하기 위해 서울이나 홍콩 등에 머무를 때 잊지 말고 시간을 내 선배들을 한 명씩 따로 찾아보는 것은 회사 리쿠르팅 세션에 참가하는 것보다 중요할 수 있다.

마지막으로 금융이나 컨설팅 등 특정 선호 분야에만 관심을 가지고 MBA를 그 분야에 진출하기 위한 발판으로 생각하시는 많은 분들에게 최근 회사 컨퍼런스에서 만난 "프라나브 미스트리(Pranav Mistry)"라는 사람을 통해 내가 직업과 진로에 대한 새로운 생각을 가지게 된 이야기를 하고 싶다. 프라나브 미스트리는 실제 세계와 디지털 세계를 연결하는 SixSense를 발명한 사람으로 현재 MIT Media Lab에서 SixSense를 연구하고 있다. 프라나브의 강연을 보면서 나는 이 사람이 10년 후 우리에게 스티브 잡스보다 더 영향력 있는 사람이 될 것이라 생각했다. 그의 비전과 지난 10년의 노력은 정말 대단해서 나와 함께 강연을 들은 많은 동료들이 이런 사람들 때문에 인류가 진보한다며 감탄과 놀라움을 감추지 못했다. 이 사람에 대해 아직 들어보지 못한 분들은 유투브에서 쉽게 이 사람의 강연 동영상을 볼 수 있으니 꼭 한 번 보시기 바란다.

그 컨퍼런스에 모였던 대부분의 사람들은 금융 분야에서 일하는 사람들이었는데 나를 포함한 많은 사람들이 자신들의 자녀가 미래에 우리와 같이 금융 분야에서 일하기보다는 이 프라나브 미스트리와 같은 사람이 되었으면 좋겠다는 이야기를 하며 이 사람의 강연을 자녀들에게 보여주겠다고 했다. 오랫동안 MBA 졸업생들에게 선망 받는 직업 중 하나였던 투자은행에서 근무하는 수백 명의 사람들이 함께 부러워하고 자신의 직업보다 더 자녀에게 권해 주고 싶다는 일을 하고 있는 이 매력 있는 사람의 이야기를 미래의 진로를 고민하는 젊은 여러분이 꼭 보시면 좋겠다.

내가 MBA를 준비하고 미래의 진로에 대해 고민하는 분들께 이 사람의 이야기를 꺼낸 이유는 세상에는 정말 우리가 MBA하면서 흔히 고려하는 직업보다 훨씬 다양하고 멋진 직업이 많다는 사실을 여러분이 잊지 않았으면 하기 때문이다. 세상에는 해 볼 만한 멋진 일들이 많이 있고 사람들이 선호하는 직업도 빠르게 변화하기 때문에 신중히 생각해 보지 않고 남들이 좋아하니까, 당장 보수가 좋으니까 하는 단순한 잣대로 진로를 결정하는 것은 매우 위험한 행동이다. 내가 대학을 졸업하고 처음 직장을 구할 때만 해도 한국에서 투자은행이 어떤 곳인지 알거나 그런 직장을 구하려는 친구는 거의 없었다. 15년이 지난 요즘 각 대학에서 투자은행에 들어가기 위한 결성된 동아리들이 활발하게 활동하고 있으며 그 동아리 출신들이 신입사원의 상당 비중을 차지하는 모습을 보면서 과연 15년 후에도 이 직업이 계속 이렇게 인기가 있을 수 있을까 생각해 본다. 이미 최근 글로벌 금융 위기를 겪으면서 이러한 트렌드는 꺾이기 시작한 것 같으니 부디 10년 20년 후를 내다보며 진로를 고민하는 여러분들은 과거가 아닌 미래를 생각하며 다양한 생각과 경험을 통해 진로에 대한 신중한 결정을 내리기 바란다.

김 용 아

HBS Class of 2001

MBA를 마치고 직장을 선택하면서 나의 적성을 고민하고 내가 원하는 바와 그 회사가 추구하는 인재상과 문화가 일치하는가를 생각하게 되었다. Investment bank에서 인턴을 통해 일이 매우 재미있다는 생각은 들었지만 나의 경우 MBA 가기 전에 다니던 직장인 McKinsey가 추구하는 Mission과 가치가 나와 가장 잘 맞는다는 생각이 들었고 다시 McKinsey로 돌아가기로 결정하였다. 나의 경우는 다시 예전 직장으로 돌아왔지만 중간에 그래도 MBA를 하면서, 그리고 Summer intern을 통해 나의 적성과 장기적 진로를 고민할 수 있는 기회가 있었고 그런 고민을 바탕으로 한 선택이기에 더욱 만족하면서 지금도 나의 현재 커리어를 영위할 수 있다고 생각한다. 주위의 다른 사람들의 경우를 보면 MBA가 진로를 바꾸는 좋은 전환점이 되는 것 같다. MBA 과정을 통해 그전에 몰랐던 새로운 기회를 접하게 되거나 원래 하고 싶었던 일로 전환하거나 본인의 가치를 더욱 올리는 경우들을 많이 보았다. 또한 요즘처럼 이직이 흔한 사회에서 MBA는 이직을 할 때 도움이 되는 자격증과 같은 역할을 하는 것 같다. 물론 이제는 많은 사람들이 MBA를 하기 때문에 예전처럼 그리 차별적인 것은 아니더라도 역시 직장을 선택하고 새로운 option을 열게 되는 데 여전히 도움이 된다고 느낀다.

McKinsey에 돌아와서도 MBA는 여러 면에서 도움이 되었다. 우선 매번 프로젝트를 시작할 때 새로 만나는 client들을 대할 때 HBS를 졸업했다는 것은 처음부터 좀 더 강한 신뢰감을 형성하는 데 도움이 되었다. 아무래도 우리 나라를 포함하여 다른 나라에서도 MBA의 name value는 무시할 수 없는 것 같다. 어느 어느 MBA 과정을 밟았다고 하면 그래도 어느 정도는 되겠구나 하는 생각을 하는 것 같다. 따라서 보다 용이하게 관계를 형성하고 좋은 인상에서 일을 시작할 수 있다는 것은 현실적인 관점에서 MBA가 주는 큰 장점이라는 생각이 든다.

또한 보다 중요한 것은 MBA를 통해 좀 더 자신감을 가질 수 있다는 것이라는 생각이 든다. MBA 과정을 밟으면서 본 수많은 사례와 학습한 내용에서 얻은 지식으로 인한 자신감이 있다. 사회 생활에서 자신이 자신을 어떻게 생각하고 얼마나 당당하게 행동할 수 있는가가 중요한 성공의 관건이라고 생각한다. MBA 또한 이런 자신감을 주는 중요한 계기가 되는 것 같다.

MBA를 통해 형성한 인맥 역시 사회 생활에 큰 도움이 되었다. McKinsey에 HBS 졸업생이 많기에 프로젝트를 진행하면서 새로운 나라, 산업 혹은 내용을 다룰 때 그 쪽 분야 혹은 나라에서 일하고 있는 McKinsey의 HBS 출신에게 도움을 요청하면 아주 모르는 사람보다는 보다 용이하게 도움을 받을 수 있다. 또한 국내에서도 선후배 관계라는 것이 아직은 중요하기에 이를 통해 구축된 인맥 또한 절대 무시할 수 없는 자산이다. 국내에 해당 학교의 졸업생이 얼마나 있고 얼마나 유대가 잘 되어 있는가 또한 MBA 선택 시 중요한 요인이라고 생각한다.

정 지 현

Kellogg School of Management(JD-MBA),
Class of 2012

(원고에 대해서 한마디: 이 부분은 제가 올 가을부터 리크루팅 예정이라 개인적인 내용이 아닌 일반적인 내용 위주로 작성했습니다.)

JD-MBA는 두 개 학위가 주는 유연성으로 인해 졸업 후 다양한 분야에서 활동을 하고 있다. 로펌에 취직을 해 변호사로서 업무를 하는 경우도 있고, Business 관련 일을 하는 경우도 많다. 경기에 따라서 어느 분야의 채용이 활발한지에 따라서도 매해 조금씩 졸업생의 취업 현황이 바뀌고 있다. 특히 요즘은 경기가 안 좋다보니 dual degree라는 것이 장점이 더 부각되는 시기인거 같긴 하나 dual degree는 양날의 칼이 될 수도 있음을 유의해야 한다.

선배들 이야기를 들어 보니 어느 쪽 리크루팅을 할 때든지간에 왜 2개의 학위를 했는지 꼭 질문을 받으며, 인터뷰시 과연 해당 회사에 충성을 할 것인지에 대해 의문을 품는 경우들도 많다는 것이다. 통상 MBA나 JD 졸업 후에 받는 고액 연봉은 회사들이 인재에 대해 미래의 가능성을 보고 하는 투자이다. 2개의 학위가 있다는 것은 Business 관련 분야나 Law 둘 중 어디에서든 일할 수 있는 옵션을 주기에 리크루팅시 채용 담당자는 지원자가 단기간에 회사를 그만둘지도 모른다는 생각을 하는 경우도 많다고 한다. 그러나 인터뷰시 회사 담당자에게 자신이 dual degree를 한 이유를 명확하게 설명할 수 있고, 그로 인한 자신의 장점을 부각시킨다면 JD-MBA가 다른 지원자와는 차별화되는 요소가 될 것이다.

김 영 한

MBA University of Minnesota,
Carlson School of Management,
Class of 2003

: MBA 꼭 가야만 기업에서 성공하는가?

아니다(물론, 비전공자라면 가는 것이 좋다). 최근 MIT의 Frydman 교수의 학술 연구에 의하면, 지난 50여 년간 MBA를 가진 사람들의 CEO진출이 눈에 띄게 많아진 것이 사실이고, engineering처럼 어느 한 분야에만 특화된 기술을 가진 사람보다는 범용 인재가 더 CEO노동시장에서 잘 팔려 다닌다고 한다. 나의 연구에서도 CEO들의 연봉을 봤을 때, CPA를 가진 사람들은 lower bound를 형성하는 반면 MBA를 가진 사람들은 upper bound를 형성한다. 그러나 그것이 곧 누구나 다 MBA를 해야 한다는 것은 아니다.

첫째, Risk-return trade off, brand equity, competitive advantage 등의 개념이 박혀 있는 사람이라면, 학부 때 경영학을 전공한 사람이라면, 그리고 social networking을 잘할 줄 아는 사람이라면, 갈 필요 없다. 나의 경영학과 친구들 중에 가장 돈 많이 벌고 있는 친구들은 대개 다들 MBA 유학 갈 시간조차 없이 일만 하고 있고, MBA를 딴 사람들보다 더 높은 자리에서 일만 잘한다. 내 중국인 홍콩 친구를 얘기해 보자. 그 친구는 Chinese University 학부에서 경영학을 하는 중에 Brown 대학에 교환학생을 갔다 왔다. 나와는 그 당시 교환학생 친구다. 그 후 이 친구는 Wall Street의 투자은행에서 일하고, 미국의 가장 역사와 전통을 자랑하는 재벌 가문들 중 하나에서 만든 Private Equity의 상무가 되어 홍콩을 관장하고 있다. 그 친구가 자신의 밑에 직원을 한 명 뽑으려고 공고를 냈더니 수천 명의 지원자가 몰렸는데, 그 중 많은 사람들이 MBA는 물론이고 심지어는 박사학위 소지자까지 있었단다. 학부 졸업장밖에 없이도 수백만 달러를 받는 그 친구의 말이 중요하다. "I was wondering whether I was hiring them as my boss, because they were so overqualified." 물론 그런 모든 사람들의 레주메는 날아가 버렸단다. 뽑는 사람(직속상관)이 부담스럽게 만들어서는 안 된다. 석사학위란 것을 하나 하면 '스펙'은 좋아 보일지 모르나, 그만큼 운신의 폭이 좁아진다는 것을 잊지 말아야 한다.

늘 졸업을 앞둔 학부생들에게 나는 목이 터져라 외친다. "일단 직업전선에 뛰어들어서 쓴맛을 보고 거기서 경력을 쌓아 올라가서 성공하든가, 아니면 그러던 중에 잠시 1~2년 투자해서 MBA를 하지, 절대로 학부 졸업 직후에 바로 석·박사로 뛰어들지 말라!!!" 내 눈높이에 안 차는 직장밖에 손에 안 쥐어져서 가기 싫은가? 내 자신의 현주소를 인정하기 싫은 것은 누구나 마찬가지다. job market의 randomness를 받아들이고, 배워야 한다. 1등 인재가 반드시 1등 회사에 가는 것은 아니다. 늘 어느 정도 확률일 뿐이다. 때로는 시장이 전에 없는 경제위기가 닥쳐서 고용해 주는 회사가 적다 보니 욕심에 안 차는 회사로 갈 때도 있다. 그러나 그런 나의 현주소를 인정해 주고 받아넘겨야 시간과 감정 낭비를 최소화 하게 되고, 다음에 더 성장할 수 있다. 인생은 40으로 끝나지 않고 80까지 가며, 자자손손 내려가니까. 그리고, 고맙지 않은가! 나를 그래도 알아주고 받아주는 곳이 있으니 말이다. 때론 그렇게 쓴맛을 보고 와신상담해야 한다. 학위 과정으로 도피하지 말라. 도피하는 것은 그저 자신의 경쟁력을 서서히 그러나 확실하게 갉아먹는 일이고, 학원 강사들에게 혹은 학위 파는 학교들에게 돈이나 더 주는 일밖에 아무것도 아니다. "너는 교수면서 학위 판다는 것을 자인하는 꼴인데, 스스로에게 불리한 얘기 아니냐? 무조건 학위 따라고 해야 하는 것 아니냐?"라고 질문한다면 나의 대답은 뻔하다. "제대로 준비된 사람들만 받아서 학위 주고 내보내서 성공하게 만들고 싶다."

많은 사람들은 "학부 졸업 후 바로 석 · 박사에 뛰어들지 말라"는 내 말을 액면 그대로 받아들이지 않는다. "그러는 너는 왜 MBA도 하고 박사까지 했냐?"고. 나도 학부 즐업 후 2년간 현업 경험을 했다. 어떤 사람들은 "시집 장가 간 사람들이 처녀 총각들한테 '결혼해 봐야 소용없어. 그저 싱글로 즐기며 살아"라고 헛된 훈수를 두는 것과 똑같이 들린다"고 할 지 모르겠다. "가진 자의 여유(뭘?)" 아니냐는 소리도 들어봤다. 그러나, 학위는 결혼과는 절대로 종류가 다른 개념이다. 결혼하면 risk가 줄어든다. 결혼한 사람에 대해서는 자동차 보험료도 줄어들지 않는가? 반대로 학위는 risk를 늘리는 투자다. 2년 혹은 그보다 긴 세월을 투자해서 성공한다는 보장이 없다. 어떤 사람들은 MBA, 혹은 top school MBA 가 과거 급제하는 거나 고시 패스하는 것처럼 무언가를 보장해 주는 것으로 착각하는데, 절대 아니다. 불확실성이 심한 business world에 내 자신을 익숙하게 만드는 과정이고, 그런 점에서 오히려 더 위험하기도 한 과정이다. 눈에 띄는 사람들은 모두 이 과정을 성공적으로 마무리하고 운 좋게도 좋은 직장까지 가지게 된 소수의 사람들이다. 중간에 실패한 사람들은 눈에 띄지 않는 곳에서 말없이 살아가고 있다. 너무나 큰 survivorship bias를 무시하고 너도나도 스펙을 좇아 현업의 일은 안 하고 그저 석 · 박사 학위과정을 도피처로 삼아 가는 경우들이 있다. 절대 해서는 안될 일이다. 학부를 졸업했으면, 학자가 되고자 하지 않는 이상 무조건 현업으로 가야 한다고 생각한다.

한국에서 MBA 따기

강 승 완

Graduate School of Business,
Yonsei University, MBA Class of 2009

이 글을 쓰는 이유는 한국형 MBA의 우수성을 알리고, 한국형 MBA의 과거와 현재를 입체적으로 이해하는 데 도움을 주기 위해서이다. 어떤 대상에 대해서 더 자세히 알수록 그 대상에 대해서 애착과 자신감이 생기는 것이다. 이 글은 한국형 MBA에 대한 개인적인 경험을 MBA 학생의 시각에서 서술한 내용과 함께 한국형 MBA의 설립 근거와 법적 기반 및 운영 현황 등 기존의 수기에는 잘 언급되지 않거나 단편적으로만 언급되던 한국형 MBA에 관한 공식적인 정보들을 담고 있다. 한국형 MBA의 제도와 운영에 대한 이해를 통해서 한국형 MBA의 미래를 예측하고, 한국형 MBA에 대한 자신감을 갖게 되기를 희망한다. 한국형 MBA의 제도적인 뒷받침과 사회적인 트렌드 및 현재까지 한국형 MBA의 운영 결과로 판단해 볼 때, 한국형 MBA의 미래는 밝다. 어떤 이유에서건 해외로 공부하러 나가기 어려운 분들께, 가치 있는 대안으로서 한국형 MBA를 추천한다.

: 한국형 MBA란 무엇을 말하는가?

한국형 MBA의 시작 과정과 정부의 주도적 역할

국내에는 법학전문대학원, 치 · 의학전문대학원, 경영전문대학원 등 전문가 양성을 위한 대학원이 있다. 한국형 MBA는 국제적 경영 능력과 더불어 한국적 기업 특성에 밝고 세계적으로 경쟁력 있는 경영전문 인력양성을 목적으로, 고등교육법시행령(제22조의 2 등) 및 대학설립 · 운영규정 개정('06.6월)에 따라 설치된 경영전문대학원의 경영전문석사 제도를 말한다. 2005. 11월에 교육인적자원부가 발표한 세계적 수준의 "한국형 MBA 육성계획"에 따라 2006년 9월에 7개의 경영전문대학원이 학생을 모집하면서 시작되었고, 현재 전국 14개 대학에서 운영 중이다. 한국형 MBA 과정(경영전문대학원)은 대학에서 자율적으로 입학생을 모집할 수 있는 특수대학원 제도와 달리, 설치, 운영, 입학생 정원 등에 대하여 정부의 인가를 받아서 운영되는 제도이다. 2010년도 현재 전국의 200여 개의 대학 중에 14개 대학만이 경영전문대학원(한국형MBA) 설치 인가를 받았다. 정부가 제시한 기준을 충족한 대학만 경영전문대학원(한국형MBA) 설치 인가를 받을 수 있고, 정부가 정해 준 입학 정원에 따라 학생을 모집하고 이후 운영에 있어서도 일정 정도는 교과부가 한국형 MBA의 교육의 질에 대한 가이드라인을 정해 주고 이에 대한 준수 여부를 다음 년도 입학 정원 결정 등에 반영할 수 있어, 정부가 한국형 MBA 교육의 질에 대한 최소한의 품질관리를 하고 있다는 특징이 있다.

2009.10월 기준으로 총 14개 대학이 한국형 MBA로 받은 전체 정원은 2,066명(학술석사, 학술박사과정 제외)이며, 연세대 257명, 고려대 315명, 서강대 230명, 한양대 254명, 서울대 100명 등 각 학교별로 입학정원의 숫자는 다르며, 교원확보율 등 설치 · 운영 조건을 충족한 대학의 경우 대학원 총 입학정원 내에서 경영전문대학원 입학정원 자율 조정이 가능하나, 대내외적 역학관계로 인하여 한번 정해진 정원을 조정하기는 쉽지 않은 것이 현실이다.

〈표 1〉 한국형 MBA(경영전문대학원) 설치 대학 리스트

설치년도	대학수	대 학 명	비 고
2006년	8개	연세대, 고려대, 서강대, 서울대, 성균관대, 이화여대, 한양대, 인하대(물류)	1차 인가
2007년	5개	동국대, 숙명여대, 전남대, 중앙대, 한국정보통신대('09.3.1자 KAIST ICC로 출범)	2차 인가
2010년	1개	건국대	3차 인가

※한국정보통신대는 '09.3월 KAIST ICC로 바뀌었음. KAIST ICC는 특별법에 의해 설치된 KAIST 테크노/금융/정보미디어 경영대학원과는 현재 별도 운영 중임(출처: 2009. 4. 29,교과부 보도자료, 한국형 MBA '09년 상반기 신입생 모집 및 운영현황)

각 대학은 입학정원 내에서 세부 과정별로 구분하여 운영할 수 있는데, 서울대를 제외한 모든 대학은 풀타임과 파트타임 과정을 함께 개설하여 운영하고 있고, 서울대는 입학정원 전원을 풀타임(주간) 과정으로 운영하고 있다.

어디까지가 한국형 MBA이고, 한국형 MBA가 아닌 다른 MBA는 뭔가?

≫ 기존의 MBA과정과 한국형 MBA과정의 차이

정부로부터 정식인가 받은 14개 "경영전문대학원"을 졸업한 경영전문석사를 "한국형 MBA"라고 한다. 한국형 MBA 제도 이전에는 각 대학별 자체적으로 특수대학원인 "경영대학원"을 설치하여 운영하여 왔다. 이들 경영대학원들 중 일부는 정부의 인가를 득하여 경영전문대학원으로 전환되었다. 기존의 특수대학원인 경영대학원에서도 명칭을 "MBA"로 하여 석사학위를 수여해 왔었다. MBA라는 학위 명을 경영전문대학을 졸업한 한국형 MBA 이외에 특수대학원이나 기타 다른 형태의 교육기관 졸업생에게 수여하는 것은 대학의 자율의 영역에 맡겨져 있다. 그러나, 졸업장에 똑같이 MBA라고 적혀 있더라도 이 둘간의 위상에는 차이가 있는 것이 사실이다. 예를 들면, 기존의 경영대학원 및 경제대학원을 포함한 여러 특수대학원 학생들이 경영전문대학원의 수업을 수강하면 학점을 인정 받을 수 있지만, 반대로 경영전문대학원생이 특수대학원에서 수업을 들으면 학점을 인정받지 못할 수 있다. 위상이 높아진 경영전문대학원은 일반대학원(본 대학원)과는 학점 교류가 되어도 특수대학원과는 학점 교류가 되지 않는다.

"경영전문대학원"이라는 명칭을 쓰기는 하지만, 한국형 MBA와 다른 경영전문대학들이 있다. 고등교육법시행령 및 대학설립 · 운영규정 개정('06.6월)에 따라 설치된 14개 경영전문대학원 이외에 특별법에 의해 설립되어 운영 중인 KAIST 경영전문대학원과 기존 고등교육법령에 의거 운영 중인 세종대 · 서울과학종합대학원대학교 경영전문대학원 등을 말한다(2008.10.8 교육과학기술부 보도자료, 한국형 MBA '08년 하반기 신입생 모집 및 운영현황). 이들의 면모를 살펴보면 한국형 MBA보다 오히려 더 오래된 역사와 경험을 가지고 있는 학교도 있다. 따라서 MBA 교육과정에는 한국형 MBA뿐 아니라 각 대학의 특수대학원(경영대학원 포함), 한국형 MBA와 다른 법적 기반 위에서 설립된 MBA과정들이 있다. 이들 MBA 교육과정 중에서 정부에서 별도로 한국형 MBA라는 명칭으로 관리하고 있는 대상은 위에서 언급된 14개 대학의 한국형 MBA로 인가받은 과정에 한정된다. 예를 들면, 모 대학에서 풀타임 과정으로만 운영되는 한국형 MBA 정원 외에 파트타임으로 MBA과정을 추가로 개설하여 대학 자체적으로 MBA학위를 수여할 수 있으나, 이들은 한국형 MBA의 입학정원 이외의 입학생이므로 한국형 MBA과정을 졸업한 것은 아니다. 한국형 MBA는 법학전문대학원이나 치·의학전문대학원과 달리 특별히 정부가 인정하는 라이선스를 부여받는 것이 아니기 때문에 한국형 MBA 외에 여러 종류의 MBA가 존재하는 것이 사회적으로 이슈가 되는 사항은 아니다. 그리고, 꼭 한국형 MBA가 다른 MBA에 비하여 더 나은 교육과 기회를 제공한다는 보장이 있는 것도 아니기 때문에 꼭 한국형 MBA이어야만 하는 것은 아니다. 다만, 논의의 초점을 유지해야 하는 관계로 이 장에서는 한국형 MBA를 중심으로 서술한다.

한국형 MBA를 구분하는 중요한 기준은 2가지이다. 첫째는 파트타임(야간, 주말) 과정과 풀타임(주간) 과정의 구분이다. 이 둘의 교과 과정과 이수 학점은 동일하기 때문에 야간이나 주말에 수업을 받는 파트타임 과정은 교육기간이 2년이고, 주간에 수업을 듣는 풀타임은 1년 또는 학교별, 과정별로 1.5년인 경우도 있다. 앞서 인용한 상위 법규의 내용 상, 주간과정 역시 기본 수업연한은 2년이나, 일정조건(교원확보율, 교사확보율 등)을 충족한 경우에 한하여 그 연한을 1년까지 단축할 수 있다.

두번째 중요한 기준은 한국형 MBA의 입학 정원 내에서 갈라지는 세부과정의 구분이다. 세부과정은 여러 가지로 구분될 수 있겠지만, 학습 내용을 기준으로 볼 때 크게 4가지로서, 일반MBA 과정 및 일반MBA 과정과 교과과정이 유사하거나 완전히 다른 Executive-MBA 과정, 금융MBA 과정, 특별주제MBA 과정(예를 들면, 물류, 의료, 르꼬르동블루, 기술과정 등)으로 구분할 수 있다. 이 과정들은 선발기준과 경쟁률, 학비, 학사내용 등이 다르기 때문에 모집 과정부터 과정별로 구분하여 동시 모집을 하고 있고, 입학 후에 과정을 바꾸기는 쉽지 않다.

: 학교 간 경쟁체제인 한국형 MBA

정부의 경쟁유도와 대학별 자발적인 경쟁노력

경쟁의 출발은 상대적인 비교에서부터 시작된다. 과거에는 각 대학 자율로 운영되고 있던 특수대학원인 경영대학원들 간에 직접적인 비교가 불가능했기 때문에 경쟁의 강도가 높을 수 없는 구조였다. 정부가 한국형 MBA제도를 도입한 후부터는 설치인가 과정에서부터 실제 운영에 이르기까지 여러 가지 과정이 대학 간 경쟁체제로 운영되고 있고, 이러한 학교 간 경쟁을 통한 발전을 정부가 유도하고 있다. 정부의 한국형 MBA 제도 운영으로 인하여 기존의 대학들을 동일한 기준으로 비교하는 것이 가능해졌고, 그 비교 결과에 따라 정부로부터 차별적인 보상과 제재가 주어짐으로 인하여 점점 경쟁의 강도가 증가하고 있다. 현재 경영전문대학원은 전체 대학 내에서 변화와 혁신의 노력이 가장 치열하게 요구되는 분야가 되었다. 실제로 2010년도에 경영전문대학원 설치인가를 요청한 3개 대학 중에 1개 대학만 인가를 받은 것에서도 경쟁의 강도를 짐작할 수 있다. Brain Korea 21(이하 BK 21)이라는 정부의 학문장려 지원제도 역시 경영전문대학원의 경쟁을 유도하는 제도적 장치이다. 정기적으로 BK21 심사를 통하여 정부의 지원금을 받게 되는데, 14개 경영전문대학원 중 4개만이 선정되며, 이 선정과정에서 14개 경영전문대학원들 간의 비교가 이루어지게 되고, 그 결과가 언론에 공표되기 때문에 대학별로 더 나아지고자 노력하게 만드는 선의의 경쟁을 촉진시키는 역할을 하고 있다.

또한 정부 주도로 한국형 MBA라는 제도의 틀로서 동일한 비교의 잣대 위에 놓인 각 대학들도 경쟁에서 뒤지지 않기 위해서 부단히 노력하고 있다. 교과과정 개편과 교수요원 확충은 기본이며, 점차 많은 대학들에서 기업에서 해 오던 운영 체제를 도입하기 시작하였다. 학교 행정실의 조직구조도 개편하고 행정인력으로 기존의 교직원 외에 외국인 교육행정 전문가를 채용하기도 하고, 학교에 따라서는 경영전문대학원장으로 외국인을 임명하기도 한다. 공동 학위제(풀타임에게만 해당되며, 일부 대학만 활성화되어 있음)를 운영하는 등 해외 대학과의 연계에도 힘쓰면서 입학설명회와 광고 및 우수학생 유치를 위하여 노력하는 등 학교 간 경쟁이 적었던 과거와는 달리 확실히 경쟁 지향적으로 변해가고 있다. 또한, 국내 MBA 과정의 세계적 수준으로의 도약을 위해, 각 대학에서는 AACSB[1] , EQUIS[2] 등의 국제인증 획득을 추진하고 있으며, 한국형 MBA 중 서울대('02년)와 고려대('05년)에 이어 '08.12월 연세대, '09.3월 성균관대, '09.9월 서강대, '10.4월 한양대가 AACSB 인증을 받았다. 그 외 6개교(건국대, 동국대, 숙명여대, 이화여대, 전남대, 중앙대)에서 AACSB의 인증절차를 진행 중인 것으로 나타났다. 또한, 고려대는 '07년에 유럽의 EQUIS 인증을 받은 바 있고 (2010.5.25, 교육과학기술부 보도자료, 한국형 MBA 2010년 상반기 신입생 모집 및 운영현황) 연세대를 비롯한 다른 대학들도 이를 추진하고 있다.

1) AACSB(The Association to Advance Collegiate Schools of Business)는 세계의 경영교육 증진과 질 관리를 위해 1916년 미국에 설립된 비영리 기관으로, 교수진, 학생, 시설 및 연구실적 등을 심사해 경영대학 교육의 질을 평가

2) EQUIS(The European Quality Improvement System)는 유럽경영발전재단(EFMD)에서 교수, 학생, 프로그램, 연구 등을 평가

: 한국형 MBA의 현재 모습

학생, 교수, 교직원 간의 동상이몽

정부는 2007년에 이어 2008년에도 한국형 MBA 만족도 조사를 했다. 13개 경영전문대학원 재학생 1,302명과 교수 68명을 대상으로 조사한 2008년도 결과(2009.1.12, 교과부 보도자료, 13개 한국형 MBA '08학년도 만족도 조사 결과)를 보면 학생과 교수 간에 한국형 MBA를 바라보는 시각 차이가 크다는 것을 알 수 있다. 예를 들면, "내가 속한 MBA 프로그램은 변화하는 경영 환경 Trend를 적절하게 반영하고 있다"는 질문에 대하여 긍정적(리커트 5점 척도 중 4점과 5점)이라고 답변한 학생들은 전체의 53.3%인 반면, 교수들은 92.6%에 이르고 있다. "내가 속한 MBA 프로그램의 등록금 수준이 적절하다"는 질문에 대해서는 긍정적이라고 답변한 학생은 19.1%인 반면, 교수는 57.4%이다. 반면 MBA 프로그램의 등록금 수준이 적절한가에 대해서 학생들의 49.8%가 부정적이라고 답변하고 있어 학생들은 교육의 질에 대비한 비용이 비싸다고 생각하고 있다. 한국형 MBA교육을 경제학적인 관점에서 본다면, 이 서비스 상품의 가격에 대하여 생산자(판매자)와 소비자 간의 시각 차가 매우 크게 벌어져 있음을 알 수 있다. 그럼에도 불구하고 한국형 MBA 라는 상품이 팔리는 이유는 무엇일까? 이에 대한 해답은 어쩌면 만족도 조사결과 속에 숨어있는지도 모른다. 교수에 대한 만족도 질문으로 "내가 속한 MBA 프로그램의 교수들은 현재 경영현실(Trend)을 강의와 적절하게 접목하여 제공한다"는 문항에 대하여 긍정적이라고 답변한 학생들은 58.8%(이 문항에 대하여 교수들 중 긍정적이라고 답변한 비율은 95.6%)로서 앞서의 MBA 프로그램이 변화하는 경영환경 Trend를 적절하게 반영하고 있는가라는 질문에 대한 대답에서 나온 수치인 53.3%와 비슷한 수준이다. 반면, "내가 속한 MBA 프로그램은 수업시간에 같이 공부하는 학우로부터 색다른 경험과 많은 학습정보를 얻을 수 있다"는 질문에 대해서는 학생들의 73.7%가 긍정적이라고 답변하고 있다. 이를 통해서 판단해 볼 때, 현재 한국형 MBA 가치의 중요한 원천 중 하나가 같이 공부하는 학생들과의 인적 네트워크를 통한 상호작용임을 알 수 있다. 그러나, 만약 한국형 MBA의 가치를 높이기 위해서 학교가 노력하는 방향이 학생들의 인적 네트워크를 강화시키는 측면보다는, 강의실 내에서의 교육의 질을 높이는 방향으로 맞춰져 있다면, 이 둘 간의 조화와 균형이 향후의 화두가 될 것이다. 만약, 강의실 내에서의 교육의 질 향상이 어느 정도 달성되거나, 더 이상의 강의의 질 향상이 한계에 도달하게 되는 시점이 되어서야 인적 네트워크의 가치 향상에 대해 진지하게 고려하게 된다면, 그 기간 동안 한국형 MBA가 달성할 수 있었을 가치 향상의 상당부분을 잃어버리는 셈이 된다. 한국형 MBA가 시작된지 3년 이상이 되었기 때문에 적어도 2기수 이상의 졸업생들이 배출되었다. 이들에게 그동안 강의실에서 배운 것들을 얼마나 기억하고 있고, 얼마나 가치가 있다고 생각하는지를 물어보면 학교가 생각하는 것과는 다른 대답이 나올 수 있다. 강의실에서 배운 것과 동료 학생들과의 상호작용을 통해서 배운 인적 네트워크의 가치 간의 적절한 균형점이 학교가 생각하는 것보다 훨씬 인적 네트워크 쪽으로 기울어 있을 수 있다. 일반적으로 제한된 경쟁 환경이라면, 수요자가 원하는 상품을 생산하지 않아도 생존은 할 수 있을 것이다. 그러나, 수요자의 가치를 수요자 입장에서 고려하지 않고 생산자 입장에서 판단한 가치를 일방적으로 제공해서는 크게 성공하지 못할 것이다. "해외 유명 비즈니스 스쿨들도 다 힘들게 공부시킨다, 그래서 우리도 힘들게 공부시킨다"는 논리는 잘못되었다. MBA교육의 요체가 학생을 힘들게 만드는 데 있는 것이 아니다. 힘들게 공부시키더라도 학생들이 보람을 느끼고 가치를 인정하는 내용으로 힘들게 공부시켜야 한다. MBA 수업을 들으러 오는 학생들은 그간의 사회 생활을 통해서 비록 당장은 힘이 들더라도 무엇이 진정으로 본인에게 도움이 되는가에 대한 가치를 판단하는 능력을 가지고 있다. 힘만 들고 학생들이 가치를 못 느끼는 내용으로 학생들의 제한된 시간과 에너지를 소비시켜서는 안 된다. 경영전문대학원 본인들이 학생들에게 전달하려는 가치를 학생들의 입장에서 생각하기보다 생산자인 본인들의 입장에서만 생각해서는 글로벌 경쟁에서 뒤지게 된다. 한국형 MBA의 가치를 강의실에서의 교육에서 비롯된 지식의 가치만으로 한정짓는다면 수요자인 학생이 중요하게 생각하고 있고, 더 나아가서, 그 학생의 수요자인 기업이 중요하게 생각하고 있는 학생들간의 상호작용과 인적 네트워크가 소홀히 여겨지게 된다. 이러한 현상은 학교 스스로가 학교의 핵심역량을 너무 좁게 정의할 때 발생하기 쉽다. 학교가 자신의 핵심 역량을 교수라는 눈에 보이는 자산에만 한정하면, 교수가 할 수 있는 일은 강의실에서의 교육의 질 향상이라는 귀결로 이어진다. 학교의 핵심 역량을 눈에 보이는 것으로 좁게 정의하는 것은 누구나 할 수 있는 생각이며, 학교가 이러한 생각에 고착될 때 MBA교육의 수요자와 생산자 간의 가치 인식의 차이는 점점 커질 수 있다. 한국형 MBA 교육을 제공하고 있는 학교가 가지고 있는 진정한 핵심역량은 사회적 배경이 다양한 학생들을 한자리에 불러 모아서 동기생이라는 사회적 지위를 부여하고, 동기라는 일체감 속에서 서로 상호작용할 수 있는 물리적, 시간적 기회를 제공하는 역량이다. 사회의 다른 주체들은 학교처럼 규범적으로나 제도적으로 정당성을 가지고 있지 않다. 오로지 학교만이 사람들을 불러 모으고, 경영 전문 석사(MBA)라는 사회적 인정을 공인해 줄 권위가 있다. 이러한 정당성은 오랜 역사성에서 비롯된 사회적 인식과 석사학위를 부여할 수 있는 법적 기반 등 사회 구조적인 기초 위에 있는 탄탄한 핵심 역량이다. 사람들을 한자리로 불러 모을 수 있는 사회적 정당성이야말로 진정으로 학교가 가지고 있는 핵심 역량일 수 있다. 이 사회적 정당성을 형성하는 원천은 여러 가지가 있을 수 있으며, 그 중에서도 눈에 보이는 중요한 구성요소가 교수진인 것이다. 이러한 사회적 기회의 제공이 높은 수준의 교수진과 맞물려서 상승작용을 함으로써 한국적 MBA의 가치를 높일 수 있는 것이다. 현실적으로 경영전문대학원은 현직 교수인 학장(원장)이 행정의 정점에 있고, 본인이 임명한 현직 교수인 부학장(부원장)을 통해서 행정직원들과 교수들을 이끌어 나가게 된다. 그 결과 학교는 교수가 가지고 있는 역량인 강의를 통해서 한국형 MBA의 가치를 향상시키려는 노력을 하게 된다. 그러나, 한국형 MBA 만족도 조사 결과에 의하면 교수들 중 95.6%가 본인 속한 MBA 프로그램의 교수들이 현재 경영현실(Trend)을 강의와 적절하게 접목하여 제공하고 있다고 응답하고 있다. 이러한 교수들의 인식 상황을 고려해 볼 때, 교수들을 통하여 강의의 질을 높이려는 노력이 얼마나 실효성이 있을지, 그리고 이를 통해서 궁극적으로 한국형 MBA의 가치를 높이려는 노력의 결과가 어떻게 나타날 것인지는 명확하지 않다.

경영사학자 챈들러에 의하면 전략이 구조를 결정하고, 그 구조가 성과를 만들어 낸다고 한다. 경영전문대학원의 학교별 성과의 차이는 구조와 그 구조를 결정한 전략에 있다. 경영전문대학원

구조의 정점에는 경영전문대학원장이 있는데, 이 자리는 주로 학부 경영대 학장이 겸임하기도 하고, 경영대 학장과 별도의 경영전문대학원 원장이 임명될 수도 있다. 경영대 학장은 학부과정을 담당하는 부학장과 경영전문대학원을 담당하는 부학장(부원장)을 임명하여 운영하는 것이 일반적이다. 행정을 담당하는 행정직원들의 명령체계는 공식적으로 현직 교수인 학장(원장)과 부학장(부원장)의 지시를 따르게 되어 있다. 경영전문대학원 업무에 전념하는 부학장(부원장)은 보통 학장(원장)이 임명하게 되어 있고, 그 학장(원장)은 총장이 임명하게 되어 있다. 학장(원장)의 임기는 보통 2년이며, 연임하기도 하고 단임으로 끝나기도 한다. 출범한 지 3년여 밖에 되지 않은 한국형 MBA는 아직 무수한 변화와 실험의 과정을 거치고 있는 중이다. 경영대학원장이 새로 임명될 때마다 입학정원을 배분하는 세부 과정들과 학사 제도가 바뀌기도 하고, 한 사람이 계속 3연임을 하여 6년째 경영전문대학원장을 맡고 있는 경우도 있다. 다소 과장되게 말하면, 각 대학별 한국형 MBA의 성과는 경영대 학장(경영전문대학원장)과 부학장(부원장)의 자리에 얼마나 유연하고 전략적인 사고와 강력한 실천력을 가진 교수가 임명되는지 여부에 달려 있다고 할 수 있다. 한국형 MBA제도는 아직 여전히 초창기의 혼돈 속에서 학교별로 열심히 성장의 길을 모색하고 여러 가지 새로운 변화를 시도해 보고 있는 단계이다. 이러한 역동성은 한국형 MBA의 미래를 밝게 전망하는 주요한 근거이기도 하다.

경영전문대학원의 교직원은 상당한 업무 부담을 감당하고 있다. 많은 학생들이 잘 모를 수 있겠지만, 저녁 10시 야간 MBA 수업이 끝날 때까지 이들 교직원들은 사무실을 지키며, 학생들의 방문과 문의에 응대하고 있다. 나름대로 열과 성을 다하고 있는 이들을 어렵게 하는 것은 사회인 학생들과의 커뮤니케이션 문제이다. 회사와는 많이 다른 학교의 행정 운영 체계 때문에, 직장인 MBA 학생들과 행정 직원 사이에는 정보 공유의 부족과 상호 이해의 부족 문제로 많은 어려움이 있다. 경영전문대학원의 교직원 사회 역시 한국 직장사회의 시한폭탄인 임시직 문제를 피해가지 못한다. 평생 정년이 보장된 정규직 교직원과 고용안정이 보장되지 않는 비정규직 교직원이 함께 섞여서 행정업무를 담당하고 있다. 일반적으로 성과는 역량과 노력이 합쳐져서 산출되는 결과물이다. 경영전문대학원의 행정 실무진은 정년은 보장되어 있지만 보상은 제한되어 있는 정규직 교직원과 언제 해고될 지 모르고 승진 등의 보상체계가 미비한 비정규직 교직원들로 이루어져 있다. 그 위에 이들을 직접 지휘하는 교수들(원장,부원장)이 있는 구조로 이루어져 있다. 2년이면 바뀔 가능성이 있는 교수들로부터 업무지시를 받으며 일하는 행정 교직원은 무엇을 생각하고 어떻게 행동하고 있을까? 2008년도 한국형MBA 만족도 조사에서 "내가 속한 MBA 프로그램에서 제공되는 행정 지원에 대해 전반적으로 만족한다"와 "내가 속한 MBA 프로그램은 행정 직원의 서비스, 업무 능력에 만족한다"에 대하여 긍정적이라고 대답한 학생들의 비중은 각각 47.6%와 49.2%에 불과하다. 한국형 MBA의 현재 모습은 학생-교수-교직원 각자가 서로 다른 동상이몽을 꾸고 있는 상태인 것은 아닐까?

: 한국형 MBA의 장점

직장과 학업의 병행이 가능한 파트타임(야간, 주말) MBA

한국형 MBA의 파트타임 학생과 풀타임 학생의 비율은 6:4이다. 교과부의 발표자료에 의하면 2009.10 현재 2,066명의 한국형 MBA 입학 정원 중 파트타임이 1,276명으로 61.8%를 이루고 있다. 시장에서의 수요와 공급, 경쟁을 고려해 보면, 한국형 MBA의 풀타임 과정보다는 파트타임 과정으로 수요가 몰리는 이유를 알 수 있다. 해외로 유학을 갈 수 있는 나이와 언어적, 체력적, 경제적 역량이 뒷받침되는 사람들은 해외 MBA 과정으로 유학을 가게 된다. 따라서, 한국형 MBA의 풀타임 과정에 입학할 대상자들의 수요가 양쪽으로 갈라지게 된다. MBA 졸업생을 채용하는 기업의 입장에서는 기왕에 직장을 그만두고 풀타임으로 공부할 거라면, 그리고, 그 사람이 진정으로 역량이 있었다면, 해외 MBA의 풀타임 과정으로 유학을 가지 굳이 한국형 MBA의 풀타임 과정으로 진학한 이유에 대하여 편견이 없을 수 없기 때문에, 이에 대하여 타당한 설명을 요구한다. 반면에, 새롭게 직장을 잡아야 할 필요가 없는 경우에, 유학 갈 나이를 놓쳤거나 언어적 문제나 경제적 사정으로 유학을 떠나기보다는 직장을 다니면서 MBA 과정을 다니고자 하는 사람들에게 주말이나 야간에 공부하는 한국형 MBA 파트타임 과정은 좋은 대안이 된다. 직장에서 월급을 받으면서, 기회가 되면 학비까지 받으면서 교과부가 품질을 관리해주는 MBA과정을 다닐 수 있고, 연리 1%로 2,000만원까지 근로자 학자금대출을 받을 수 있고, 본인이 부담한 교육비 전액을 연말정산 시 소득공제에 반영할 수 있는 한국형 MBA의 파트타임 과정에 우수한 인력들이 많이 모이는 것은 당연한 일이다. 이들은 해외 MBA 과정에 입학한다고 하더라고 직장을 그만두고 유학을 갈 수 없는, 풀타임으로 공부할 상황이 안 되는 사람들이기 때문에 한국형 MBA의 파트타임 과정은 거의 유일하면서도 매력적인 대안이다. 해외 MBA과정이 제공해 줄 수 없는 장점들을 많이 가지고 있는 한국형 MBA 파트타임(야간, 주말) 과정과는 달리, 풀타임(주간) 과정은 해외 MBA과정과 직접적인 경쟁 또는 대체재 관계에 있기 때문에, 일천한 역사로 인하여 아직 명성이 확보되지 않은 현재로서는 힘겨운 싸움을 하고 있는 중이다. 한국형 MBA의 전반적인 명성이 높아져가는 지금의 추세가 지속

된다면, 향후에는 한국형 MBA의 풀타임(주간)과정의 위상이 많이 높아질 것으로 예상해 볼 수 있다.

: 한국형 MBA의 미래는 밝은가?

미래 전망과 근거

여러 가지 상황을 고려해 보면 한국형 MBA의 미래는 밝다. 가장 큰 이유는 한국형 MBA는 제도의 설립에서부터 운영에 이르기까지 정부가 주도하여 대학간 경쟁을 유도하고 있기 때문이다. 전국 200여 개의 대학 중에 단지 14개 대학만이 한국형 MBA로 이름 붙여지고 동일한 기준으로 관리되고 있기 때문에, 언론의 기사 거리가 될 수 있는 것이다. 최근 몇 년 동안 주요 일간지와 경제신문에서 한국형 MBA 특집기사를 다루는 경우가 점점 늘어나고 있고, 사회적으로도 관심이 높아지고 있다. 이렇게 한국형 MBA의 명성이 높아질수록 졸업생들은 본인이 나온 한국형 MBA 프로그램과 자신을 동일시하게 된다. 그 결과, 사회 각처에서 활동하는 한국형 MBA의 졸업생들은 한국형 MBA의 위상을 높이는 일에 은연중에 영향을 주게 되고 그로 인하여 더욱더 동일시가 강화되는 선순환이 일어나기 때문에 한국형 MBA의 명성은 더욱 높아지게 될 것이다. 세계적인 명문 MBA 과정들도 처음부터 지금과 같은 명성을 가지고 출발한 것은 아니었을 것이며, 학교와 졸업생들이 함께 그 명성을 만들어 나간 결과가 오늘날의 모습인 것이다. 마찬가지로 한국형 MBA의 구성원들은 이미 사회적으로 성공했거나 성공할 것이 확실한 경력을 가진 사람들로 선발되었기 때문에 이들이 일하는 사회 각처에서 조금씩만 영향력을 발휘해도 전체적으로 큰 힘이 되어 한국형 MBA의 위상을 강화시키는 역할을 하게 될 것이다. 한국형 MBA가 글로벌 시장에서 해외 명문 MBA의 위상을 뛰어 넘기는 힘들겠지만, 적어도 국내에서는 해외 명문 MBA와의 격차를 빠르게 줄여 나갈 것이 확실하다. 한 해에 해외 명문 MBA 과정으로 유학을 떠나는 사람들의 숫자와 비교해 볼 때, 한 해 2,000명 이상의 졸업생을 한국사회에 배출해 내고 있고, 그 중에는 이미 사회에서 단단히 자리잡고 있는 1,300명의 파트타임 MBA 졸업생들과 새로이 사회로 진출하는 700여 명의 풀타임 MBA들의 저력이 한국형 MBA의 위상에 미칠 영향력은 대단할 것이다. 이들의 힘이 집합적으로 모여서 적어도 국내에서만큼은 한국형 MBA와 해외 명둔 MBA들 간의 명성 측면에서의 격차를 좁혀 나가게 될 것이 분명하므로, 한국형 MBA의 미래는 밝다고 말할 수 있다.

: 지금이라도 한국형 MBA를 취득해야 하는가?

한국형 MBA의 장점

상대적으로 연령대가 낮은 풀타임 과정을 포함하더라도 전체 MBA과정 학생들의 연령은 높은 편이다. 풀타임 과정과 파트타임 과정을 합쳐서 직장경력 10년 이상인 사람들이 30% 정도가 되며, 파트타임만 따로 놓고 보면 직장 경력 10년 이상인 사람들의 비율은 50%에 가깝다. 여성들은 상대적으로 나이가 적은 편이고, 남성들은 나이가 많은 편이다. 한국형 MBA도 해외 MBA처럼 나름대로의 비율로 성별, 연령, 업종, 직무, 직위, 전공, 출신학교 등을 다양하게 고려하여 하나의 작은 세상을 인위적으로 구성해 놓는다. 이를 통해서 평소에는 전혀 접할 수 없었던 다양한 배경을 가진 사람들과 동기생이라는 결속력의 토대 위에서, 학교 밖의 사회적 지위와 나이의 격차를 뛰어 넘어 서로 교류하는 기회를 가지게 된다. 같은 시간에 같은 장소에서 같은 내용으로 수업 받고 같은 과제를 함께 수행해 나가면서 쌓게 되는 신뢰와 우정은 서로 간의 차이를 뛰어넘어 스스럼없이 교류할 수 있게 만들어 주는 원동력이 된다. 한국사회는 위계질서가 엄격한 사회이며 연공서열을 중시하는 사회이기 때문에, 나이가 많은 사람과 적은 사람이 스스럼없이 어울릴 수 있는 기회가 거의 없다. 한국형

MBA는 위계질서가 강한 한국사회에서 그나마 사회적 격차를 덜 느끼면서 자연스럽게 연장자와 연소자가 교류할 수 있는 오아시스 같은 곳이다. 2008년도 한국형 MBA 만족도 조사에서 자신이 속한 MBA 프로그램의 교육과정, 사회적 명성, 등록금 수준에 대한 만족도를 합산하여 전반적인 만족도에서 긍정적이라고 답한 경우가 44.1%라는 점에서 일단 입학하게 되면 본인이 만족할 확률은 절반 정도는 된다고 볼 수 있다. 게다가 이 조사에는 풀타임과 파트타임 MBA가 모두 포함되어 있기 때문에, 파트타임 MBA의 경우만 따로 떼어 놓고 보면 만족도가 좀 더 높을 것으로 예상해 볼 수 있다. 그리고, "내가 속한 MBA 프로그램은 수업시간에 같이 공부하는 학우로부터 색다른 경험과 많은 학습정보를 얻을 수 있다"는 질문에 대해서는 73.7%가 긍정적이라고 답변하고 있다는 점에서, 한국형 MBA를 이수하는 과정에서 만나게 될 동기들에 대한 만족도가 상당할 것임을 예상해 볼 수 있다.

회사에서는 직급이 올라갈수록 구체적인 사안보다 원리적이고 추상적인 내용이 중요할 때가 많다. MBA 수업 중에 교수님들로부터 배운 내용과 관련된 사항이 임원회의 때 안건으로 나와서, 수업시간에 교수님한테 들었던 내용대로 얘기했는데 히트를 치게 된 분들 얘기를 여러 차례 들었다. 나이가 많고 직급이 높을수록 한국형 MBA 과정이 더 유용할 수 있다.

보통의 외국인 회사에서는 지사장은 물론이고 팀장 급의 직원을 뽑을 때는 대부분 MBA 학위를 자격 요건으로 요구한다. 서구에서는 파트타임 MBA과정이 발달되어 있어 자기 개발의 의지가 있고 어느 정도 지위가 되는 직장인이라면 MBA 과정을 마친 경우가 상당하다. 그렇기 때문에 외국회사는 본사의 기준대로, 국내에서도 지사장이라든지 어느 정도 이상의 직위에 해당하는 사람을 뽑을 때에, MBA학위를 기본조건으로 요구하는 것이 당연하게 여겨진다. 만약, 외국계 회사에 취직하려는 커리어 플랜을 가진 사람들은 MBA 학위가 있는 게 좋다. 해외 명문 MBA이면 더 좋고, 그게 아니라면 국내 MBA도 좋다. 2007년도에 연세대 한국형 MBA 파트타임 과정에 입학했던 분들 중에 졸업하면서 MBA 학위가 있었기 때문에 세계적인 의료장비 회사의 한국 지사장으로 갈 수 있었다고 고마워하는 분이 있었고, 매출이 1조원 정도 되는 해외의 가전제품회사의 본사 광고 총책임자로 나가신 분도 MBA 학위가 있었기 때문에 가능했다는 얘기를 직접 들었다. 해외 가전제품회사의 본사 광고 총책임자의 요건 4가지 중 한 가지가 MBA학위가 있어야 한다는 조건이었다고 한다. 이분들은 한국형 MBA 때문에 본인들이 잘 되었다고 감사의 말씀을 하셨지만, 오히려, 이렇게 잘되신 분들 덕분에 한국형 MBA의 위상이 높아지게 된다.

: 실전 노하우

어떤 학교, 어떤 과정을 선택해야 하는가?

한국형 MBA로 인가 받은 경영전문대학원은 모두 일정 정도의 기준을 충족한 학교들로서 객관적 지표로서 우열을 가리는 데에는 이견들이 있을 수 있다. 굳이 우열을 가려야 할 사항이라면, 전반적인 학교의 명성과 해당 대학의 학부 경영학과의 명성을 참조하는 방법이 있다. 학부 경영학과 교수진이 그대로 경영전문대학원 교수진이 되는 경우가 많기 때문이다.

MBA 학위를 따기 위해서는 어느 과정이든지 이수 학점은 같으니, 평일 야간과 주말의 차이만 있을 뿐 수업 시간은 같다고 볼 수 있다. 본인이 시간 내기 적합한 과정이 평일 야간인지 주말인지를 먼저 결정해야 한다. 주말과정이 이그제큐티브 MBA과정으로 별도로 분리되어 있을 수도 있고, 그냥 일반 MBA과정인데 단지 주말에 수업하는 것일 수도 있다. Executive-MBA는 물론이고, 일반 MBA과정이라도 대체로 주말반이 평일 야간반보다 연령이 높은 경우가 많다. 응시자들도 그렇고 선발과정에서도 그렇게 선발하는 경향이 있는 것 같다. 일반MBA는 제너럴 매니저를 양성하는 것이 목표이므로 여러가지 과목을 두루두루 넓게 배우게 된다. 그와 달리 금융MBA나 기타의 특수한 주제를 가진 MBA는 일반 관리자보다는 실무 전문가 양성이 목표이므로 개별적인 주제에 초점을 맞춘 과목들을 많이 듣게 된다. 주의할 점은 금융MBA는 교육의 목표가 금융실무자 양성에 있기 때문에 금융수학을 강조하고 수리적인 수업이 많다. 은행 지점장 등 영업이나 직원관리가 중심이 되는 직무에 있는 사람에게는 적합하지 않을 수 있으니, 단순히 금융업에 몸담고 있다고 해서 금융MBA를 지원하는 것은 한번 더 생각해 볼 문제이다.

어떻게 입학할 수 있는가?

연 2회 전형하는 학교도 있고 연 1회 전형하는 학교도 있으니, 학교별로 모니터링을 해야 한다. 연간 정해진 입학 정원 내에서, 입학 시기별로 모집 정원을 어떻게 배분하는가는 학교의 재량으로 결정하는 사항이다. 보통 서류전형 통과자에 한해 면접전형 후 최종합격자가 결정되는데 주요 학교들은 면접을 동일한 날짜에 실시하고 있다. 서류전형의 기준으로 학교 자체적으로 응시자가 소속된 회사의 점수와 응시자 개인의 점수를 합산하여 점수를 내기도 한다. 서류 통과에 확신이 없는 응시자는 본인의 장점을 잘 설명해 줄 수 있는 추가자료를 같이 제출하는 것도 생각해 볼 수 있다. 서류전형의 합격률을 높이기 위해서는 한 학교에만 응시할 것이 아니라 여러 학교에 동시에 응시하는 방안도 고려해 볼 수 있다. 그리고, 최종 합격자 발표 후에 미등록자가 생기기 때문에, 그 숫자만큼 추가 등록자를 받기도 하는데, 학교에 따라서 예비합격자의 점수에 따라 순번을 정해 놓고 그 순번대로 추가등록을 받기도 한다. 그런데, 한가지 주목할 점은, 풀타임 과정은 상반기 입학 과정과 하반기 입학과정 간의 경쟁률 차이가 크지 않은 데 비해서 파트타임 과정은 상반기의 경쟁률이 하반기보다 월등히 높다. 기업체에서 직원들을 MBA 교육과정에 파견할 경우에도 그러하고, 일반적으로 회사 생활이 연간 단위로 계획과 실행이 이루어지는 경우가 많다 보니, 하반기에 입학하는 과정이 모집정원도 적고, 경쟁률도 낮은 것 같다. 모집전형이 그 전 해

〈표 2〉 한국형 MBA모집정원 및 경쟁률

구 분	입학 시기	모집정원 (A)	지원자 수 (B)	경쟁률 (B:A)
Full-time	'08. 상반기	401	734	1.8:1
	'08. 하반기	362	683	1.9:1
	'09. 상반기	435	1,182	2.7:1
	'09. 하반기	362	683	1.9:1
	'10. 상반기	310	764	2.5:1
Part-time	'08. 상반기	878	3,148	3.6:1
	'08. 하반기	457	685	1.5:1
	'09. 상반기	866	3,440	4.0:1
	'09. 하반기	457	685	1.6:1
	'10. 상반기	899	3,225	3.6:1

※출처 :2010.5.25, 교육과학기술부 보도자료, 한국형 MBA 2010년 상반기 신입생 모집 및 운영 현황 참조

늦은 가을에 이루어지는 상반기 입학 과정은 모집정원도 많지만, 경쟁률은 더 높다는 것을 아래 표에서 확인할 수 있다.

입학 후에는 어떻게 해야 하는가?

균형을 잘 잡아야 한다. 학교가 공부와 구성원들 간의 네트워킹 사이의 균형을 잘 잡아주면 좋겠지만, 만약 어느 한쪽을 치우쳐서 강조하고 있으면 스스로 균형을 잡아주어야 한다. 만약, 학교의 핵심역량이 가르치는 것에 있고, 오로지 교실에서의 교육을 통해서만 MBA의 가치를 높일 수 있다고 생각하는 학교라면, 공부 쪽으로 치우쳐서 강조할 것이고, 결과적으로 공부 못지 않게 중요한 MBA 구성원들 간의 인적 네트워킹 측면은 무시되거나 희생될 수 밖에 없다. 이럴 경우에는 무조건 학교를 따라갈 것이 아니라 본인에게 최대한의 이익이 되는 길이 어떤 길인지를 정확하게 파악하고 본인이 스스로 균형을 잘 잡아서 MBA 생활을 해나가야 한다. 우리에게 가용할 수 있는 시간은 한정되어 있고, 학교가 내 시간의 결과를 책임져 주는 것은 아니다. 학교는 평균적인 방향을 제시해 줄 뿐이지, 학교의 방침에 대하여 어느 정도로 받아들일 것인가는 개개인의 몫이고, 그 결과도 개개인에게로 귀속된다.

MBA생활은 상당한 시간적 희생을 요구하기 때문에 가정과 회사에 소홀하게 될 수 밖에 없다. 한정된 절대적인 시간의 제약 하에서 아무래도 가정에서 보내는 시간이 줄어들 수 밖에 없으니 배우자가 불만을 가지지 않도록 잘 이해시켜야 한다. 대신에 집에서 공부하는 모습을 보이면 자녀들에게는 귀감이 되는 장점이 있다. 문제가 되는 것은 회사 생활에 미치는 영향인데 MBA과정 중에는 어느 정도 회사 생활에 지장이 갈 수 밖에 없다. 항상 주위를 잘 살펴서 직장 생활에서 동료나 상사로부터 크게 해를 입지 않도록 조심해야 한다.

졸업 후에는 어떻게 해야 하는가?

당시에는 그렇게도 힘들었지만, 의외로 시간은 빨리 가기 때문에, 입학할 당시부터 졸업 이후를 생각하고 구상하는 노력이 필요하다. 좋은 방법은 주위에서 MBA를 이미 졸업한 분들께 여쭤보고 그분들을 관찰해 보는 것이다. 질문과 관찰의 대상이 꼭 한국형 MBA 졸업생이어야 하는 것은 아니며, 과거의 경영대학원 MBA를 졸업하신 분들이라고 하더라도 이 문제에 대한 통찰을 얻는 데는 차이가 없을 것 같다. 일반적으로 졸업 후의 심리적 반응은 긴장감의 해소에서 비롯된 심한 허탈감을 느끼는 사람이 많고, 반대로 해방감을 만끽하는 사람도 있다. 졸업 후에는 MBA 과정 중에 사귀었던, 다양한 사회적 배경을 가진, 어리거나 동갑이거나 나이 많은 동기생들과의 지속적인 인간관계 유지가 중요하다. 이것은 한국형 MBA 졸업과 동시에 부여된 새로운 과제이며, 이 과제를 완수하기 전까지 여전히 MBA 생활은 계속되고 있는 것이다. 동기생들과의 우정을 유지하는 일은 평생 계속되어야 하는 끝이 없는 소중한 일이기 때문에, 한국형 MBA는 입학만 있을 뿐 졸업이 없는 우리 인생의 행운이다.

: 한국형 MBA : Quo Vadis.

매년 2,000명씩 배출되는 한국형 MBA 졸업생들과 매해 2,000명씩 입학하는 한국형 MBA 신입생들과 학년(학기)이 올라가는 2,000명의 재학생들과 입학을 고려하고 있는 미래의 한국형 MBA 신입생 여러분들이 한국형 MBA의 미래를 함께 만들어 가는 것이다. 여기에 교수와 교직원, 교육 당국의 설계와 의지, 노력이 합쳐져서 구체적인 모습으로 한국형 MBA는 계속 발전하게 될 것이다.

〈한국형 MBA 관련 주요 정보출처 안내〉

- 대한민국 정책포털 공감코리아(http://korea.kr/) 통합검색 창에서 "한국형 MBA"
- 교과부 한국형 MBA 사이트(http://mba.mest.go.kr/)

붙임 1 2010학년도 상반기 신입생 모집 현황

(단위 : 명)

대학명	과 정 별		모집 정원	지원 자수	합격 자수	경쟁률	연락처
건국대	주간	MOT MBA	20	31	20	1.6:1	450-0505
	야간	TOP MBA	20	40	20	2:1	
고려대	야간	Korea MBA	152	1,097	158	7.2:1	3290-1361
	주말	Executive MBA	60	141	60	2.4:1	
동국대	주간	General MBA	20	33	17	1.7:1	2260-8885
	야간	General MBA	60	53	37	1.7:1	
		CO-MBA		20	14		
		Entrepreneurship MBA		28	20		
서강대	주간	주간 MBA	60	291	66	4.9:1	705-8172
	야간	야간 MBA	53	417	53	7.9:1	
서울대	주간	SNU MBA	50	212	52	4.2:1	880-2551
성균관대	주간	Asia MBA	20	47	19	2.4:1	760-0959
	야간	EMBA	79	305	79	3.9:1	
숙명여대	주간	르 꼬르동블루 HMBA	10	12	9	1.2:1	2077-7308
	야간	르 꼬르동블루 HMBA	20	21	15	1.1:1	
연세대	야간	Corporate MBA	132	448	132	3.4:1	2123-3254
		Finance MBA	40	75	40	1.9:1	
	주말	Executive MBA	37	85	37	2.3:1	
이화여대	주간	Ewha MBA	60	36	24	0.9:1	3277-3585
		금융 MBA		20	9		
	야간	Frontier MBA	40	53	33	1.3:1	
중앙대	주간	Global BRICs MBA	18	21	7	1.2:1	820-5037
	야간	CAU-Leader MBA	42	130	42	3:1	
한양대	주간	자산운용 MBA	19	21	19	1.1:1	220-0242
		Global YES MBA	22	28	22	1.3:1	
		방송통신미디어 MBA	11	12	11	1.1:1	
	야간	Global MBA	102	204	102	2.0:1	
		전략프로젝트경영 MBA	24	34	24	1.4:1	
		글로벌의료경영 MBA	17	21	17	1.2:1	
인하대 (물류)	야간	물류 MBA	21	53	21	2.5:1	032)860-8227
합 계			1,209	3,989	1,179		

※전남대는 올해 하반기만 신입생 모집예정이고, 한국정보통신대는 '09.3월 KAIST ICC로 출범하면서 신입생을 모집하지 않음

※출처 : 2010.5.25, 교육과학기술부 보도자료, 한국형 MBA 2010년 상반기 신입생 모집 및 운영 현황

붙임 2 2010학년도 상반기 입학생 직업경력 현황

(단위 : 명)

대학명	과정별		입학 자수	경험 없음	2년 미만	2년~ 4년 미만	4년~ 6년 미만	6년~ 8년 미만	8년~ 10년 미만	10년 이상
건국대	주간	MOT MBA	18	-	1	2	6	2	1	6
	야간	TOP MBA	17	2	5	4	3	-	1	2
고려대	야간	Korea MBA	158	-	3	18	21	32	32	52
	주말	Executive MBA	60	-	-	-	-	-	2	58
동국대	주간	General MBA	17	13	3	1	-	-	-	-
	야간	General MBA	37	2	14	3	3	4	2	9
		CO-MBA	14	5	3	2	1	-	-	3
		Entrepreneurship MBA	20	-	3	2	-	3	-	12
서강대	주간	MBA	66	48	13	-	-	-	-	5
	야간	MBA	53	-	-	9	6	7	11	20
서울대	주간	SNU MBA	52	-	-	21	17	7	6	1
성균관대	주간	Asia MBA	19	4	2	7	4	1	-	1
	야간	EMBA	79	-	-	11	13	10	7	38
숙명여대	주간	르 꼬르동블루 H-MBA	9	5	2	1	1	-	-	-
	야간	르 꼬르동블루 H-MBA	15	-	3	1	4	3	1	3
연세대	야간	Corporate MBA	132	-	-	46	23	20	17	26
		Finance MBA	40	-	-	20	7	4	3	6
	주말	Executive MBA	37	-	-	-	-	20	5	12
이화여대	주간	Ewha MBA	24	11	6	4	-	1	-	2
		금융 MBA	9	5	1	2	-	1	-	-
	야간	Frontier MBA	33	-	6	10	3	1	1	12
중앙대	주간	Global BRICs MBA	7	4	2	1	-	-	-	-
	야간	CAU-Leader MBA	42	-	6	5	9	5	5	12
한양대	주간	자산운용 MBA	11	1	-	2	4	2	1	1
		글로벌 YES MBA	15	3	5	3	4	-	-	-
		방송통신미디어 MBA	10	-	3	2	1	1	-	3
	야간	Global MBA	98	1	10	12	18	10	8	39
		글로벌의료경영 MBA	15	1	1	3	1	2	-	7
		전략프로젝트 경영 MBA	23	-	1	5	6	2	1	8
인하대(물류)	야간	물류 MBA	21	-	1	3	3	2	2	10
합 계			1,151	105	94	200	158	140	106	348

※출처 : 2010.5.25, 교육과학기술부 보도자료, 한국형 MBA 2010년 상반기 신입생 모집 및 운영 현황

붙임 3 | 교육과학기술부 한국형 MBA 사이트 내용

http://mba.mest.go.kr/

: 한국형 MBA란

국제적 수준의 경영 능력을 갖추고 한국적 기업특성에도 밝은 우수 경영 전문 인력을 체계적으로 양성하는 경영학 석사과정의 프로그램으로 그 주요 특징은 다음과 같다.

- 대학 학사과정 졸업 후 직업 경험이 있는 자를 우선 선발하여 사례 연구 및 실무 중심의 교육과정을 편성 · 운영하고, 최소 45학점 이상을 이수하도록 하며, 인턴쉽 및 국제교류(복수학위 또는 공동학위 과정)를 강조하고 있음.
- 특히, 주간 MBA 과정은 모든 교과목의 영어 강의를 원칙으로 하며, 야간 및 주말과정 교과목도 대부분 영어로 강의함.

: 정책소개

〈경영전문대학원 추진경과〉

- **경영전문대학원 체제육성계획 발표**
  - 「차세대성장동력 추진 보고대회」시 대통령께서 관련 인력

양성종합계획 수립 지시('03. 8. 22)

- 인적자원개발회의에서 대통령께 동북아 금융허브 달성을 위한 경영(금융 · 물류)전문대학원 제도 활성화계획 보고 ('05. 5. 19)

- **경영전문대학원 BK21 재정지원 대상 선정 (06.4.27)**
  - 서울대, 연세대, 고려대, 성균관대 4개교
  - 각 대학에 연간 13~8억원씩 7년간 지원

- **고등교육법시행령 및 대학설립운영규정 개정 공포 (06.6.7)**
  - 1년제 MBA 과정 설치근거 마련
  - 대학원대학 임차시설 허용 근거 마련
  - 대학원대학 겸임교원 인정비율 확대 (1/5 ⇒ 1/3 인정)

- **경영전문대학원 인가 및 기존 대학원 인증 (06.8.9)**
  - '06. 9월 개교 : 고려대, 서강대, 서울대, 연세대, 이화여대, 한양대, 인하대(물류) 7개교
    - ▶ 1년제 MBA 과정 개설 : 고려대(100명), 서울대(100명) 등 2개교
  - 인가기준 : 국제 인증획득(AACSB), 전임교수 확보율 150% 이상

※ 제도도입 초기인 점을 고려, 여건이 우수한 대학부터 점진적으로 인가 추진

- 운영방법 : 모듈식 교육과정 운영(총 5~6개 모듈)
- 인증 : 성균관대(1개교)

- **경영전문대학원 설치인가**
  - '07. 3월 개교 : 동국대, 숙명여대, 중앙대, 한국정보통신대
  - '07. 8월 개교 : 전남대

〈한국형 MBA 주요내용〉

- **경영전문대학원 정체성 정립**
  - 실무중심의 교육과정 편성 · 운영
  - 최소 이수학점(45학점 이상) 규정 등
  - 직업경험자 우선 선발
  - 영어 강의, 실무중심, 사례분석 강화 등의 교육과정 편성

    ※ 산학협동 및 현장과 연계된 교육프로그램 운영(인턴십, 현장연수 등)

- **전문대학원 진입 규제 완화**

  대학의 경영전문대학원 설치조건 완화

  - 관련학과 및 특수대학원 폐지 → 관련 특수대학원 폐지

신설 대학원대학 시설 기준 완화

- "설립주체 소유"의 校地 및 校舍만 교육시설로 인정하던 것을 설립 주체가 일정한 요건을 갖추어 "임차"한 시설도 교육 시설로 인정

● 전문대학원 학사운영의 자율성 확대

수업연한 유연화

- 기업 현장의 필요(Needs)에 맞는 다양한 프로그램 제공을 위하여 수업연한 단축 확대(단축기간 6월 → 1년까지 확대)

다양한 수업형태 허용

- 주간에만 허용하고 있는 수업 방식을 야간 및 주말 등 허용 대학원대학의 겸임교수 비율을 1/5에서 1/3까지 확대

● 전문대학원질 관리 강화

경영전문대학원 신설시 설치 기준 및 질적 심사 강화

- "설치심사위원회"를 구성 · 운영

평가인증 의무화(매 5년 주기), 정보공개(교육여건, 취업률 등)

● 경영(금융 · 물류)전문대학원 자율화

주 · 야간 입학정원 조정 자율화

- 주간과정(Full-time) 운영이 원칙이며, 주간 최소 요건 (25%이상)을 충족한 경우 주 · 야간 입학 정원 조정 자율

대학원 총 입학정원 내에서 경영(금융 · 물류)전문대학원 입학정원 자율화

- 교원확보율 등 설치 · 운영조건을 충족한 대학의 경우 대학원 총 입학정원 내에서 경영전문대학원 입학정원 자율 조정 가능

경영(금융 · 물류)전문대학원의 학술학위 설치 자율화

- 경영(금융 · 물류)전문대학원 내 학술 학위(석 · 박사)과정의 설치 및 정원조정 자율화

경영(금융 · 물류)전문대학원의 "1년 교육과정(주간, Full-time)"의 설치조건 완화

- 기존 경영전문대학원의 경우 교원 150%를 확보한 대학에게도 1년제 주간과정 설치 허용

교육과정 특성을 고려하여 일부 영어강의 원칙의 탄력적 적용

- 다양한 교육과정을 고려하여 주간 기타 과정의 영어강의 비율을 75% 이상에서 50% 이상, 야간(주말)과정은 30% 이상으로 조정

※ 입학정원 조정(주 · 야간 정원, 입학정원, 학술학위 정원, 주간 1년제 MBA 과정 정원)과 신규 MBA 과정 설치 등으로 인해 영어강의 비율을 변경할 경우, 입학전형 실시계획 공고 1개월 전 교과부에 보고

: 전체현황

● 경 영

대학	대학원 명칭	학위과정	입학정원	수업연한	총 등록금(천원)	이수학점
고려대	경영전문대학원	MIBA(주간)	100명	2년	34,080	45
		Finance MBA(주간)		1년	44,000	45
		Global MBA(주간)		1년	44,000	45
		S^3 Asia MBA(주간)		1.5년	45,000	45
		Korea MBA(야간)	215명	2년	34,080	45
		Executive MBA(주말)		2년	72,000	48
	http://biz.korea.ac.kr					
동국대	경영전문대학원	General MBA(주간)	40명	2년	30,000	45
		General MBA(야간)	90명	2년	30,000	45
		CO-MBA(야간)		2년	30,000	45
		Entrepreneurship MBA(야간)		2년	30,000	45
		국제재무분석사 MBA		2년	30,000	45
	http://mba.dongguk.edu					

<table>
<tr><td rowspan="4">서강대</td><td rowspan="3">경영전문대학원</td><td>SIMBA(주간)</td><td>70명</td><td>2년</td><td>33,684</td><td>45</td></tr>
<tr><td>Pro-MBA(야간)</td><td>120명</td><td>2.5년</td><td>35,540</td><td>45</td></tr>
<tr><td>E-MBA(주말)</td><td>40명</td><td>2년</td><td>41,556</td><td>45</td></tr>
<tr><td colspan="6">http://gbiz.sogang.ac.kr</td></tr>
<tr><td rowspan="3">서울대</td><td rowspan="2">경영전문대학원</td><td>Global MBA(주간)</td><td>50명</td><td>1년</td><td>40,000</td><td>45</td></tr>
<tr><td>SNU MBA(주간)</td><td>50명</td><td>1년</td><td>40,000</td><td>45</td></tr>
<tr><td colspan="6">http://gsb.snu.ac.kr</td></tr>
<tr><td rowspan="5">성균관대</td><td rowspan="4">경영전문대학원</td><td>Asia MBA(주간)</td><td>40명</td><td>1.5년</td><td>36,000</td><td>54</td></tr>
<tr><td>EMBA (야간)</td><td>150명</td><td>2년</td><td>30,000</td><td>45</td></tr>
<tr><td>SKK GSB Global MBA(주간)</td><td>60명</td><td>1.5년</td><td>40,000</td><td>48</td></tr>
<tr><td>SKK GSB Executive MBA(주말)</td><td>40명</td><td>1.5년</td><td>90,000</td><td>45</td></tr>
<tr><td colspan="6">http://gsb.skku.edu</td></tr>
<tr><td rowspan="3">숙명여자대</td><td rowspan="2">호스피탈리티경영전문대학원</td><td>르꼬르동블루 HMBA(주간)</td><td>20명</td><td>2년</td><td>31,800</td><td>45</td></tr>
<tr><td>르꼬르동블루 HMBA(야간)</td><td>20명</td><td>2년</td><td>31,800</td><td>45</td></tr>
<tr><td colspan="6">http://hmba.sookmyung.ac.kr</td></tr>
<tr><td rowspan="5">연세대</td><td rowspan="4">경영전문대학원</td><td>Global MBA(주간)</td><td>65명</td><td>1.5년</td><td>38,000</td><td>51</td></tr>
<tr><td>Corporate MBA (야간)</td><td rowspan="3">192명</td><td rowspan="3">2년</td><td rowspan="2">38,000</td><td rowspan="3">45</td></tr>
<tr><td>Finance MBA(야간)</td></tr>
<tr><td>Executive MBA (주말)</td><td>-</td></tr>
<tr><td colspan="6">http://ysb.yonsei.ac.kr</td></tr>
<tr><td rowspan="4">이화여자대</td><td rowspan="3">경영전문대학원</td><td>Ewha MBA(주간)</td><td rowspan="2">60명</td><td rowspan="2">1.5년</td><td rowspan="2">30,000</td><td rowspan="2">45</td></tr>
<tr><td>금융 MBA(주간)</td></tr>
<tr><td>Frontier MBA(야간)</td><td>80명</td><td>2년</td><td>32,000</td><td>45</td></tr>
<tr><td colspan="6">http://mba.ewha.ac.kr</td></tr>
<tr><td rowspan="3">전남대</td><td rowspan="2">경영전문대학원</td><td>Global Full-time MBA(주간)</td><td>40명</td><td>1.5년</td><td>25,000</td><td>45</td></tr>
<tr><td>Global Part-time MBA(야간/주말)</td><td>60명</td><td>2년</td><td>25,000</td><td>45</td></tr>
<tr><td colspan="6">http://mba.chonnam.ac.kr</td></tr>
</table>

중앙대	경영전문대학원	Global BRICsMBA (주간)	36명	2년	36,000	45
		CAU LeaderMBA (야간)	84명	2년	28,000	45
	http://mba.cau.ac.kr					
한국정보통신대 (現. KAIST ICC)	경영전문대학원	Global IT-MBA (주간)	30명	2년	30,000	45
	http://itbiz.kaist.ac.kr					
한양대	경영전문대학원	방송통신미디어 MBA(주간)	64명	2년	30,000	45
		자산운용 MBA(주간)		2년	30,000	45
		글로벌YES MBA (주간)		2년	30,000	45
		글로벌 MBA(야간)	190명	2년	30,000	45
		전략프로젝트경영 MBA(야간)		2년	30,000	45
		글로벌의료경영MBA (야간)		2년	30,000	45
	http://mba.hanyang.ac.kr					

● 물 류

대학	대학원 명칭	학위과정	입학 정원	수업 연한	총 등록금 (천원)	이수 학점
인하대	물류전문대학원	MGLM(주간)	20명	1.5년	28,099	48
		MLM(야간)	40명	2년	25,839	45
	http://gsl.inha.ac.kr					

※출처 : 교육과학기술부 한국형 MBA 사이트(2010.5.31)(http://mba.mest.go.kr/)

오 영 찬

Yonsei School of Business,
Finance MBA Class of 2010

: 나는 왜 MBA를 선택했는가? 왜 국내 MBA였는가?

1990년대 중반, 20대의 젊은 나에게 MBA 출신들과의 만남은 신선한 자극이었다. 멋진 양복에 열정이 담긴 빨간 넥타이를 메고 해외를 누비며 금융과 산업시장의 변화를 주도하는 전문가 또는 창업가의 모습, 바로 그 멋진 미래를 MBA라는 교육과정을 통해 다가갈 수 있을 것이라 확신했다. 그러나 불행히도 누구에게나 MBA 학위가 마법의 열쇠는 아니란 점을 강조하고 싶다. MBA를 진학하는 사람이라면 누구보다 목적의식이 뚜렷해야 한다. 막연하게 "경영학을 배우고 싶어서"라고 말하면 십중팔구는 진학 전과 별반 차이 없는 사고의 틀 속에서 역할 확장의 한계를 느낄 것이고, 시간이 지나면 ROIC(Return on Invested Capital) 또는 기회 비용을 아까워하며 신세를 한탄할지도 모른다. 따라서 무엇보다 구체적인 학업 계획과 희망 분야의 지식과 인적 네트워크를 쌓는다면 향후 희망 직업군으로 진출시 큰 시너지를 기대할 수 있다. 즉 목표를 갖고 치밀하게 계획해야 최고 효용을 얻을 수 있는 것이 MBA(Master of Business Administration)다. 만일 당신이 이런 계산조차 없다면 미안하지만 첫걸음부터 MBA로서 준비를 제대로 하고 있는지 재검토해야 한다. 이런 검토를 거쳐 내가 국내 MBA를 선택한 이유는 바로 최고 효용을 얻기 위함이었고 그 효용은;

1) 현장서 미처 얻지 못한 금융공학의 이론적 근거 보완,

2) 금융분야 현직 전문가 및 교수들과의 네트워크 확장,

3) 해외MBA 대비 1/6 저렴한 비용 지출 등에서 찾을 수 있었다.

그럼 왜 해외 MBA를 택하지 않았냐고 물을 것이다. 왜냐면 다들 해외를 선호하니까. 하지만 내게는 뚜렷한 목적의식이 있었다.

첫째, 내게 국내 MBA의 가치가 더 크게 느껴진 가장 큰 이유는 효율성 때문이었다. 통상 해외 MBA를 택하는 이유는 학문적 성취 목적도 있지만, 무엇보다 해외 경험을 통해 심리적/문화적 이질감을 없애고 글로벌 스탠다드 인재로 양성되기 위함일 것이다. 그러나 나는 운 좋게도 초등학생 시절 은행원이신 아버지

를 따라 미국 경험을 할 수 있었다. 문화적 이질감은 일찍이 초월한 상태였다. 한국의 영어 교육이 과거 종종 도마 위에 오른 이유가 회화 불가능한 인재 배출 때문이라면 적어도 나는 해당되지 않는다고 믿었다. 또한 나는 대학 시절부터 사회 진출 이후까지 꾸준히 Economist 등 영어 잡지 구독과 동시통역학원 등을 통해 영어 공부를 지속해 왔고 TOEFL이나 GMAT도 꾸준히 공부를 했다. 사회 진출 후에는 1999년 미국계 자산운용사인 SEI Asset Korea에서 주식운용역으로 근무하면서 해외 리포트 등을 많이 접하게 되었고, 이후 싱가폴계 회사인 킴엥리서치에서 한국담당 이사(애널리스트)로 재직하며 영문 리포트를 직접 작성하고 미국, 영국, 싱가폴, 홍콩 등지에 있는 헷지 펀드매니저들과 주식시장에 대해 논하며 자연스럽게 해외 MBA 필요성을 잊을 수 있었다. 한때는 펀드매니저로서 또 한때는 애널리스트로서 다소 서툴지만 용감하게 영어권 전문가들과 대화하며 얻은 소득은 바로 자신감이었고 이후 나의 인생 목표도 뚜렷하게 정할 수 있었다. 바로 한국형 hedge 펀드매니저였다. 이를 이루기 위해선 공부를 더 해야 했으나, 내 나이는 이미 35세로 적지 않은 나이였다. 해외 MBA는 시간과 비용 면에서 손실이었다. 비용만을 비교해 보면, 해외 MBA는 가족 동반 시 기회 비용 포함 대략 3억 원 이상의 비용을 감수해야 했지만, 국내 MBA는 1/6 비용으로 충분히 같은 목적을 달성할 수 있었다. 또한 학업 중 일을 계속할 수 있다는 점도 경제 흐름과 호흡을 같이 해야 하는 펀드매니저의 직업 특성상 매우 큰 장점이었다. 지리적으로도, 내 사무실이 위치한 여의도와 가까워 체력적 부담을 줄이면서 금융/재무 분야에 우수한 교수진을 보유한 학교를 1순위로 물색하였다. 이 같은 조건들을 고려하니 가장 적합하다고 판단한 프로그램은 연세대학교가 제공하는 금융 MBA 프로그램이었다. 더 이상 주저할 필요가 없었다. 국내 MBA로의 진학은 이렇게 정할 수 있었다.

둘째, MBA 진학의 가장 큰 요인으로 작용했던 것은 학문적 갈증이었다. 여러분은 2005년 이후 서브프라임 대출 열풍이 불면서 이 시기가 미국 역사상 거지가 집을 살 수 있는 최초의 시기였다는 것을 알고 있는가? NINJA 대출은 들어보았는가? 당시 대출의 1/3 이상이 주택담보인정비율(LTV) 100%에 해당됐고, 서류를 간소화한 NINJA 대출(No Income, No Job, No Asset)은 미국 금융사의 대출상품 중 하나였지만 열풍의 상징이기도 했다. 이후 '레버리지'라는 판도라의 상자가 뚜껑을 열면서 걷잡을 수 없는 소용돌이는 시작되었다. IB(Investment Bank)들의 금융부실 규모는 추정할 수 없을 만큼 눈덩이처럼 불어났지만 누구도 정확한 예상치를 몰랐다. 이유는 파생상품으로 엮인 기초자산간 연쇄적인 보증 구조 때문이었다. 나도 2007년 당시 어느덧 학부 졸업 후 12년의 세월이 지났고, 세월의 속도만큼이나 파생상품 등의 금융

지식도 빠르게 발전해가고 있음을 직감했다. 하지만 현장에 묶여 있는 나조차도 빛의 속도로 변하는 금융시장의 총체적 위험성을 100% 이해하기 힘들었다. 2007년 서브프라임 모기지로부터 시작된 금융위기는 1930년대 대공황 시절만큼이나 전세계를 충격에 빠뜨렸고 확대 재생산된 파생상품의 위험성은 결국 리먼브라더스 같은 초대형 투자은행마저 파산시키고 말았다. 참혹한 경기 후퇴와 금융시스템의 붕괴는 그 이전에도 많았다. 예를 들면 1970년대 오일쇼크, 1980년대말 미국 주택대부조합사태, 1990년대부터 이어진 일본 장기불황 등이 그것이다. 하지만 2008년은 최악으로 평가됐다. 이 시기에 나는 KTB자산운용사에서 펀드매니저로 근무하고 있었다. 허물어져가는 해외 초대형 금융사들을 보면서 나는 자신에게 되물었다. 나는 과연 고객에게 신뢰 받는 펀드매니저인가? 신뢰(Trust)는 무엇인가? 내가 얻은 답은 바로 '위험관리'였다. 자산운용이라 함은 return과 risk의 함수다. 신뢰 받는 펀드매니저는 바로 오랜 시간 동안 고객들의 자산을 잘 지켜주고 수익을 전달하는 매니저이다. 그런데 문제는 대부분의 사람들은 위험이란 것이 곪아 터지기 전까지는 잘 모른다. 재무용어로 불확실성 또는 통계적으로 표준편차라 부르기도 하는 이 위험은 자본주의 시장에서 투자를 결정한 후 관리를 소홀히 하면 매우 치명적인 결과로 돌아온다. 더욱이 유무형의 기초자산을 바탕으로 한 각종 파생상품들은 연쇄 파급효과가 더욱 방대하고 정교하여 언제든 제동이 풀린 채 추락할 수 있다. 이런 생각의 고리는 결국 내가 모르면 나를 믿고 맡긴 고객들은 속수무책으로 당할 수 밖에 없겠다는 책임감과 사명감이 느껴지기 시작했다. 나는 이를 보완하는 수단으로 MBA의 필요성을 재차 강하게 느꼈다. 꾸준한 연구를 위해선 무엇보다 이론적 보충을 해야 했고, 현업에서 이미 많은 자산을 관리하고 있는 나로선 업무 병행이 가능한 국내 MBA가 최선의 선택임을 이미 앞서 말한 바 있다. 이는 시간과 기회 비용 대비 최고 효용을 따져 본 후 내린 결론이었다. 때마침 연세대학교에는 금융공학 트랙으로 2년 과정의 MBA가 개설되었고 커리컬럼은 매우 유효 적절해 보였다. 요약하면, 나는 업무와 직결되면서도 시대적인 요구에 의해 국내 금융 MBA를 시기적절하게 택했고 졸업 후 나는 배운 지식을 활용하여 내가 원하는 곳에서 넓은 통찰력으로 일할 수 있길 바랬다. 금융 MBA 프로그램은 이런 나의 욕구를 충족하기에 충분하다고 판단했다.

그럼 이제 좀더 과거 이야기를 해 보고자 한다. 나의 이야기다. 내가 왜 펀드매니저의 길로 들어섰고, 이 과정 속에 MBA가 무엇을 나에게 주었고, 무엇을 배웠으며 그리고 마지막으로 MBA 이후 내가 걷고자 하는 길에 대해 소회를 밝힌다.

때는 1997년. 아시아에 외환위기가 불어 닥쳤다. 국가 디폴트까지 거론되며 세상이 다 녹아 내리는 줄 알았다. 당시 나는 삼성전자 재경팀에서 젊은 패기 하나로 대기업의 CEO가 되겠다는 포부를 안고 7.4제의 4가 죽을 "死"라는 신념으로 밤낮없이 일하였다. 그러나 태국 바트화 폭락을 비롯해 한국의 원화 가치는 달러당 약 2,000원에 육박하는 전례 없는 원화 가치 하락 시대가 도래했고, 부동산과 주식시장은 끝 모를 수렁으로 빠져들어갔다. 부채비율이 높은 부실 기업들은 퇴출 또는 구조조정 되었고, 수입상은 앉은자리에서 환차손으로 적자에 허덕이게 되었다. 시장의 충격만큼이나 나도 급변하는 세상에 어리둥절했다. 하지만 뒤돌아보면 이런 금융 위기는 항상 기회라고 판단된다. 한국이 IMF 구제금융을 받던 1998년에도 그랬고 글로벌 금융위기가 닥친 2008년에도 그랬다. 왜냐면 이런 위기를 극복하는 과정에서 정부는 GDP성장율, 무역, 인플레이션, 환율, 금리, 기업 재무구조 등에 걸쳐 총체적 정비를 하게 되고 결국 시장은 체질 개선 후 터널을 벗어난다. 문제는 항상 시장 위기의 원인 진단을 얼마나 신속하고 정확하게 하느냐이고, 1998년 당시 급락의 원인으로 많이 거론됐던 것 중에 하나가 외국계 투기성 자금의 교란이었다. 호기심 많은 나에겐 좋은 연구대상이었다. 성공한 투기가 있다면 또 한편엔 실패한 투자도 있었다. 그 결과로 1998년엔 LTCM(롱텀캐피털), 2007년엔 뉴센추리캐피탈, 베어스턴스, 2008년엔 리먼브라더스가 영원히 역사 속으로 사라지기도 했는데, 역으로 당시의 경험들이 나에게는 사례연구를 통해 주식시장을 비롯한 asset class(주식/채권/부동산/통화/상품 등)간 역동성을 이해하는 좋은 계기가 되었다. 이때 깨달은 것을 한마디로 요약하면 '혼동 속에 기회의 꽃은 핀다', 달리 표현하면 '여명 전이 가장 어둡다' 쯤일 것이다. 하지만 이처럼 위기를 기회로 활용하기 위해선 지혜가 필요하고 또 무엇보다 변화를 감지하는 능력이 필수였다. 나는 슈퍼맨은 아니다. 하지만 적어도 어린 시절부터 호기심이 많고, 분석을 좋아하며 돈을 좋아하고 헝그리 정신이 있었다. 이 정도면 펀드매니저 자격을 위한 소양은 갖춘 것 아닌가?

나는 심사숙고 끝에 1999년 가을 중대결심을 했다. 주변 만류도 있었지만 대기업에서 벗어나 전문가의 길을 걷기 위해 금융업으로 전격 전직을 결정한 것이다. 미지의 세계로 뛰어든 나의 첫 번째 큰 결정이었다. 한국의 피터 린치가 되자는 꿈을 행동으로 옮기기 시작했다. 이후 나는 펀드매니저의 길을 걷게 되었고, 또 10년의 세월이 흐르는 동안 9 · 11 테러, 이라크 전쟁, 국내 카드 사태, 서브프라임 모기지 금융위기, 최근엔 남유럽 發 재정위기 등을 겪으면서 체득한 소중한 현장 경험이 나의 자산으로 테트리스처럼 차곡차곡 축적되었다. 하지만 정돈되지 않은 지식은 자칫 혼란만 더 가중시키기 십상이다. 이때 패러다임의 전환이 필요했고, MBA 교육의 필요성은 더 크게 와 닿았다. 경험과 이론의 만남은 다져진 네트워크 위에서 꽃을 피울 준비가 된 듯했다.

MBA는 스스로 얻어 가는 곳이다. 아무런 준비 없이 가면 빈손으로 돌아와야 하는 곳이 MBA 프로그램이다. 세상만큼이나 냉정하다. MBA 진학을 꿈꾸는 자라면 다양한 사람과 다양한 경험을 교류할 준비를 하라. 다양성은 MBA가 제시한 최고의 카드이며, 이 카드는 향후 다가오는 불확실한 미래에 타로카드와 같은 역할을 해 줄 것이다. 나에게 MBA는 다양성, 이론, 그리고 자신감을 주었다. 흔히들 나이 마흔이면 불혹이다 뭐다 해서 불안해하기도 한다. 그러나 겁낼 필요 없다. 이제 반환점을 돌았을 뿐 새로운 시작이니까. The show must go on!

2009년 가을, 첫 선택 이후 어느덧 10년이 또 흘렀다. 요즘 나는 다시 꿈을 꾼다. 나 스스로를 재차 선택의 기로에 몰아넣었다. 내 생의 두 번째 큰 도전을 시작하려고 출발선에 섰다. 2010년 봄에 접어들자, 전 세계는 재차 impasse(앵빠스)에 봉착했다. 기회다! 나는 바로 한국형 헤지 펀드의 초기 형태인 투자자문사로 이동하였다. 나는 이미 KOSPI 등락기준 1,800포인트 이상의 변동성을 경험한 터라 시장의 급등락에 대한 두려움은 없었다. 오히려 다양한 경험을 축적한 덕에 운용에 있어서 진검 승부를 할 수 있는 마음의 준비는 끝났다. MBA 경험이 이런 자신감에 큰 도움이 되었다. 이제 MBA는 나에게 시너지이자 레버리지의 원동력이 되어 있었다. 만일 당신이 나에게 왜 MBA를 택했고 현재 만족하냐고 질문한다면 나는 여유로운 미소로 답할 것이다. "百聞不如一見"이다. 단 목적 의식은 분명히 하자. 적어도 나의 경우는 제법 멋진 의사결정을 내렸노라 자신한다. 졸업앨범 속 멋진 동료들도 많이 만났다. 앞으로 걷게 될 길이 그래서 더 기대된다.

: 국내 MBA 체험기

여기부터는 MBA 체험기를 간략히 서술할까 한다. 무엇을 배웠으며, 그리고 마지막으로 MBA 이후 내가 걷고자 하는 길에 대한 이야기이다.

MBA 통과하기

≫ 입학 전

내가 진학을 결심한 MBA 프로그램은 연세대학교 금융 MBA 2년 과정이었다. 우선 입학을 위해선 합격을 해야 하는데, 보통 입학하기 이전 년도 9~10월경 원서 접수를 한다. 입학 사정 시 주요 고려 사항은 경력과 추천서, 교수 인터뷰, 학부 성적 및 영어 성적 등이다. 경력은 3년 이상이면 충분하나 다다익선이다. 추천서에는 진학 프로그램과의 연관성과 필요성 등이 잘 배어나도록 부탁을 하면 좋고, 작성 대상자는 되도록이면 자신이 근무했던 조직의 직속상관 또는 해당 대학의 교수님 추천서가 가장 효과적이다. 나는 추천서를 두 장 모두 받아서 제출했다. 인터뷰는 무엇보다 자신의 학구열을 잘 피력하면 좋고 현직과의 시너지 등을 자세히 설명하면 금상첨화다. 학부 성적은 졸업년도가 오래된 지원자는 중요도가 다소 낮아지나 통상 B 학점 이상이면 무난하고, 영어 성적은 토플 등의 시험 성적을 제출하면 충분하다. 지원 마감 대략 3주 전쯤부터 준비를 하면 충분하고, 직장인인 경우 근무조직에 사전 양해를 미리 구해 놓는 것도 잊어선 안 된다. 왜냐면 향후 2년간 주중이든 주말이든 수업을 듣다 보면 눈치없이 회사를 빠져나와야 하는 경우가 왕왕 생기기 때문이다. 그래서 가급적이면 회사가 평화로울 때 학교를 다니면 심적 부담은 덜 수 있지만 그것은 천운에 맡겨야겠다. 나는 세계금융위기 직격탄으로 인해 주경야독 부담뿐 아니라 등교 자체에 항상 큰 심적 부담을 느끼곤 했다. 하지만 세상일을 누가 다 예측할 수 있으랴. 일단 결심했으면 밀고 나가라.

≫ 입학 후

연세대학교 금융 MBA 2년 과정 정원은 약 40여 명이었고, 총 12개의 모듈로 학기가 세분화되어 있다. 수업은 연중 모듈제로 진행되며 방학 중 휴식기가 매우 짧아 시간이 빠듯한 직장인들에겐 제법 시간적 부담을 준다. 필수학점은 45학점이며, 이중 체험 과목과 영어, 경영전략 등의 필수학점도 이수해야만 졸업을 할 수 있다. 주중엔 평균 3과목 정도를 이수해야 하기 때문에 바쁜 직장인이나 영업직군 종사자들은 시간적으로 고충을 많이 느낄 수 있다. 첫 1년 차 수강과목은 기업경제학, 금융경제학, 경영통계학, 금융통계학, 재무/관리회계, 재무관리, 금융수학, 기업재무, 투자론, 기업가치평가 등의 과목으로 구성되며 일반 기업 MBA 과정보다는 다소 금융 연관 과목이 많이 배치되고 계량적 능력이 제법 요구된다. 금융 MBA는 그 안에 자산운용트랙과 금융공학 트랙 두 개로 구분되어 각 트랙 별 과목에 편차를 두는데, 나의 경우 금융공학 트랙이었기 때문에 2년차 수강과목은 파생상품론, 재무모델링, 금융기관경영론, 계산재무론, 선물옵션 시스템 트레이딩, 금융사례연구 등이 필수였다. 이외에 나는 해외분야와 조직 분야에 관심이 많아 글로벌 경영환경론, 아시아경영론, 조직설계와 혁신, 불확실성 하에서의 의사결정론 등의 과목도 수강하였다. 과목별 수업과 평가방식은 다소 차이가 있으나, 하버드식 case study부터 팀프로젝트, 리포트, 시험, 출석 등 다양한 평가척도를 복합적으로 적용하여 평가 받았다. 교수들은 대부분 성실성에 좀더 가중치를 두는 분위기였다. 기억에 남는 과목으론 마지막 학기 필수과목이었던 금융사례연구라는 과목이었는데, 일반 석사 논문 정도의 통계적 검증까진 없더라도 실무적인 시각에서 사례로서 연구가치가 있는 주제를 스스로 찾아 깊이 있게 연구하여 발표하는 수업이었다. 나는 A+를 받았다. 여러분도 충분히 받을 수 있다.

MBA에서 수업 외에 가장 큰 부분을 차지하는 것은 바로 원우회 활동이다. 입학 후 자체 선거를 통해 총원우회라는 조직이 결성되며 회장단 예하에는 자문단, 미래위원단, 운용위원단, 발전위원단 등이 꾸려지고 실무조직으론 사무국, 재무국, 총무국, 대외협력국, 학술국, 행사국, 문화홍보국, IT국, 복지국, 참여국 등 다양한 소조직이 결정된다. 총원우회는 반기 별 원우들에 의해 구성원이 재선발되며 주요 주관 행사는 신입생 오리엔테이션, MBA night, 개강파티, 골프대회, 워크샵, 송년의 밤, 종강파티 등이다. 이외에 취미나 관심사를 반영한 서클 형태의 소규모 자율조직들도 많은데 서클의 설립 목적이 건전하고 타당하면, 이에 대한 총원우회의 경제적 지원도 가능하다. 나는 MBA 진학의 목적이 단지 연구만이 아니라면 원우회 활동을 적극 권장한다. 당시에는 좀 피곤하게 느껴지겠지만 훗날 MBA 동기간 끈끈한 유대관계를 유지시켜 주는 고리의 단초가 바로 이 원우회에서 시작되기 때문이다. MBA는 비즈니스를 잘할 수 있도록 배우기 위해 다양한 학생들이 오는 프로그램이다. 그렇다면 조직을 위한 개인의 희생, 네트워크 구축 등은 비즈니즈의 큰 부분임을 간과해서는 안 된다. 총원우회 활동은 주저하던 자신의 리더십을 이끌어 낼 수 있는 좋은 기회의 장이다. Why not challenge?

MBA 졸업 후 진로

금융 MBA 졸업 당시, 나는 약 12년의 투자경험을 축적한 베테랑으로 경력을 쌓은 후 수협은행 고유계정 운용팀장으로 재직 중이었다. 뮤추얼 펀드나 수익증권으로 대변되는 투신운용과 상반되는 개념으로 고유계정 운용이라 함은 자기자본투자 또는 프랍 트레이딩을 말하는데, 보통 은행, 보험, 증권사들이 자기자본 투자를 하기 위해 전문딜러를 채용하여 절대수익을 추구하는 것을 말한다. 자기자본 투자는 회사의 순익과 ROE(return on equity)에 직접적 영향을 미치기 때문에 매우 조심스럽지만 자산 상승기 때 높은 자본차익을 기대할 수 있으며, 때론 재정(arbitragy) 기회 등을 잘 활용하면 고수익을 올릴 수도 있다.

2010년 미국 오바마 대통령의 금융규제개혁안의 주요 골자를 보면 주요 IB들의 프랍데스크 규제안이 포함되어 있는데, 이는 바로 산업자본을 기초로 레버리지를 일으켜 리스크를 확대하는 것을 막기 위한 정부의 투기 대응 정책으로 해석된다. 나 역시 금융시장 최전선에서 IB들과 전투를 벌이는 용사에 다를 바 없었다. 그러기에 프랍데스크 인력들의 투기성을 잘 이해하고 역이용하기도 한다. 비록 운용규모가 해외 IB들과 비교할 수 없을 만큼 작았지만, 수협은행 유일의 주식 및 선물 딜러로서 자부심과 책임감은 막중했다. 하지만 나는 더 큰 놀이터를 원했다. 따라서 나는 꿈이었던 한국형 헤지펀드 설립을 좀더 구체화하기로 결심했다. 한 차원 높은 리스크 관리와 급변하는 파생시장에 대한 학문적 이해력 향상 필요성을 느껴 금융 MBA를 지원했고 졸업도 했다. 에베레스트 정상에 오르기 위해서 산악인은 만반의 준비를 한다. 나도 준비는 된 듯했다.

2009년 겨울은 유난히 추웠다. 역사적으로 가장 추웠던 겨울로 기록되기도 하였다. 내 마음을 이해라도 한 걸까? 추운 겨울이 지나면 반드시 꽃피는 봄은 온다. 나는 기회를 기다렸다. 고심하던 나에게 결국 콜이 왔다. 한국형 헤지펀드를 기치로 2006년 설립된 오크우드 투자자문의 사장님으로부터 2010년 초 연락이 온 것이다. 사장님은 내가 이 업계에 처음 발을 들여 놓던 1999년, 먼발치서 존경했던 선배 펀드매니저였다. 당시 미래에셋자산운용사의 대표 펀드 운용을 맡아 연간 100% 이상의 수익률을 달성했고 내가 꿈을 키우는 데 선구자 역할을 해 주셨던 분 중 한 분이다. 이제 그분이 나에게 같이 비즈니스를 하자고 제안하신다. 내가 많이 컸나? 내심 기뻤다. 뜻이 있는 곳에 길은 있다. 나에겐 제2의 도약을 위한 타로카드가 손에 쥐어진 것이다. 주저

없이 한 배를 탔다.

이제 내가 가는 길은 지난 14년의 노하우를 바탕으로 훌륭한 펀드를 만드는 것이다. '신뢰' 받는 펀드매니저, 즉 '리스크'를 정확히 이해하고 대응하는 펀드매니저가 되는 것이다. 구현의 장이 해외든 국내든 상관없다. 꿈을 향해 다양한 경험을 마다하지 않았고, 어려움 속에서도 MBA 진학을 통해 연구도 하였다. MBA는 추억으로만 간직하는 것이 아니다. 이제 현장에서 쓰이게 될 단단한 갑옷과도 같은 잘 준비된 무기다.

2010년 내가 새롭게 시작한 또 다른 일은 방송이다. 현장 펀드매니저로서 매일매일 포트폴리오를 책임지고 있지만, 한편으론 사회적 책임감도 많이 느끼기에 방송을 통해 매주 나의 실전 투자전략을 얘기하고 있다. 나의 말에 귀 기울이는 투자자들과 함께 나도 항상 긴장하고 안전한 투자처로 안내하기 위해 노력하면서 보람도 느낀다. 이제 2010년 6월, 나는 한국형 헤지펀드의 출발선에 서 있다. 희망이 있기에 내일을 기대해도 좋다.

지도교수의 제언

장 대 련 교수

Columbia MBA, Class of 1981

: MBA의 과거

나는 1979년도 Columbia에 대학교 MBA 과정에 입학했다. 벌써 30년이 넘은 옛날 이야기다. 당시 나는 캐나다에서 대학을 다니고 있었는데 대학원에 진학하여 석사까지 할 것인지 아니면 군복무를 마치고 취직할 것인지 오래 고민한 끝에 결국 MBA 진로를 택했다. 아직 한국에는 MBA라는 단어의 인식조차도 없는 가히 '호랑이가 담배를 피는 시절'이었다. 하지만 북미에서는 이미 MBA 바람이 불고 있었다. 그리고 그 바람은 30년이 지난 지금 특히 한국에서는 여전히 '강풍'에 가깝다고 해도 과언이 아니다.

MBA는 잘 알려진 것처럼 Masters of Business Administration의 약자이다. MBA는 단순히 생각하면 경영학 석사라고 생각할 수 있지만, 그 정의에는 많은 오해의 소지가 있다. 우선 MBA는 경영학 학사를 요구하지 않는다. 즉 학부에서 나처럼 경영학을 전공을 하지 않아도 석사과정 입학이 가능하다는 것이다. Columbia에 입학한 후 얼마 되지 않아 우편으로 나를 포함한 400명 정도의 동기생들(Columbia MBA Class of 1981) 사진 수첩을 받았다. 거기에는 입학생들의 출신 대학, 졸업 연도, 직장 경력, 그리고 학부 전공이 적혀 있었다. 그 리스트를 처음 보면서 여러 번 놀랐던 것이 지금도 생생히 기억이 난다.

우선 출신 대학들이 너무 화려해 '내가 경쟁에서 밀리지 않을까' 하는 걱정이 들었다. 직장 경력이 전무한 나를 더욱더 긴장시킨 것은 동기들의 직장 경험이 정말로 풍부했다는 사실이었다. 하지만 그들의 학부 전공을 보면서 생각이 바뀌기 시작했다. 정확한 비율은 기억이 나지 않지만 대부분이 경영학이 아닌 다른 학문을 전공하였던 것이다. 경제학을 비롯한 사회과학, 인문학, 공학, 과학, 음악, 미술 등 정말로 다양한 전공들이 있었다.

학부에서 경영학을 전공한 나로서는 분명히 학업에서 우위가 있을 것이라고 자신했고, 그 예상은 결국 적중했다. 더러 출신 학부에 관계없이 경영학을 쉽게 터득하는 동료들도 있었지만 많은 경우 경영학을 처음 접하면서 어려워하는 동기생들이 역시 더 많았다. 때문에 Group Study에서 아직 20대 초반이었던 내가 30대에 가까운 동료들을 도와주면서 그들로부터 예쁨을 한 몸에 받을 수 있었다.

하지만 그 때 나는 MBA의 매력은 꼭 학문에만 있지 않다라는 것을 깨닫게 되었다. 즉 MBA에서 얻는 것은 강의실 내에서 배우는 내용(contents)에만 국한되어 있는 게 아니고, 그 전반적 과정(process)과 체험(experience)에 있다는 것이었다. Top School MBA 과정들은 여러 잣대를 이용하여 이미 최우수 인재들만을 뽑는다. 비록 학부에서 경영학을 전공한 사람들은 적었지만 이 때문에 그들은 오히려 다른 시각(perspective)을 가지고 있다는 것을 알게 됐다. 게다가 대개는 직장 경험이 다 있었고, 업종뿐만 아니라 국적까지도 달라 Study Group에서 주어진 경영 문제들이 다각적 또는 다국적으로 논의가 될 수 있었다. 첫 학기 수강한 조직행동 과목에서 결성된 Study Group에서는 미국 장교 출신이 우리 토의를 자기 부대를 통솔하듯이 강하게 '진두지휘'했던 모습이 지금도 눈에 선하다. 다른 국제마케팅 과목에서는 러시아 문학을 전공한 동료가 동유럽 문화를 다룬 사례를 능숙하게 분석했던 기억도 떠오른다.

MBA 강의실 밖에서 내가 배운 또 다른 것은 팀워크와 타협의 중요성이다. MBA에서는 Study Group 결성을 많이 유도하는데 그 이유는 기업에서와 마찬가지로 Teamwork가 필요하기 때문이다. 집단으로 일하게 되면 종종 불협화음이 생길 수 밖에 없다. 자주 문제가 되는 것이 과제의 분담에 대한 형평성이다. 즉 어떤 구성원은 과제를 많이 하고 어떤 일원, 이른바 놈팽이(free rider)들은 자기 몫을 하지 않는다는 것이다. 지금 내가 가르치는 학부와 대학원 학생들 사이에서도 이 문제는 종종 불거진다. 직장 경험을 하지 않은 나는 MBA의 Group Study를 통하여 직장에서 대인관계를 어떻게 관리해야 하는지 대리 체험을 할 수 있었다. 앞에서 언급한 미국 장교 출신 팀원은 그의 카리스마를 이용하여 우리 group의 놈팡이들이 제 몫을 하게끔 잘 이끌었다. 나는 그를 통하여 leadership skill이 무엇인지 좋은 본보기를 얻은 셈이다. 아직 군 복무를 치르지 않았던 나는 나중에 군대 생활도 마다하면 안되겠다는 결심을 그때 하게 됐다. 또한 우리 MBA 동기들 중 수석을 한 사람의 사례는 팀 내 구성원들의 호흡이 왜 어려운지 잘 말해 주고 있다. 이 사람은 모든 수업에서 최고 학점을 받는 '무한질주'를 하고 있었다. 하지만 마지막 경영정책 과목에서 그는 자신의 점수에 집착한 나머지 study group 동료들을 너무 휘둘렀고, 그들은 이를 못 참아 일부러 '자폭'하여 그룹 점수가 'A'가 아닌 'B'를 받게 함으로써 그 수석의 성적에는 옥의 티가 생기고야 말았다.

MBA 커리큘럼은 짧은 시간에 많은 내용을 집중적으로 배우게 하는 구조로 만들어져 있다. 이것도 역시 기업의 의사결정구조를 반영시킨 것이라고 생각할 수 있다. 실제 경영상황도 시시각각으로 multi-tasking을 하여 즉각 성과를 내야 하는 것이다. 이러한 학업구조로 말미암아 MBA 학생들은 엄청난 스트레스를 받게 되지만 일을 체계적이면서 동시에 신속하게 처리하는 훈련을 받게 된다. 스포츠로 비교하자면 큰 경기에서 자기의 역량을 잘 발휘하는 선수들이 있다. 2010년 동계 올림픽에서 김연아 선수가 한국은 물론 전세계인의 관심 속에서 최고의 성과를 낼 수 있었던 것은 그가 자신의 능력을 믿었고 승부욕이 있는 그녀가 그 순간을 만끽하였기 때문에 가능했던 것이다. MBA 과정에서 겪는 압박은 이에 비해서 훨씬 작겠지만 힘든 순간들이 많다는 것은 사실이다. 그럴 때일수록 내가 MBA할 때나 지금도 스스로 조용히 외치는 말이 있다. '나는 프로다. 프로답게 어떤 문제도 헤쳐 나갈 수 있다.' MBA는 전문 경영인을 양성하는 과정이고 MBA에서 물론 많은 콘텐츠도 배우게 되겠지만 이보다 더 값진 것은 그 배우는 과정에서 얻는 프로 정신이다.

: MBA의 현재

MBA의 이러한 특징은 그때나 지금이나 대동소이하다. 다만 30년이라는 적지 않은 세월이 지나간 동안 몇 가지의 중요한 변화는 있었다. 우선 제일 중요한 변화는 경영의 중심지가 분산되었다는 것이다. 그때는 자본주의의 본산인 미국이 1차, 그리고 일본이 2차 관심 국가들이었다면 지금은 유럽, 그리고 중국과 한국이 경영의 새로운 중심으로 등극하였다. 경영 사례들도 이 점을 잘 나타내는데 요즘은 미국 어느 학교에 가도 한국 사례들이 많은 수업에서 다뤄지고 있다. 일례로 체험 마케팅의 저자로 유명한 Bernd Schmitt 교수는 본인과 함께 작성한 유한-킴벌리의 '우리 강산 푸르게 푸르게' 사례를 기업 사회 책임 마케팅(Corporate Social Responsibility)의 벤치마킹 대상으로 Columbia Business School에서 사용하고 있다.

이러한 국력은 학생 구성 비율에 그대로 반영되고 있다. 과거에는 한국 학생들의 비율이 유럽 또는 일본 학생들에 비하여 아주 적었는데 이제는 훨씬 많아졌다. Columbia에서 MBA할 때 기억나는 것은 마케팅 수업 Study Group에 있었던 일이다. 그 수업을 같이 이수한 일본 학생들이 수업에서 다루는 사례와 과제의 '지침서'를 '대대로' 물려주고 있는 것을 보고 나는 많이 놀랐고 굉장히 부러워했다. 일본 사람들은 정보 관리를 워낙 잘 하고 조직력이 좋기 때문에 지금 생각해 보면 너무나 당연한 일들이었다. 이제는 우리 한국 학생들도 웬만한 MBA 과정에서 이와 비슷한 '족보' 관리를 하고 있는 것으로 알고 있다.

한국 학생들이 외국 top MBA school에 많이 포진되어 있기 때문에 이같은 '협공'도 가능해졌지만 그 반대급부에서 우려되는 것은 개개인이 아닌 '한국 학생들'이라는 집단적이고 좁은 차원에서 MBA를 경험할 수도 있다는 것이다. MBA의 최고 메리트 중 하나는 동기들과 형성되는 경영 네트워크다. 이 인맥은 Wharton이나 Harvard Business School 같은 큰 학교의 경우 7~800명과 수십 개국에 달할 수 있다. MBA의 경험이 워낙 intense하기 때문에 한국에서 군대 갔다 오면 평생 친구가 될 수 있는 '전우'가 생기는 것과 크게 틀리지 않는다. 보다 중요한 것은 그들이 나중에 경영 파트너가 될 수 있다는 점이다. 우리는 미국 사람들이나 유럽 사람들이 동양 사회에 비하여 개방적이고 쉽게 친해질 수 있는 대상이라고 간주하지만 오히려 그들은 훨씬 더 보수적이고 폐쇄적이다. 때문에 학교를 같이 다녔다는 그같은 연고 없이는 그 사회의 insider들에게 접근하기 힘들 수 있다. 지금 외국 MBA에 진출하는 우리 한국 학생들에게 당부하고 싶은 것은 MBA를 하면서 개인적으로 최대한으로 다양하고 많은 국가의 동기들을 '친구'로 만들어야 한다는 것이다. 그러한 네트워크는 개개인의 인맥이 될 것이고 궁극적으로 한국 경영의 탄탄한 인맥이 될 것이다.

한국에서 MBA를 지원하는 학생들의 또다른 문제는 공부하고 싶어하는 대상국가가 미국에 국한되고 있다는 사실이다. 위에 말했듯이 경영의 중심지가 다원화됐음에도 불구하고 학생들은 여전히 미국만을 지나치게 선호하고 있다. 세계의 Top Business School 랭킹을 보면 프랑스에 있는 INSEAD나 스페인의 IESE, 또는 일부 아시아에 위치한 학교들이 높은 서열을 차지하고 있지만 우리 학생들은 계속해서 미국의 간판 학교들을 우선적으로 선망하고 있다. 하지만 이러한 자세는 Top Manager가 되려는 사람에게 맞지 않는다. Top Manager는 다양한 지역에 대해 전문적인 지식을 가지고 있어야 한다. 유럽 또는 아시아 전문 경영인을 표방하는 MBA 지망생들이 그 지역에서 MBA를 취득했을 때 경영 일반 contents와 더불어 지역적인 전문성, 그 문화에 대한 이해 또는 네트워크를 갖추는 차별적 경쟁우위를 얻게 될 것이다. 그 맥락에서 우리 Yonsei School of Business도 세계 top school을 지향하고 있고 top 외국인 학생들을 유치하기 위하여 보다 많은 지역 관련 과목을 개발 중이다.

MBA에 나타난 또 다른 변화는 한국 여성들의 지위 상승이다. 우리 MARP가 일반 사회보다 많이 앞서간 면이 있는데, 일찍이 MARP의 수뇌부에는 MARP라는 이름을 명명한 박여희 사장과 이 책 필진 중 하나로 있는 McKinsey의 김용아 파트너를 비롯하여 여성들의 비중이 높았다는 것이다. 아마도 여학생 비율이 MARP 1기와 2기생들을 합쳤을 때 30%가 넘었던 것으로 기억하는데, 우리 경영학과의 여학생 비율이 당시 3~4% 정도 밖에 안되던 것을 감안했을 때 이는 매우 높은 비율이었다.

옛날에는 한국에서 외국 MBA를 지원하는 여학생들이 많지 않았지만 지금은 그 숫자가 굉장히 많아졌다. 과거에는 한국에서 여성들이 좋은 대학을 졸업해도 남자들에 비해 MBA를 지원하는데 발판이 될 수 있는 좋은 직장을 얻기가 힘들어서 MBA 지원이 어려울 수 밖에 없었다. 하지만 지금은 한국 여성들에게 유수의 국내 또는 다국적 기업의 취업 창구는 많이 넓어졌다. 때문에 미국과 한국 MBA 진출의 좁은 관문을 보다 쉽게 통과할 수 있게 되었다. 그 전에는 한국 여성들이 MBA를 취득해도 결혼도 어려워지고 또는 외국에 비하여 성에 차는 자리가 없었던 것이 현실이었지만 이제 그 점들도 크게 달라졌다. 내 제자들 중에는 MBA도 취득하고 결혼도 하고 아이도 낳아 원했던 직장 생활을 다 능숙하게 소화하고 있는 "Super Career Woman"들이 많다. 아직 우리 나라에는 전문경영인으로써 Pepsi Cola CEO 자리에 오른

Indra Nooyi 같은 여자는 없지만 멀지 않은 훗날 그러한 인물이 한국에서도 속출할 것을 나는 의심하지 않는다.

: MBA의 미래

MBA의 미래에 대하여 HBS가 여러 top school 관계자를 조사하여 발표한 내용이 있다.[1] 그 결과를 보면 MBA가 분명한 갈림길에 서 있다는 것을 확인할 수 있다. 그 보고서가 한국에서 MBA를 지원하는 사람들에게 주는 의미를 몇 가지로 축약하면 다음과 같다:

지원자의 감소

미국의 top school들에 대한 지원자 수가 떨어지고 있다고 한다. 국내 지원자들에게는 호재로 들릴 수 있겠지만 그 이면에는 과거처럼 MBA 졸업 후 취업이 쉽지 않다는 의미도 있다. 이 현상은 경기가 조정 기간에 들어간 것과 맞물려 있으므로 단기적으로 MBA 취득이 큰 도움이 안 된다고 생각할 수 있으나 장기적으로 취업뿐만 아니라 승진하고 career를 설계하는 데에는 여전히

---

1) http://hbswk.hbs.edu/item/6363.html

MBA가 득이 될 수 있다. Top School에 대한 수요가 떨어지고 있는 것은 그 전에 워낙 자리에 비해 수요가 많았기 때문이다. 한국에서 SKY 대학 학부에 대한 수요가 많은 것과 비유될 수 있다. SKY 대학 지원자가 줄어도 여전히 그 학교들의 프리미엄이 있듯이 top school MBA는 수요자의 수에 관계 없이 그 가치가 유지될 것이라는 데에는 의심의 여지가 없다.

Full time MBA의 대세 흔들림

미국에서 MBA를 하는 것은 당연히 Full time으로 하는 것이 FM 모델이었고 위에서 설명한 MBA의 이점 역시 다 이에 맞춰진 것이었다. 하지만 직장을 그만둬야 한다는 큰 trade-off가 있으므로 취업이 어려워진 근래에는 Full time의 매력이 떨어질 수 밖에 없다. 때문에 Part time MBA, 주말 MBA, Executive MBA 같은 직장 유지 MBA의 선호도가 급부상하고 있다고 한다. 한국에서 직장 파견으로 외국에 유학을 가는 사람들은 취업이 큰 문제가 되지 않겠지만 그러한 혜택 없이 직장을 그만둬야 하는 사람들에게 Executive MBA는 좋은 선택이 될 수 있다. 다만 Multi-tasking에 어느 정도 능한 사람들이 학업과 직장을 동시에 유지할 수 있을 것이다.

커리큘럼의 변형

HBS 보고서에는 흥미로운 자료가 소개되고 있는데 Harvard 의대에 교수의 수가 10,000명이 넘고 있다는 것이다. 그 이유는 그 대학의 의대생들이 16개의 병원에 파견되어 근무하고 있기 때문에 직·간접적인 '교육'을 담당하는 소속 병원의 교수들에게 '겸임 교수'의 자격이 부여되고 있기 때문이다. MBA의 커리큘럼이 너무 Functional하고 General하다는 지적이 오랫동안 있었다. 실제 경영의 환경은 급변하는데 이를 경영대학들이 쫓아갈 수 없고 이 때문에 경영 현실과 경영 이론간에 괴리가 크다는 지적이 많았다. 의학과 경영학의 성격은 근본적으로 다르기 때문에 MBA가 똑같은 시스템을 도입할 수는 없겠지만 경영학도 다양한 경영 현장의 감각을 더 잘 반영할 수 있는 교육 시스템이 활용되어야 한다.

MBA의 역할

MBA는 많은 기업에서 옥석을 가리기 위한 채용 기능을 해왔다는 주장이 있다. 이 말은 MBA를 취득한 사람, 특히 top school MBA는 입학될 때부터 치열한 입학 경쟁을 뚫고 치열한 수업 과정을 거쳐서 최종 검증된 인물들이다라는 것이다. 때문에 기업들에게는 일종의 screening 기능을 대행했다는 지적이다. 과거 2학기 혹은 1학기 과정의 top MBA 학생들은 졸업 전에도 취업을 쉽게 할 수 있었다는 사실이 이를 반증한다. 이러한 모델은 급격하게 바뀌고 있는데 특히 조기 취업은 많은 학교에서 없어졌고 인턴십마저 구하기 힘들어졌다.

MBA의 미래는 사실 불투명하다. 특히 일각에서는 MBA가 표방하는 사상 또는 출신자들이 각종 경영 스캔들과 월가의 금융위기를 부추겼다는 주장이 확산되면서 MBA 교육의 가치와 필요성에 대한 시각에 다소 변화가 생겼다. 하지만 내가 판단할 때 MBA가 창출하는 전문경영인의 수요는 당분간은 물론 최소한 향후 50년 동안 지속되리라 믿는다. 그 주장은 중국과 인도를 비롯하여 세계 경제가 지속적으로 성장할 것이라는 전망에 근거를 둔 것이다. 하지만 MBA의 성격은 조금 달라지지 않을까 하는 생각을 하게 된다. 때문에 지금부터 MBA를 고려하는 사람들은 그러한 변화가 본인의 MBA에 대한 기대, 또 더 나아가 인생의 포부와 맞는지 잘 생각해 볼 필요가 있겠다.

에필로그

'선배들이 물려준 MBA 비밀노트

Epilogue and Prologue

이 글을 쓰고 있다는 것은 두 달의 장정이 끝나간다는 반가운 소식이 되겠다. 기획 1일, 저자 섭외 5일, 원고 마감 45일…, 귀한 자산을 내어 이 책을 구입해 주신 고마운 분들께서 책 한 권을 내는데 너무 성의 없는 것 아니냐고 섭섭해하지 않으실는지. 하지만 그 60일의 뒤에는 장장 18년의 시간이 있었음을 설명 드리고자 한다.

1992년 MARP(Marketing All Round Players)는 연세대학교 상경대학에서 창립식을 가졌다. 전원 경영학과 학생이었던 우리들은 겨우 열 명 남짓이었다. 모두 파란의 1, 2학년을 거친 나름 심각한 3학년이었고, 앞으로 나갈 사회가 못내 두려웠지만, 애써 무심한 척 하고 있었다. 학교는 우수한 성과를 내고 있는 CPA와 고시준비반을 후원했지만, 한 학년 400명이 넘는 대다수 취업예

정자인 우리들은 하루하루 사회로 떠밀려 나가고 있었다. "대형 강의에서 비롯되는 수동적인 학습태도를 개선하고, 능동적이며 깊이 있는 배움을 추구하고자(MARP 회칙에서)" 만들어진 MARP는 '마케팅'이라는 학문을 구심점으로 우리들이 서로를 격려하고 새로운 세계를 준비하는 둥지가 되었다.

앞서 말했듯이 그 시절, 한 학년 4백여 명이 우글대는 경영학과에서 '교수님'이란, 평범한 학생이라면, 즉 수업에 적당히 들어가고, F를 받지 않는 학생들에게는 취업추천서를 받을 때까지 마주칠 일 없는 매우 피상적인 존재였다. 그러나 어느 날 장대련 교수님을 지도교수로 모시고 MARP를 꾸리게 됨으로써 우리는 또 다른 학교생활을 할 수 있게 되었다. 사실 스터디 그룹을 동아리로 만들게 된 것은 장 교수님의 후원에 힘입은 것이었다. 예나 지금이나 "~~해 보면 어떨까?"라는 동인(motive, drive)을 제공하시는 교수님께선 사장될 뻔한 이 책의 아이디어도 살려내 주셨다. 교수님은 우리들을 데리고 기업 방문도 해 주시고, 이제는 MARP 창립기념식의 상징이 된 소박한 백설기도 기쁘게 함께 해 주셨다. 또, 졸업생인 우리들도 1년에 한 번 참석하기 힘든 재학생들 행사에 매번 참석하신다. 몇 말씀 그냥 하셔도 될 만한 공력이신데도 꼭 하실 말씀을 메모해 오신다. 호랑이는 토끼를 잡을 때도 최선을 다한다는 것을 몸소 가르쳐 주시는 것이다.

"스터디 그룹이지 서클은 무슨…" 하던 시선도 있었다. 90년대였고, 사상이 아닌 전공을 다루는 학회도 드물던 시절이었으며, 모여서 경영서 읽고, 모의경영게임하면서 사회진출을 준비하던 이상한 동아리는 이제 대학가의 트렌드가 됐다. 스터디 그룹으로 그쳤다면 개개인들에게는 더 이익이 아니었을까. 그 에너지를 나누어 우리는 MARP라는 구조를 만들어 냈고, 새로운 기수를 받았고, 이제는 18년간 400여 명의 마피안(내부에서는 MARP의 구성원을 MARPian이라 칭한다)이 교내와 각계각층에서 자기 몫을 해내고 있다. 순간 반짝으로 끝났을지도 모를 모임은 조직이 되면서 생명을 갖게 되었다.

이런 과정에서 당시 경영전략을 강의하시던 박헌준 교수님께서는 초기 구성원들에게 많은 영감을 주셨을 뿐 아니라 우리의 세션에 참석해 주시는 등 MARP를 조직의 형태로 설립하고 발전시켜 나가는 데 깊은 관심과 조언을 아끼지 않으셨으며, MARP가 맥킨지의 연세대학교 장기발전 프로젝트의 설문조사를 도우면서 모시게 되었던 경영대학 박상용 학장님, 사회학과의 김용학 교수님 또한 우리가 끊임없이 비전을 추구하도록 이끌어 주셨다. 그리고, 주머닛돈을 털어 동아리를 운영하는 우리들의 사정을 보시고 오랫동안 지원해 주셨던 노루홀딩스의 한영재 회장님, 이제 우리가 선배의 자리가 되니 선배님의 정성이 정말 쉽지 않은 일이었다는 것을 다시금 되새기게 된다. 이 모든 분들께서 계셨기에 MARP는 다시 오늘을 맞는다.

현재 재학생 마피안들은 3~4차에 걸친 리크루팅 과정을 거쳐 10대 1의 경쟁을 뚫고 들어와 자정이 넘는 시간까지 24시간 커피숍을 전전하며 발표를 준비한다. 시켜서 하는 일은 아니되 해내야 마피안 대접을 받을 수 있다. 이 과정을 통과해야 졸업 후 진정한 마피안이 될 수 있으며, 영원한 가족의 지위를 얻을 수 있다. 현업의 졸업생들은 재학생들의 초청을 받아 세션을 열고, 실무지식과 career path에 대한 조언을 하고, 학업과 인생에 대한 고민을 함께 한다. '학문'과 '관계'를 두 축으로 하는 MARP야말로 MBA의 특징에 부합하는 조직이라 보겠다. 그 덕분인지 이제 MARP 출신 MBA는 20여 명을 넘어섰고, 이 책의 저자 섭외가 e-메일만으로도 5일만에 끝날 수 있는 바탕이 된 것이다. '밥벌이의 고단함'에, 재학 중 공부가 힘들 텐데도 좋은 뜻으로 원고를 써 준 필진들에게 다시 한번 고마움을 전한다.

이 책은 지난 1998년 출간된 '단숨에 배우는 마케팅(새로운 사람들)'과 2002년 그의 완전 개정판에 이은 MARP의 3번째 책이다. 이번에는 MARP 선배가 후배들에게 전할 MBA 도전의 노하우를 담았다. 뭐 대단한 노하우는 아닐지라도, MARP 모임 뒷풀

이에서 삼삼오오 모여 '선배, 어쩌면 좋겠소' 하는 우리 후배들에게 해 줄 만한 진솔한 이야기들 말이다. MBA를 결심하고, 준비하고, 통과하고, 돌아와 사회에 다시 자리를 잡는 과정에 맞춰 여러 마피안들이 겪은 진짜 경험담과 생각들을 가감 없이 담았다. 우리 지도교수님의 제언도 담았다. 이제 여러분들은 이 책을 읽음으로써 MARP와 관계를 맺게 됐으며, 마피안의 노하우를 나눠 갖게 되었다. 고민 속에 MBA를 고려하고 있는 여러분은 이제 혼자가 아니라 400 마피안과 함께인 것이다. 부족하지만, 부디 이 책이 험난한 길에서 힘이 되는 동지가 될 수 있기를 바란다.

마피안은 오늘도 공부를 하고, 일을 하고, 돈을 번다. 여기서 모인 우리만의 노하우를 모아 세상에 전하고자 한다. 이 책은 그 움직임의 한 부분이다. 이 글이 이 책의 에필로그이자 앞으로 나올 또 다른 아웃풋의 프롤로그인 이유다.

2010년 7월

MARP 1기 박여희

선배들이 물려준

MBA 비밀노트

2010년 7월 20일 초판1쇄 인쇄
2010년 7월 25일 초판1쇄 발행

지은이 | MARP(연세대학교 경영대학 마케팅연구회)
펴낸이 | 류재식 · 조승욱
펴낸곳 | 도서출판 북넷
등 록 | 2010년 6월 7일(제2010-000069호)
주 소 | 서울시 용산구 효창동 5-3 대신빌딩 2층
전화 | (02)395-2341
팩스 | (02)395-2303
이메일 | book2341@naver.com

값 13,000원

ISBN 978-89-964646-0-0 03320